4. Inhaltsseiten

Die linke Seite enthält das **Grundwissen**.
Das musst du unbedingt lernen.
Die fett gedruckten Wörter sind die **Grundbegriffe**.
Ihre Bedeutung musst du so wie Vokabeln ebenfalls lernen. Sie sind am Ende des Buches im **Minilexikon** alphabetisch angeordnet und werden dort noch einmal erklärt.
Die **Info-Kästen** enthalten interessante Informationen.

Die rechte Seite enthält Material zur **Vertiefung und Übung** und zahlreiche Aufgaben.
Die Aufgaben mit einem Pfeil  sind etwas schwieriger zu lösen.

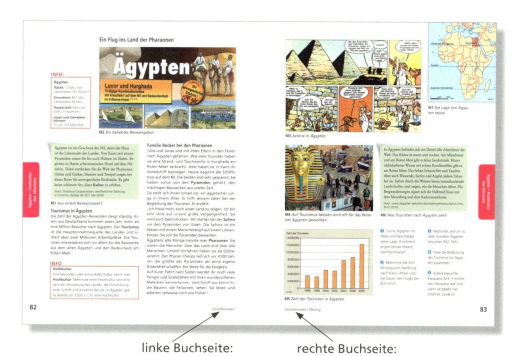

linke Buchseite: Grundwissen

rechte Buchseite: Übung

Lernen mit Web-Codes

Durch Eingabe des Web-Codes unter der Adresse **www.diercke.de** gelangt man auf die passende Doppelseite im aktuellen Diercke Drei Universalatlas.
Dort erhält man Hinweise zu ergänzenden Atlaskarten mit Informationen zu den Karten sowie weiterführende Materialien.

Gesellschaft 5/6
Hamburg

Stadtteilschule

Moderator:
Ulrich Brameier

Autorinnen und Autoren:
Ulrich Brameier
Peter Kirch
Norma Kreuzberger
Jürgen Nebel

Auf verschiedenen Seiten dieses Buches befinden sich Verweise (Links) auf externe Internet-Adressen.
Haftungshinweis: Trotz sorgfältiger inhaltlicher Kontrolle wird die Haftung für die Inhalte der externen Seiten ausgeschlossen. Für den Inhalt dieser externen Seiten sind ausschließlich deren Betreiber verantwortlich. Sollten Sie bei dem angegebenen Inhalt des Anbieters dieser Seite auf kostenpflichtige, illegale oder anstößige Inhalte treffen, so bedauern wir dies ausdrücklich und bitten Sie, uns umgehend per E-Mail unter www.westermann.de davon in Kenntnis zu setzen, damit beim Nachdruck der Verweis gelöscht wird.

© 2011 Bildungshaus Schulbuchverlage
Westermann Schroedel Diesterweg Schöningh Winklers GmbH, Braunschweig
www.westermann.de

Das Werk und seine Teile sind urheberrechtlich geschützt. Jede Nutzung in anderen als den gesetzlich zugelassenen Fällen bedarf der vorherigen schriftlichen Einwilligung des Verlages.
Hinweis zu § 52a UrhG: Weder das Werk noch seine Teile dürfen ohne eine solche Einwilligung gescannt und in ein Netzwerk eingestellt werden.
Das gilt auch für Intranets von Schulen und sonstigen Bildungseinrichtungen.

Druck A[1] / Jahr 2011
Alle Drucke der Serie A sind im Unterricht parallel verwendbar.

Lektorat: Thomas Eck, Berlin
Umschlaggestaltung: Thomas Schröder, Braunschweig
Herstellung: Lektoratsbüro Eck, Berlin
Druck und Bindung: westermann druck GmbH, Braunschweig

ISBN 978-3-14-**114675-2**

Inhaltsverzeichnis

Neue Schule – neues Fach 6
Wir lernen uns kennen 8
Lernbereich Gesellschaftswissenschaften 10
Gesellschaftswissenschaften –
Arbeitsmethoden 12
Methode: Eine Arbeitsmappe anlegen 13
Neue Wege in die Schule 14
Projekt: Wir erkunden unsere Schule 16

Orientieren – nicht verlaufen 18
Die Sache mit dem Kompass 20
Methode: Mit dem Atlas arbeiten 22
Der Maßstab 24
Zwei Kartenarten 26
Methode: Wie Berge auf Landkarten
dargestellt werden 28
Vom Luftbild zur Karte 30

Mitbestimmung üben –
Einfluss nehmen in der Schule 32
Wir wählen unsere Klassensprecher 34
Wir regeln unser Zusammenleben 36
Streitschlichtung im Klassenrat 38
Projekt: Wir gestalten unseren Klassenraum 40
Schule früher 42

Mit Feuer und Faustkeil –
so fingen wir an 44
Die Ausbreitung des Jetztmenschen 46
Jäger und Sammler in der Altsteinzeit 48
Lebensverhältnisse in der Jungsteinzeit 52
Aus der Arbeit der Steinzeitforscher 56
Eine Erkundung im Museum 58
Werkstoffe Bronze und Eisen 60

Orientierung auf der Erde 62
Unsere Erde in der Weite des Weltraums 64
Kontinente und Ozeane 66
Die Gestalt der Erde 68
Methode: Der Globus – ein Modell der Erde 70
Orientierung auf der Erde – das Gradnetz 72
Methode: Geocaching – Julia und Manuel
zeigen wie es geht 73
Zeitzonen – Tag und Nacht 74
Kinder aus aller Welt 76
Methode: Eine Weltkarte zeichnen 78

Ägypten – Hochkultur des Altertums...... 80
Ein Flug ins Land der Pharaonen............... 82
Methode: Ein Schaubild erklären............... 84
Die Bedeutung der Pyramiden................. 86
Das Totengericht 88
Alltagsleben im alten Ägypten 90
Frühe Hochkulturen 92

Leben in der Wüste................................ 94
In der Wüste – Trockenheit bestimmt
das Leben 96
Der Nil – Lebensader Ägyptens 100
Der Assuan-Staudamm 102
Projekt: Wir erkunden ein Land:
Ägypten heute 104

Das Altertum – Griechen, Römer und Germanen 106
Griechische Stadtstaaten 108
Leben in der Polis 110
Die Demokratie der Athener.................. 112
Sparta – jeder Bürger ein Krieger 114
Die Olympischen Spiele........................ 116
Frauenleben im antiken Griechenland ... 118
Die Römer 120
Das Römische Reich............................. 122
Unterhaltung für das Volk...................... 124
Alltagsleben in Rom.............................. 126
Der Kaiser regiert.................................. 128
Die Germanen 130
Römer und Germanen im Kampf........... 132
Begegnungen am Limes 134

Orientierung in Deutschland................. 136
Großlandschaften in Deutschland......... 138
Methode: Eine Kartenskizze zeichnen... 143
Methode: Wir zeichnen ein Höhenprofil
anhand einer Wanderkarte 144
Die Bundesländer Deutschlands........... 146
Bevölkerungsverteilung in Deutschland.... 148

Miteinander leben in Hamburg 150
Hamburg: Seine Bezirke und Stadtteile.... 152
Stadtviertel und ihre Nutzung 154
Projekt: Ein Wohnviertel vorstellen 156
Projekt: Woher kommen deine Nachbarn?...... 158
Mobilität.. 160

Hamburgs Trinkwasserversorgung.................. 162
Im Hamburger Hafen 164
Methode: Wir arbeiten mit einer
thematischen Karte................................... 168

Versorgung durch die Landwirtschaft... 170
Lebensmittel in unseren Geschäften 172
Die Landwirtschaft verändert sich 174
Obst für Hamburg...................................... 176
Massentierhaltung – zu welchem Preis?......... 178
Methode: Fachtexte auswerten 180
Bio? Aber logisch! – Die ökologische
Wirtschaftsweise 182
Landwirtschaftliche Nutzung in
Deutschland – Überblick............................. 184

Projekt: Schokolade – vom Rohstoff zum Endprodukt 186
Wir untersuchen ein Thema an
Stationen: Schokolade 188
Station 1: Die Verbreitung des Kakaos 188
Station 2: Anbau und Verarbeitung
von Kakao 190
Station 3: Globalisierung – Kakao weltweit 192
Station 4: Fairer Handel.............................. 194

Projekt: So leben Kinder auf der Welt... 196
Kinder spielen überall................................ 198
Bryan in den USA – Leben in der Kleinstadt...... 200
Arbeit statt Schule..................................... 202
Mariam in Westafrika – gerettet im
letzten Augenblick..................................... 204
Huy – ein Junge im alten Ägypten um
1500 v. Chr. 206
Carilla – ein Mädchen im alten Rom um
100 n. Chr. 208

Die Kindheit der Großeltern war anders – unsere Gesellschaft im Wandel.. 210
Die Familie früher 212
Hauswirtschaft für Mädchen –
Werken für Jungen 214
Leben in einer Diktatur............................... 216

Kinder als Konsumenten 220

Taschengeld – muss das sein? 222
Kinder als Kunden 224
Kann man mit Geld alles kaufen? 226
Güter erfüllen Bedürfnisse 228
Die Rolle des Geldes 230

Urlaub an der Küste und in den Bergen 232

Wenn einer eine Reise tut 234
Die Küsten – von vielen beansprucht 236
Hochgebirge – attraktiv im Sommer
und im Winter 240
Arbeitsplätze oder Umweltschutz? 242
Methode: Rollenspiel – sanfter Tourismus 244

Naturkatastrophen bedrohen den Menschen 246

Von Naturkatastrophen betroffene
Gebiete 248
Vulkanausbrüche – Signale aus dem
Erdinneren 250
Methode: Wir bauen ein Vulkanmodell 252
Alfred Wegener entdeckt die Kontinental-
verschiebung 254
Die Gesteinshülle der Erde – ein Puzzle
in Bewegung 256
Erdbeben – ungeahnte Kräfte 258
Tsunami – Riesenwelle nach einem
Seebeben 260
Wirbelstürme – geballte Energie 262

Anhang 264

Minilexikon 264
Bildnachweis 272

Neue Schule – neues Fach

M1 *In der neuen Klasse: Klappt die Zusammenarbeit?*

Neue Schule – neue Klasse

Christina Elbert ist aufgeregt. Heute ist ihr erster Schultag in der Stadtteilschule. Sie ist neugierig, hat aber auch ein wenig Angst. Wird sie mit den Mitschülerinnen und Mitschülern aus der Grundschule zusammenbleiben? Zwei Lehrerinnen und zwei Lehrer übernehmen die neuen Klassen. Die Spannung steigt, als die Namen vorgelesen werden. Endlich hört sie ihren Namen. Zusammen mit vielen ihr unbekannten Kindern folgt sie der neuen Klassenlehrerin in den Klassenraum. In der Klasse sind 27 Schülerinnen und Schüler aus verschiedenen Grundschulen. Lisa, Gül, Alexia, Ahmed und Lucas haben mit ihr die Grundschule besucht.
Damit sich alle verstehen und man gut miteinander arbeiten kann (M1), muss man sich zunächst einmal kennenlernen.

Telefonkette

Am Morgen regnet es. Der Sportunterricht wird vom Sportplatz in die Sporthalle verlegt. Damit alle möglichst schnell Bescheid wissen, hat die Klasse eine Telefonliste angelegt.

Telefonliste
1. Deria Cakir   453078
2. Christina Elbert 946385
3. Vu Duc Chinh   771599

Die Lehrerin ruft Deria an. Sie gibt ihr die Nachricht durch und bittet sie, die Telefonkette fortzusetzen.

M3 *Telefonkette*

Das Spinnennetz

Dauer: ca. 20 Minuten; Material: aufgewickeltes Band oder Wollknäuel

Alle Schülerinnen und Schüler sitzen im Kreis. Ein Kind hat eine Bandrolle oder ein Wollknäuel in der Hand und stellt sich vor: „Ich heiße Jan und bin zwölf Jahre alt. Wer bist du?" Er hält das Band oder den Faden mit der einen Hand fest und wirft das Knäuel einem anderen Kind zu. Das Kind wiederholt Jans Aussage und fügt hinzu: „…Ich heiße Hanna …" Das Spiel ist zu Ende, wenn sich jeder aus der Klasse vorgestellt hat.

M2 *Spiel zum Kennenlernen*

❶ Erinnere dich an den ersten Tag in der neuen Schule. Benenne,
a) worauf du dich gefreut hast und wovor du Angst hattest.
b) was dir am besten gefiel und was dir nicht gefiel.

❷ „Mein erster Tag in der neuen Schule". Schreibe dazu einen Text.

❸ Macht es wie Christina in M4: Erstellt jeweils von euch ein Plakat mit dem Thema: „Das bin ich".
Hängt die Plakate in der Klasse auf.

❹ a) Spielt das Spiel „Spinnennetz" (M2) zum Kennenlernen eurer Mitschülerinnen und Mitschüler.
b) Überlegt euch weitere Spiele zum Kennenlernen der anderen Kinder.

❺ Sammelt Fragen zu den Themen: Schulgebäude, Lehrerinnen und Lehrer, Fächer und Materialien, Schulweg und Verkehrsmittel usw. Schreibt die Fragen auf große feste Pappen und beantwortet sie im Laufe der ersten Schulwochen.

Grundwissen

Tipps
zur Gestaltung deines Plakats

M4 *Plakat, auf dem sich Christina vorstellt*

Darüber kannst du berichten:

– Name
– Adresse
– Geburtstag
– Haarfarbe
– Frisur
– Größe
– Gewicht
– Schuhgröße
– Augenfarbe

– Lieblingsessen
– Lieblings-Pop-gruppe
– Hobbys
– Lieblingsfächer
– Lieblingsfarben
– Lieblingsbuch
– Lieblingsfilm

– deine Familie
– Haustiere
– beste Freundin/ bester Freund

oder über etwas anderes.

Lernbereich Gesellschaftswissenschaften

Etwas Neues
Jeder Mensch lebt in einem bestimmten Raum auf der Erde; jeder Mensch lebt in einer bestimmten Zeit und jeder Mensch ist Teil einer Gruppe, einer Gemeinschaft.

In unserem neuen Lernbereich „Gesellschaftswissenschaften" beschäftigen wir uns mit den Beziehungen, die zu verschiedenen Zeiten zwischen Menschen sowie zwischen ihnen und ihrem Lebensraum bestehen.

Raum

Zeit

Gemeinschaft

M1 Gemeinschaft: *Schülerinnen und Schüler planen gemeinsam einen Ausflug zum „Alten Schweden"*

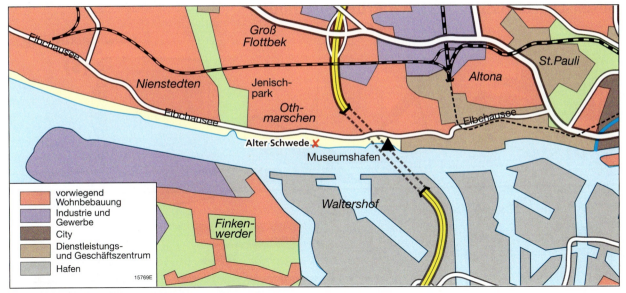

M2 Raum: *Reiseziele und ihre Lage (Karte)*

M3 Raum: *Reiseziele und ihre Lage (Satellitenbild)*

M4 Zeit: *Ausflug zu einem Zeugen der Vergangenheit, Findling*

Überraschender Fund

„Wir baggerten in Höhe Övelgönne die Elbe in etwa 13,50 m Tiefe aus, als es plötzlich einen ziemlichen Rums gab", erzählt ein Maschinist. „Wir dachten zuerst an ein Schiffswrack." Immer wieder prallten die Schaufeln des Baggers an einem harten Gegenstand ab. Doch mit zunehmender Dauer ahnte die Crew, dass sie es wohl eher nicht mit einem auf Grund gelaufenen Kutter zu tun hatte. Gestoßen war sie auf einen Findling, der seitdem von den Hamburgern aufgrund seines Herkunftslandes Schweden als „Alter Schwede" bezeichnet wird. Er hat einen Umfang von 19,7 m, ist 4,5 m hoch und wiegt 217 t. Wer ihn bestaunen möchte, der nimmt an den Landungsbrücken die Fähre 62 Richtung Finkenwerder oder den Bus 112 bis „Neumühlen/Övelgönne" und läuft dann am Elbstrand entlang. Bis zum Findling sind es ca. 20 Minuten Fußweg.

(Nach: Hamburger Abendblatt, 16. September 2009, verändert u. ergänzt)

M5 *Der „Alte Schwede"*

❶ Die Bilder dieser Doppelseite kennzeichnen Fachbereiche der Gesellschaftswissenschaften. Erläutere, was jeder Fachbereich zum Thema „Alter Schwede" am Elbufer beitragen kann.

Grundwissen/Übung

Gesellschaftswissenschaften – Arbeitsmethoden

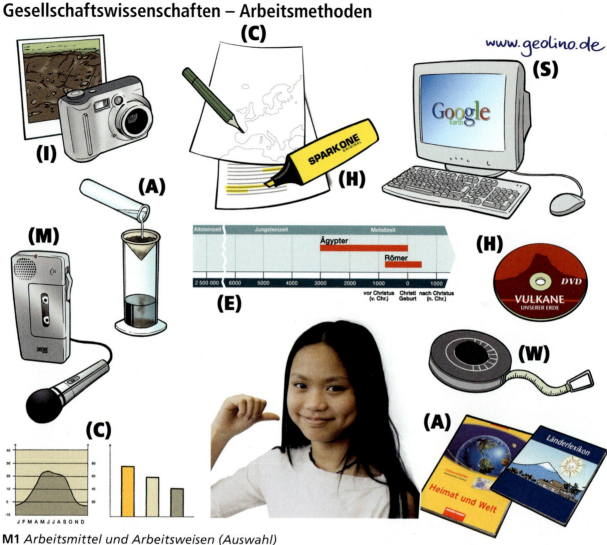

M1 *Arbeitsmittel und Arbeitsweisen (Auswahl)*

Gesellschaftswissenschaften – Wir tun und machen

Du wirst im Laufe des Unterrichts viele Arbeitsmittel und deren Anwendung kennenlernen. Dabei wirst du unter anderem zeichnen, Kurven auswerten, Bilder beschreiben oder Karten lesen. Ohne Übung geht das nicht. Schau mal in M1, was du alles machen kannst.

❶ Die einzelnen Bilder in M1 haben Buchstaben. Ordne diese Buchstaben den rechts genannten Arbeitsweisen richtig zu. Von oben nach unten gelesen erhältst du einen Lösungssatz.

Arbeitsweisen:

(I) Fotografieren und Bilder auswerten

( ) Kartenskizzen zeichnen

( ) Texte und Quellen markieren und auswerten

( ) Interviews durchführen und Zeitzeugen befragen

( ) Experimente durchführen

( ) Schaubilder zeichnen

( ) Filme auswerten

( ) Zeitleisten anlegen

( ) Flächen und Räume ausmessen

( ) Atlas und Lexikon benutzen

( ) Internet zum Informieren nutzen

Methode: Eine Arbeitsmappe anlegen

M2 *Die Arbeitsmappe*

M3 *Inhaltsverzeichnis (Jahresübersicht der Themen)*

M4 *Seite einer Arbeitsmappe*

Das ABC der Mappenführung – Mit Tipps und Tricks geht's fix

Im Unterricht erhältst du viele Arbeitsblätter und schreibst Arbeitsergebnisse auf. Da kommt schnell eine große Materialmenge zusammen. Daher ist es wichtig, alle Unterlagen sorgfältig zu ordnen und abzuheften. Eine Arbeitsmappe eignet sich besonders gut.

Drei Schritte zum Anlegen einer Arbeitsmappe

1. *Allgemeines zum Material und zur Gestaltung*
  a. Verwende eine DIN-A4-Mappe (M2) sowie gelochte, karierte DIN-A4-Blätter. Sie eignen sich gut zum Zeichnen von Kartenskizzen und Schaubildern. Die Blätter kannst du längs oder quer beschreiben.
  b. Nimm zum Schreiben einen Füller und zum Zeichnen einen angespitzten Bleistift. Male mit Holzfarbstiften aus.
  Verwende möglichst keinen Tintenkiller und keine Filzstifte. Male die Zeichnungen nie mit Textmarkern aus!

2. *Anlage und Einteilung der Mappe*
  a. Lege ein Inhaltsverzeichnis (M3) mit den Hauptthemen des Schuljahres an. Ergänze die Hauptüberschriften mit den Überschriften der einzelnen Gesellschaftslehrestunden.
  b. Gestalte zu jeder Unterrichtseinheit ein Deckblatt (M5). Schreibe darauf das Thema der Unterrichtseinheit (Hauptüberschrift). Schmücke das Deckblatt mit Zeichnungen oder Bildern.
  c. Zwischen deine Arbeitsseiten kannst du Seiten mit zusätzlichen Materialien (z. B. Arbeitsblätter, Kopien) einheften.

3. *Gestalten einer Seite*
  1. Lass vom linken Blattrand vier Kästchen frei, damit man nach dem Abheften alles auf dem Blatt lesen kann. Lass vom oberen und unteren Rand drei Kästchen frei. Schreibe nur in jede zweite Kästchenreihe.
  2. Unterstreiche die Überschrift mit dem Lineal und schreibe das Datum an den Rand.
  3. Schreibe vor die Lösungen der Aufgaben aus deinem Gesellschaftslehrebuch die Seitenzahl und die Aufgabennummer.

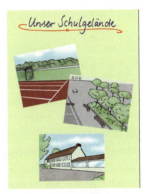

M5 *Deckblatt zu einem Unterrichtsthema*

❷ Lege ein Inhaltsverzeichnis zu den Themen des Schuljahres an. Schreibe alle Überschriften zu den Arbeitsthemen des Jahres in der richtigen Reihenfolge auf.

❸ Gestalte ein Deckblatt zur ersten Unterrichtseinheit (M5).

Grundwissen / Übung

Neue Wege in die Schule

Zu Fuß, mit dem Rad oder mit dem Bus

Christina, Lisa, Gül, Alexia, Ahmed und Lucas treffen sich jetzt morgens vor ihrer früheren Grundschule und fahren mit dem Fahrrad zur neuen Schule. Mit dem Rad benötigen sie noch nicht einmal zehn Minuten dafür. Würden sie zu Fuß gehen, müssten sie die doppelte Zeit einplanen. Kein Wunder, dass sie selbst bei Regen lieber mit dem Fahrrad fahren.

Andere Klassenkameraden treffen sich an der Haltestelle und warten dort auf den Bus. Kommt dieser, herrscht großes Gedränge. Zwar erhält jeder einen Sitzplatz, doch gerade die Großen wollen einen guten Platz ganz hinten ergattern.

Der Bus hält auf dem Weg zur neuen Schule an weiteren Haltestellen. Dort steigen noch andere Fahrgäste und Schüler zu. Manchmal kommt es vor, dass einige von ihnen stehen müssen.

Die neue Schule auf dem Stadtplan

Auf einem **Stadtplan** (M5) suchen die Mädchen und Jungen ihre neue Schule.

Der Stadtplan zeigt die Stadt und ihre Umgebung senkrecht von oben. Über den Stadtplan ist ein Gitternetz gelegt. Die Linien des Gitternetzes bilden einzelne Rechtecke. Man nennt sie **Planquadrate**. Jedes Planquadrat kann man bezeichnen. Dazu gibt es am oberen und unteren Kartenrand Buchstaben: A, B, C usw., und an den seitlichen Kartenrändern gibt es Zahlen: 1, 2, 3 usw. So heißt zum Beispiel ein Planquadrat B3 (M5).

Der Stadtplan ist „genordet". Das heißt auf dem Stadtplan ist Norden immer oben. Wer also nördlich der Schule wohnt, muss auf dem Stadtplan oberhalb der Schule seine Wohnung suchen.

Die Jungen und Mädchen merken sich, wo die Himmelsrichtungen auf dem Stadtplan sind. Jetzt ist es leicht, festzustellen, wer nördlich oder westlich der Schule wohnt.

Ich wohne westlich der Schule.

Bestimmung der Himmelsrichtungen

Ein Kompass ist ein Instrument zur Bestimmung der Himmelsrichtungen. Er enthält eine Nadel, die sich dreht. Eine Spitze dieser Nadel richtet sich zum **Nordpol** aus. Unter der Kompassnadel liegt eine **Windrose** mit den einzelnen Himmelsrichtungen. Der Kompass muss so gedreht werden, dass Magnetnadel und Nordrichtung der Windrose übereinanderliegen.

Über den genauen Umgang mit dem Kompass kannst du dich auf den Seiten 20/21 informieren.

M1 *Kompass*

Auch ohne Kompass lassen sich die Himmelsrichtungen bestimmen (M2).

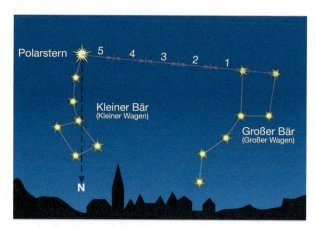

M2 *So findest du Norden.*

*Im Osten geht die Sonne auf,
im Süden steigt sie hoch hinauf,
im Westen wird sie untergehen,
im Norden ist sie nie zu sehen.*

M3 *Merkvers*

Grundwissen

❶ Bestimme in M4 die Himmelsrichtungen a) bis h).

❷ a) Besorgt euch einen Kompass und Kreide und geht auf den Schulhof. Markiert einen Punkt und ordnet die Himmelsrichtungen darum an. Bestimmt jeweils, in welcher Himmelsrichtung ihr wohnt. Stellt euch alle in der richtigen Himmelsrichtung neben den Punkt.

❸ Bestimmt in M5 die Himmelsrichtungen: Links: ..., oben: ..., rechts: ..., unten ... .

❹ Betrachte M5. Die Stadtteilschule Poppenbüttel (Standort 1) liegt im Planquadrat B3. Schülerinnen und Schüler kommen auch aus Wellingsbüttel, Sasel und Lemsahl-Mellingstedt.
a) Suche die Wohngebiete und notiere die Planquadrate.
b) Bestimme die Himmelsrichtung der Stadtteile von der Schule aus.

❺ Für die folgende Aufgabe brauchst du einen Plan des Stadtteils, in dem deine Schule liegt.
a) Schreibe den Namen der Straße auf, an der deine Schule liegt.
b) Ermittle das Planquadrat, in dem deine Schule liegt.

c) Beschreibe die Lage deiner Straße im Stadtplan. Gib das Planquadrat an.

d) Bestimme, in welcher Himmelsrichtung von der Schule aus deine Wohnung liegt.

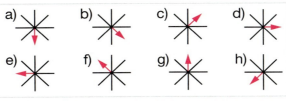

M4 *Himmelsrichtungen*

M6 *Lage Hamburgs*

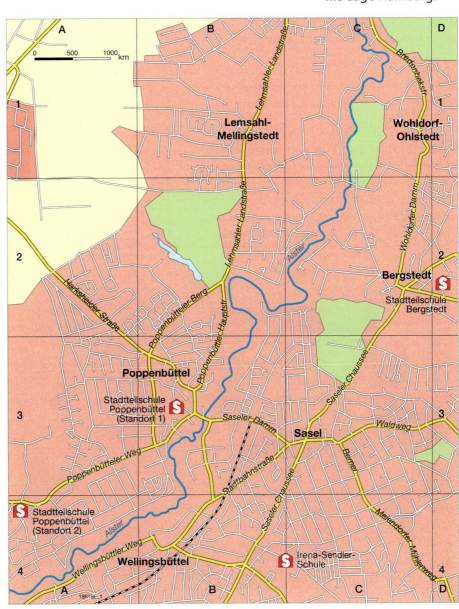

M5 *Ausschnitt einer Karte von Hamburg*

Grundwissen/Übung

15

Neue Schule – neues Fach

Wir erkunden unsere Schule

Unterwegs in der neuen Schule

Sekretariat, Schulleitung, Bücherei, Werkräume, Küche, Physikraum, Computerraum, Lehrerzimmer, Musikraum, Caféteria – mehrere Gebäude mit verschiedenen Stockwerken, viele Flure, Pausenhöfe, Klassenräume, Gruppenräume, Fachräume.

Damit die Jungen und Mädchen sich in der Schule zurechtfinden, planen sie einen „Erkundungstag". Sie führen ein Fotosuchspiel durch, befragen Menschen, die an der Schule arbeiten, machen eine Schatzsuche und unternehmen eine Schulrallye. Dazu benötigen sie den Grundriss der Schule, den sie von ihrer Klassenlehrerin bekommen.

M2 *In der Schulbibliothek*

INFO

Grundriss

Der Grundriss ist eine Zeichnung, die etwas senkrecht von oben als Grundfläche darstellt, zum Beispiel einen Gegenstand, ein Haus oder eine ganze Stadt. Du kannst auf folgende Weise sehr einfach einen Grundriss von einem Gegenstand zeichnen: Lege den Gegenstand auf ein Blatt Papier. Umfahre ihn mit einem Stift. Wenn du dann den Gegenstand wegnimmst, hast du den Grundriss des Gegenstandes.

Die Lehrerin hat in der Schule verschiedene Stellen fotografiert. Sie sind nicht leicht zu finden. Entweder zeigt das Foto einen kleinen Teil ganz groß oder es zeigt Stellen, auf die kaum jemand achtet. Nun sollen die Schülerinnen und Schüler herausfinden, wo die Fotos gemacht wurden. Ihr könnt das Suchspiel auch für euch selbst oder für eine andere Klasse organisieren. Fotografiert Einzelheiten an eurer Schule, stellt die Bilder aus und lasst die anderen die Stellen suchen (hier: Pfosten in der neuen Schule).

M3 *Fotosuchspiel*

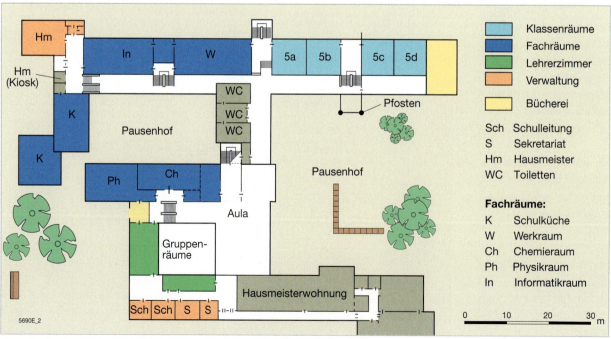

M1 *Grundriss vom Erdgeschoss einer Schule (Ausschnitt)*

Auf Erkundungstour

1. Schritt: Vorbereitung
Entscheidet euch, wen ihr befragen wollt. Stellt eine Liste mit Fragen zusammen. Ihr benötigt: Fragebogen, Schreibzeug und Fotoapparat.

2. Schritt: Durchführung
Jeweils zwei bis vier Schülerinnen und Schüler führen in Gruppen die Befragung durch. Die Antworten werden schriftlich notiert.

3. Schritt: Auswertung
Es werden Plakate mit den Fotos und den wichtigsten Ergebnissen der Befragung gestaltet.

M4 *Befragung von Menschen, die an der Schule arbeiten*

„Ich bin seit acht Jahren an der Schule. Die Arbeit macht Spaß, ist aber auch anstrengend. Ich bin Ansprechpartnerin für alle Lehrerinnen und Lehrer, Schülerinnen und Schüler sowie den Eltern. Eine meiner Hauptaufgaben ist die Durchführung des Schriftwechsels für die Schulleitung und die Beantwortung oder Weiterleitung von Telefonaten."

Inge Neumann
Beruf: Schulsekretärin

Die Klasse macht eine „Schatzsuche". Dazu teilt sie sich in mehrere Gruppen auf. Jede Gruppe wählt einen Gegenstand auf dem Schulgelände als „Schatz" aus. Eine Gruppe hat sich für die Tischtennisplatte entschieden.
Sie zeichnet eine „Schatzkarte". Auf dem Grundriss der Schule wird die Stelle angekreuzt, an der sich die Tischtennisplatte befindet. Dann tauschen die Gruppen ihre Schatzkarten aus und die Schatzsuche beginnt.

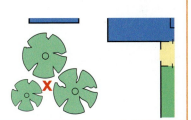

M5 *Schatzsuche*

Material: Grundriss der Schule, Schreibzeug, Fragebogen

Durchführung: Jeweils zwei Schülerinnen und Schüler lösen gruppenweise die Aufgaben des Fragebogens.

Auswertung: Für jede richtige Antwort gibt es einen Punkt. Die Gruppe mit den meisten Punkten gewinnt.

Aufgabe 1:
- Erkundigt euch im Sekretariat, ob es eine Liste mit den Namen der Lehrerinnen und Lehrer gibt.
- Welche Lehrerinnen und Lehrer unterrichten das Fach Englisch?
- Wie viele Schülerinnen und Schüler hat eure Schule?

Aufgabe 2:
- Nennt fünf verschiedene Sachen, die ihr in der Cafeteria kaufen könnt.
- Was kosten sie?
- Wie viele Sitzplätze gibt es in der Cafeteria?

Aufgabe 3:
- Welche Spielgeräte findet ihr auf den Pausenhöfen?

Aufgabe 4:
- Nennt die verschiedenen Fachräume der Schule.

Aufgabe 5:
- Wo findet ihr Informationen über Arbeitsgemeinschaften?
- Nennt zwei Arbeitsgemeinschaften.

Aufgabe 6:
- Was steht für morgen auf dem Vertretungsplan für eure Klasse?

Aufgabe 7:
- Wo bewahrt der Hausmeister die Fundsachen auf?

Aufgabe 8:
- Nennt die Zahl der Computer im Informatikraum.

Beispiel eines Fragebogens

M6 *Eine Rallye durch die Schule*

Grundwissen / Übung

Orientieren – nicht verlaufen

Vor dem Reichstag in Berlin

Die Sache mit dem Kompass

Stimmt die Richtung?

Orientieren heißt sich zurechtfinden. Hierbei helfen dir Karten. Sie zeigen dir zum Beispiel, wo Berge, Straßen und Flüsse sind. Sie helfen dir auch, wenn du unterwegs bist, den Weg zu finden. In der Regel ist am oberen Kartenrand Norden. Dazu musst du aber wissen, wo welche **Himmelsrichtung** ist, und den Plan nach den Himmelsrichtungen ausrichten.

In M1 bestimmen die Kinder die Himmelsrichtungen in ihrer eigenen Klasse. Sie nehmen dazu einen Stabmagneten und lassen ihn an einer Schnur auspendeln. Das rote Ende zeigt immer nach Norden, das grüne nach Süden.

Unter den Magneten legen die Kinder eine Pappe mit einem aufgezeichneten Kreuz. Sie drehen die Pappe so lange, bis sich eine Linie des Kreuzes genau unter dem Magneten befindet. Jetzt tragen die Kinder zuerst Norden und Süden ein. Westen liegt links und Osten liegt rechts von der Nord-Süd-Achse.

INFO

Windrose

Diese Darstellung heißt Windrose: Auf ihr sind die Himmelsrichtungen abgebildet. Windrosen dienen zur Orientierung. Bei manchen steht ein E für Osten (englisch: East). Du kannst Himmelsrichtungen auch nach dem Sonnenstand festlegen. Wo die Sonne morgens am Horizont erscheint, ist Osten.

M1 *Wo ist Norden?*

Der **Kompass** ist ein Gerät, mit dem man die Himmelsrichtungen bestimmen kann. Er besteht aus einer Windrose, einer magnetischen Nadel und einem Gehäuse.

Das farbige Ende der Kompassnadel zeigt immer nach Norden. Die Windrose wird so lange gedreht, bis Norden unter der farbigen Spitze liegt.

Jetzt zeigt der Kompass, wo Norden ist. Auf der Landkarte ist Norden immer am oberen Kartenrand, Süden am unteren Kartenrand.

Einen Kompass selbst herstellen

Du brauchst: Stopfnadel, Korkscheibe, Klebstoff, Gefäß mit Wasser und einen Magneten.

1. Magnetisiere die Stopfnadel.

   Dazu reibst du mit einem Magneten immer in die gleiche Richtung an der Nadel. Dann klebst du die Nadel auf die Korkscheibe.

2. Lass die Korkscheibe mit der Nadel auf dem Wasser schwimmen. Beobachte.

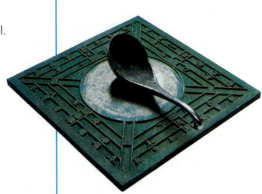

M2 *Der Kompass war eine chinesische Erfindung und ging aus dem sogenannten Südzeigelöffel hervor.*

Himmelsrichtungen mit einer Armbanduhr bestimmen

1. Richte den Stundenzeiger auf die Sonne aus.

2. Süden liegt dann etwa in der Mitte zwischen dem Stundenzeiger und der 12 auf dem Zifferblatt.

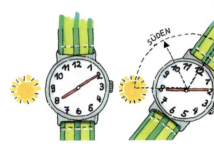

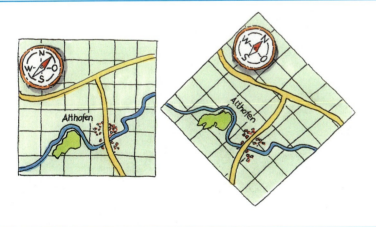

Karten mit dem Kompass einnorden

1. Lege den Kompass auf die Karte und richte ihn nach dem Gitternetz oder den Seitenrändern aus.

2. Drehe Karte und Kompass so, dass das farbige Ende der Nadel auf Norden zeigt.

Orientieren – nicht verlaufen

❶ Bestimmt in eurem Klassenraum die Himmelsrichtungen. Befestigt Schilder mit den Namen der Himmelsrichtungen an den Wänden.

❷ Zeichne selbst eine Windrose und schreibe die Himmelsrichtungen dazu.

Grundwissen/Übung

Mit dem Atlas arbeiten

Der Atlas – eine Sammlung von Karten

Ein wichtiges Hilfsmittel in der Schule ist der Atlas (zum Beispiel der „Diercke Drei"). Er enthält eine Sammlung von Karten.

Häufig brauchst du den Atlas auch zu Hause. Er hilft dir zum Beispiel, deine Ferienziele oder den Wohnort von Verwandten zu finden.

Du kannst auch im Atlas nachschauen, wenn du beispielsweise etwas über die Anbaugebiete von Kakao oder über die Lage eines Vulkans erfahren möchtest.

Damit du mit dem Atlas gut und schnell arbeiten kannst, besteht er aus mehreren Teilen.

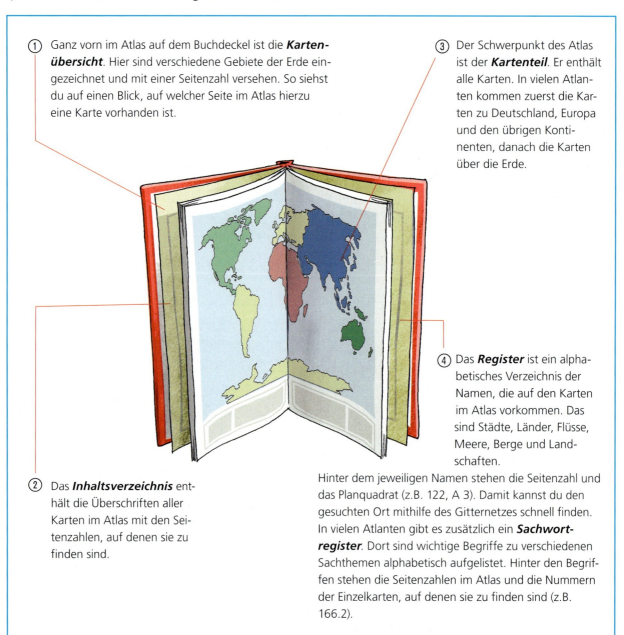

① Ganz vorn im Atlas auf dem Buchdeckel ist die **Kartenübersicht**. Hier sind verschiedene Gebiete der Erde eingezeichnet und mit einer Seitenzahl versehen. So siehst du auf einen Blick, auf welcher Seite im Atlas hierzu eine Karte vorhanden ist.

② Das **Inhaltsverzeichnis** enthält die Überschriften aller Karten im Atlas mit den Seitenzahlen, auf denen sie zu finden sind.

③ Der Schwerpunkt des Atlas ist der **Kartenteil**. Er enthält alle Karten. In vielen Atlanten kommen zuerst die Karten zu Deutschland, Europa und den übrigen Kontinenten, danach die Karten über die Erde.

④ Das **Register** ist ein alphabetisches Verzeichnis der Namen, die auf den Karten im Atlas vorkommen. Das sind Städte, Länder, Flüsse, Meere, Berge und Landschaften.

Hinter dem jeweiligen Namen stehen die Seitenzahl und das Planquadrat (z.B. 122, A 3). Damit kannst du den gesuchten Ort mithilfe des Gitternetzes schnell finden. In vielen Atlanten gibt es zusätzlich ein **Sachwortregister**. Dort sind wichtige Begriffe zu verschiedenen Sachthemen alphabetisch aufgelistet. Hinter den Begriffen stehen die Seitenzahlen im Atlas und die Nummern der Einzelkarten, auf denen sie zu finden sind (z.B. 166.2).

M1 *So ist der Atlas aufgebaut*

Drei Schritte, um einen Ort im Atlas zu finden

1. Suche den Namen im Register (M3). Schreibe Seite und Planquadrat (M6) auf.
2. Schlage die entsprechende Seite im Atlas auf.
3. Suche den Namen in dem angegebenen Planquadrat (M5).

❶ Schreibe die Namen der folgenden Länder untereinander: Ägypten, Brasilien, Spanien, Kanada, Indien. Schreibe hinter die Ländernamen die Atlas-Seite und das Planquadrat (Register). Schlage dann die entsprechende Seite im Atlas auf.

❷ Schreibe folgende Namen untereinander: Budapest, Kuba, Brocken, Nil. Bestimme mithilfe des Registers im Atlas die Seite und das Planquadrat. Schlage dann die entsprechende Seite im Atlas auf und schreibe dazu, ob es sich um eine Stadt, ein Land, einen Berg oder einen Fluss handelt.

G

Gaalkacyo 181, H 5
Gabis 180, D 2
Gablonz (Jablonec nad Nisou) 51, L 3
Gaborone 182, D 5
Gabun 171, 3 C 4
Gadebusch 49, G 2
Gades 86, 1 B 3
Gafsa 180, D 2
Gaggenau 52, D 4
Gagnon 203, G 1
Gail 119, K 4
Gaildorf 52, E 3
Gailtaler Alpen 119, J/K 4
Gaimersheim 53, G 4
Gainesville 201, F 4
Galana 183, E 3
Galápagos-Inseln 189, 1 K 10
Galați 115, H 4
Galdhøpiggen 104, C/D 4

M3 *Register (Auszug)*

Orte
Einwohner
■ über 5 000 000
■ 1 000 000 – 5 000 000
● 500 000 – 1 000 000
● 100 000 – 500 000
○ 20 000 – 100 000
○ unter 20 000

M4 *Legende (Auszug)*

Das Beispiel Gafsa (Tunesien)

Du suchst den Ort Gafsa im Register.
Im Register findest du:

Name	Seite	Planquadrat
Gafsa	180	D2

	A	B	C	D	E	F	G
1							
2				D2			
3							
4							
5							
6							

M6 *Planquadrate*

Gafsa ist eine Stadt in Tunesien (Afrika). Ihre Einwohnerzahl liegt zwischen 20 000 und 100 000.

M5 *Der Ort Gafsa in Tunesien (Afrika)*

Grundwissen / Übung

METHODE

23

Orientieren – nicht verlaufen

M1 *Helena hat einen Freizeitpark besucht. Dort sind berühmte Bauwerke im Maßstab 1 : 25 nachgebaut, zum Beispiel der Eiffelturm.*

INFO

Maßstabsleiste

Auf vielen Karten gibt es eine Maßstabsleiste. Sie erspart das Umrechnen. Man kann mit einem Lineal abmessen, wie lang eine Strecke auf der Karte in Wirklichkeit ist.

Der Maßstab

Ein Maß für die Verkleinerung

Fabian hat seinen Fahrradschlüssel verloren. Dann entdeckt er ihn vor der Schule. In M2 ist der Schlüssel so groß dargestellt, wie er in Wirklichkeit ist. Das Bild hat den **Maßstab** 1 : 1 (man spricht: „eins zu eins").

In M3 ist der Schlüssel 10-mal kleiner gezeichnet. Das Bild hat den Maßstab 1 : 10 (man spricht: „eins zu zehn").

Die Maßstäbe der übrigen Bilder sind noch kleiner. Der Schlüssel ist nicht mehr zu erkennen. In M4 ist die Lage des Schlüssels rot markiert. Im Unterschied zu M2 – M4 ist in M5 die ganze Schule mit der Umgebung abgebildet.

Der Maßstab ist ein Maß für die Verkleinerung:
Je größer die Zahl hinter dem Doppelpunkt, umso kleiner ist der Maßstab.

Großer Maßstab – kleiner Maßstab

Die Karten M6 und M7 enthalten viele Städte. M6 hat einen größeren Maßstab. Alles ist größer dargestellt. Dafür ist ein kleineres Gebiet abgebildet. M7 hat einen kleineren Maßstab. Dafür ist ein größeres Gebiet zu sehen. Es sind jedoch weniger Einzelheiten eingezeichnet.

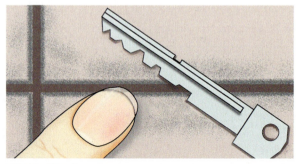

M2 *Maßstab 1 : 1*

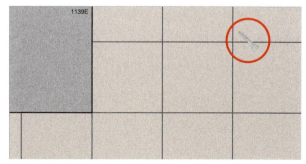

M3 *Maßstab 1 : 10*

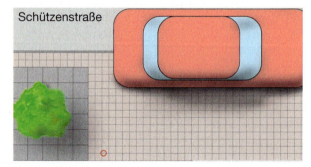

M4 *Maßstab 1 : 100*

M5 *Maßstab 1 : 1000*

Grundwissen

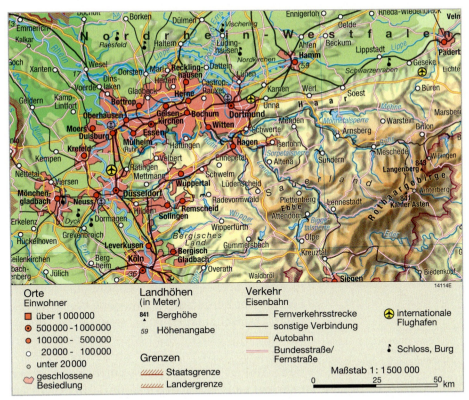

M6 *Kartenausschnitt im Maßstab 1 : 1 500 000*

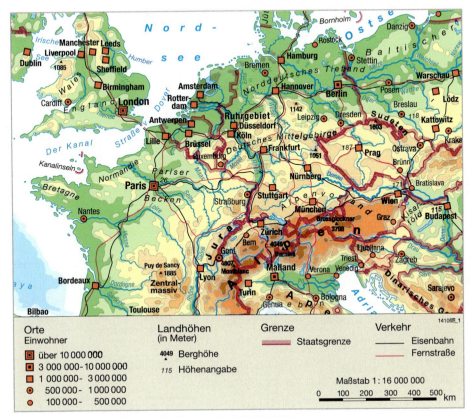

M7 *Kartenausschnitt im Maßstab 1 : 16 000 000*

Grundwissen / Übung

❶ Fabians Fahrradschlüssel sieht immer kleiner aus. Schließlich ist er nicht mehr zu erkennen (M2–M5). Erkläre.

❷ Betrachte M2–M5. Überprüfe, welcher der beiden Sätze richtig ist:
a) Je größer der Maßstab, desto größer ist der Schlüssel.
b) Je größer der Maßstab, desto kleiner ist der Schlüssel.

❸ Lege Transparentpapier auf M5. Zeichne den Umriss der Schule und der vier Bäume. Markiere nun die Lage von Fabians Fahrradschlüssel mit einem roten Punkt.

❹ Ordne die Maßstäbe. Schreibe den größeren Maßstab zuerst auf und den kleinsten zuletzt:
Maßstab 1 : 1 000 000
Maßstab 1 : 140 000 000
Maßstab 1 : 50 000
Maßstab 1 : 10 000
Maßstab 1 : 500 000

❺ Suche fünf Karten im Atlas mit unterschiedlichem Maßstab. Erstelle eine Tabelle mit Seitenzahl im Atlas, Kartentitel und Maßstab.

❻ Der Eiffelturm in Paris ist rund 325 m hoch. Berechne die Höhe des Modells in dem Freizeitpark, den Helena besucht hat (M1).

Orientieren – nicht verlaufen

Zwei Kartenarten

Die Karten in deinem Atlas unterscheiden sich. Es gibt Karten, die besonders gut die Oberflächenformen der Landschaft sowie die Verteilung der Städte und Flüsse zeigen (M2). Diese Kartenart nennt man **physische Karte**.

Eine andere Kartenart ist die **thematische Karte** (M4). Sie behandelt ein bestimmtes Thema: Es gibt zum Beispiel Wirtschaftskarten, Klimakarten, Fremdenverkehrskarten.

Bei allen Karten ist die **Legende** wichtig. In ihr sind die Einzelzeichen (Signaturen) und Flächenfarben erklärt.

INFO 1
Die physische Karte

Die Karte M2 ist eine physische Karte. Sie zeigt dir die Landhöhen, den Verlauf der Gewässer, die Lage von Orten und vieles mehr.

Alle Höhenangaben beziehen sich auf den Meeresspiegel (0 m). So bedeutet zum Beispiel die Zahl 155: Dieser Punkt liegt 155 m über dem Meeresspiegel, abgekürzt 155 m ü. M. Die gesamte Landschaft im Kartenausschnitt liegt unter 200 m Höhe. Um den Ort Quickborn erkennst du grün und gelb eingefärbte Gebiete bis 50 m Höhe. In den Harburger Bergen siehst du braune Gebiete, die über 150 m hoch sind.

Von Höhenlinien und Höhenschichten

In einer Karte werden die Landhöhen und die Formen der Berge auf verschiedene Weise dargestellt. Die **Höhenlinien** verbinden Punkte, die in gleicher Höhe über dem Meeresspiegel liegen (siehe dazu auch S. 28/29). An besonders wichtigen Stellen wird die Höhe durch einen Punkt oder ein kleines Dreieck gekennzeichnet. Oft ist die Höhenangabe danebengeschrieben.

Die Flächen zwischen zwei Höhenlinien werden farbig ausgemalt. Mit zunehmender Höhe wechselt die Farbe von Grün über Gelb nach Braun.

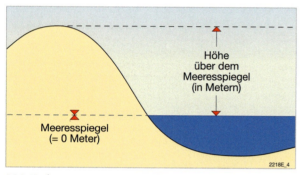

M1 *Höhenmessung vom Meeresspiegel aus*

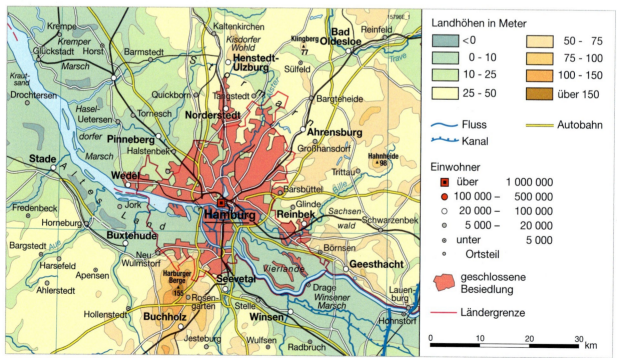

M2 *Ausschnitt aus einer physischen Karte (mit Legende)*

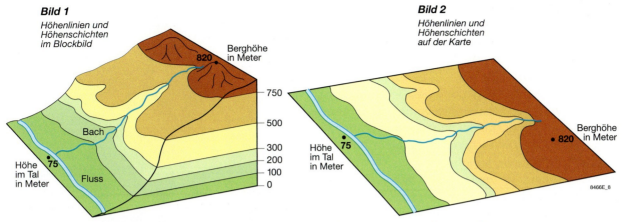

M3 *Höhendarstellungen (Die Flächen zwischen den Höhenlinien sind Höhenschichten)*

INFO 2

Signaturen und Flächenfarben

● ■ „Punkte":
Diese Zeichen geben zum Beispiel die Lage von Städten sowie von bestimmten Industrie- und Bergbaustandorten an.

~ **Linien:**
Sie zeigen unter anderem den Verlauf von Flüssen, Straßen, Eisenbahnstrecken und Grenzen.

Bildhafte Zeichen:
Sie beschreiben zum Beispiel Orte, Industrien, Schlösser/Burgen.

Flächen:
Die Flächenfarben vermitteln einen Überblick über Landhöhen, Wasserflächen, Wälder, Bodennutzung, die Flächen von Staaten und vieles andere.

❶ Übertrage die folgende Tabelle in deine Mappe oder dein Heft, und ergänze mithilfe des Atlas die Höhenangaben der Berge:

Region	höchster Berg	Höhe
Deutschland	Zugspitze	?
Europa	Montblanc	?
Asien	Mt. Everest	?

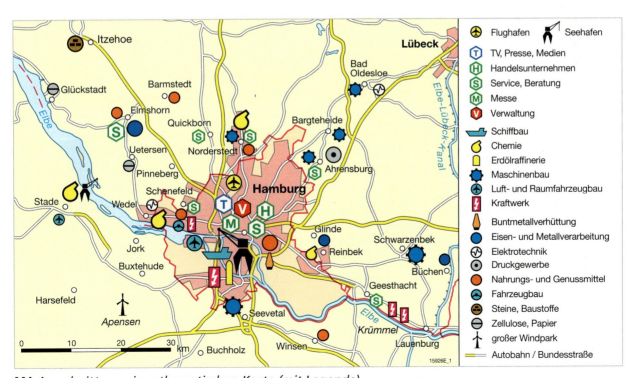

M4 *Ausschnitt aus einer thematischen Karte (mit Legende)*

Grundwissen / Übung

Wie Berge auf Landkarten dargestellt werden

Die Linien um den Berg
Eine Klasse hat die Umgebung des Ortes, in dem sie während ihrer Klassenreise wohnt, erkundet. Dabei haben sich die Kinder anhand einer Wanderkarte orientiert. Die Farben und Symbole für Gebäude, Straßen usw. konnten alle gut verstehen. Aber die Bedeutung der Linien um den Berg musste noch geklärt werden. Im Unterricht soll nun die Bedeutung dieser Linien herausgefunden werden. Deshalb hat die Lehrerin vorgeschlagen, dass die Schülerinnen und Schüler einen Berg als Modell nachbauen. Dazu benötigen sie Gips, ein Aquarium und ein Lineal.

M1 *Versuchsablauf*

Grundwissen

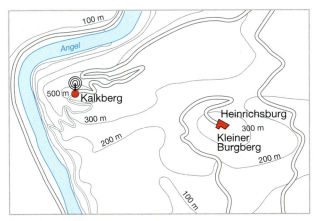

M2 *Karte ohne Höhenfarben*

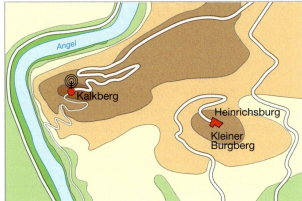

M3 *Karte mit Höhenfarben*

Vier Schritte, um einen Berg zu modellieren und eine Karte mit Höhenlinien anzufertigen

1. Zunächst wird der Berg als Modell nachgebaut (①). Aus Gips und Wasser rühren die Kinder einen Brei, der auf einer festen Unterlage zu einem etwa zwölf Zentimeter hohen Modellberg geformt wird.
2. Nach dem Aushärten kommt der Gipsberg in ein leeres Aquarium. Vorsichtig wird Wasser eingefüllt. Mit einem Lineal werden die Abstände kontrolliert (②).
3. In gleichen Abständen wird die Wasserzugabe unterbrochen, um an der Wassergrenze entlang Linien um den Berg zu zeichnen. Wenn das Wasser drei Zentimeter hoch steht, wird mit einem wasserfesten und schnell trocknenden Stift die erste Linie eingezeichnet. Sie ist überall von der Grundfläche gleich hoch entfernt. Dann wird erneut Wasser eingefüllt und im Abstand von wieder drei Zentimetern eine weitere Linie gezeichnet. Bei einer Wasserhöhe von zwölf Zentimetern schaut nur noch der Gipfel des Gipsberges aus dem Wasser. Hier entsteht die vierte Linie (③).
4. Nun wird eine Plexiglasplatte über das Aquarium gelegt. Die Kinder zeichnen die Linien auf der Platte nach. Dabei achten sie darauf, dass sie genau senkrecht von oben auf den Berg schauen (④). Die Glasplatte legen sie jetzt auf ein weißes Blatt Papier.

Der Modellberg ist nun auf der Glasplatte so dargestellt wie ein Berg auf der Wanderkarte. Je dichter die Linien nebeneinanderliegen, desto steiler ist der Berg an dieser Stelle. Je weiter die Linien auseinanderliegen, desto flacher ist der Hang. So kann man auf der Karte Steil- und Flachhänge gut unterscheiden.

Die Kinder haben ihren Berg gezeichnet und vergleichen ihre Skizze mit der Wanderkarte. Auch hier ist der Kalkberg mit Höhenlinien dargestellt (M2). Bei manchen Linien ist die Höhe als Zahl angegeben. Diese Höhenzahlen sagen, wie hoch die Stelle über dem Meeresspiegel liegt. Der Meeresspiegel ist mit null Metern festgelegt.

Die Höhen können auch durch Höhenfarben dargestellt werden (M3). Die Bedeutung der Farben kann man in der Legende ablesen (M4).

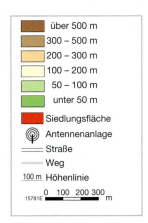

M4 *Legende zu M2/M3*

❶ Wie hoch ist der Kalkberg und an welcher Stelle ist er am steilsten (M2)?

❷ In welcher Höhe liegt die Heinrichsburg (M2)?

❸ Auf welchen Wegen kann der Kalkberg erreicht werden? Nenne Vor- und Nachteile der Wege.

Grundwissen / Übung

Vom Luftbild zur Karte

So entsteht aus einem Luftbild eine Karte

Bist du schon einmal geflogen? Vom Flugzeug aus hat man einen guten Überblick über die Landschaft. Je höher man steigt, desto weniger Einzelheiten kann man erkennen. Wälder wirken nur noch wie eine grüne Fläche und Straßen wie graue Bänder.

Luftbilder geben diesen Eindruck sehr gut wieder. **Schrägluftbilder** werden von schräg oben aufgenommen. Auf ihnen kann man gut Höhenunterschiede in der Landschaft sehen.

Auf **Senkrechtluftbildern** kann man das nicht erkennen. Dafür gewinnt man einen guten Überblick über das fotografierte Gebiet. Man erkennt zum Beispiel genau den Verlauf von Straßen oder die Lage von Gebäuden.

Will man mehr über das fotografierte Gebiet wissen, dann muss man eine **Karte** anschauen. Ähnliche Gebäude werden in der Karte zu einer gleichfarbigen Fläche zusammengefasst. In der Legende der Karte wird erklärt, was die einzelnen Flächenfarben und die Kartenzeichen bedeuten. Die Kartenzeichen nennt man **Signaturen**.

M2 *Senkrechtluftbild der Fraueninsel im Chiemsee. Dieses Foto ist genordet.*

M1 *Schrägluftbild der Fraueninsel im Chiemsee. Blickrichtung von Süden nach Norden.*

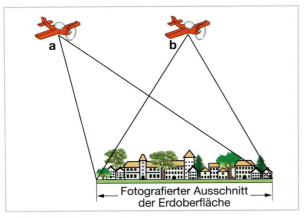

M3 *Luftbilder*

M5 *Lage des Chiemsees*

① Zeige auf der Karte (M4) und dann im Senkrechtluftbild (M2)
a) die Anlegestelle Nord;
b) das Kloster.

② Erstelle eine Tabelle, in die du die Unterschiede zwischen Schrägluftbild, Senkrechtluftbild und Karte einträgst.

③ Lege ein Transparentpapier über M2. Male die Grünflächen und die geschlossenen Baumgruppen in unterschiedlichen Farben an. Zeichne nun Signaturen für die Kirche, das Denkmal und die Sturmwarnsignale. Erstelle zu dieser „Karte" eine Legende.

④ Benenne die Luftbilder a und b in M3.

⑤ In der Legende zu M4 findest du auch eine Maßstabsleiste. Wie weit ist es zum Beispiel von der Anlegestelle Nord über die Gemeindeverwaltung bis zur Badestelle?

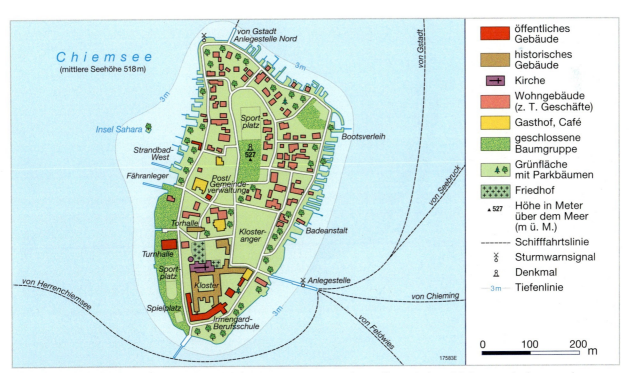

M4 *Die Fraueninsel als Karte. Eine Karte ist immer genordet. Alles wird verkleinert wiedergegeben. Der Maßstab nennt das Verkleinerungsverhältnis. Mit einer Legende wird die Karte erklärt. Sie enthält die Kartenzeichen.*

Grundwissen/Übung

Mitbestimmung üben – Einfluss nehmen in der Schule

Diskussion im Klassenrat

Wir wählen unsere Klassensprecher

Wer hat das Zeug zur Klassensprecherin oder zum Klassensprecher?

In den ersten Schulwochen des neuen Schuljahres werden in allen Klassen die Klassensprecher gewählt. In der neuen 5. Klasse müssen sich die Schülerinnen und Schüler zuerst kennenlernen, bevor sie ihre Klassensprecher und deren Vertreter wählen.

Die Aufgaben des Klassensprechers müssen geklärt werden und die Eigenschaften für dieses Amt müssen besprochen werden.

Der Klassensprecher oder die Klassensprecherin vertritt die Schülerinnen und Schüler der Klasse gegenüber den Lehrerinnen und Lehrern und der Schulleitung.

Die Aufgaben der Klassensprecher sowie die Wahl sind in gesetzlichen Vorschriften geregelt.

Zwei wichtige Grundsätze von Wahlen sind:

Gleichheit: Jede abgegebene Stimme hat dasselbe Gewicht. Das bedeutet, dass der Wert einer Stimme zum Beispiel nicht von der Anerkennung, der Religion oder dem Geschlecht abhängig ist.

Geheimhaltung: Die Stimme wird, ohne Namenskennzeichnung und ohne dass es jemand sieht, abgegeben. Anschließend wird der Stimmzettel gefaltet und in eine Wahlurne geworfen. Niemand darf kontrollieren, wie ein anderer gewählt hat.

1. Eine Kandidatenliste wird aufgestellt.
2. Die Kandidaten erklären ihre Bereitschaft, sich wählen zu lassen.
3. Die Stimmzettel werden verteilt.
4. Die Stimmzettel werden geheim ausgefüllt.
5. Die Stimmzettel werden in eine Wahlurne geworfen.
6. Die Wahlurne wird unter Aufsicht geöffnet.
7. Die Namen auf den Stimmzetteln werden laut vorgelesen.
8. Hinter den Namen der jeweiligen Kandidaten wird die Anzahl der gültigen Stimmen notiert.
9. Im ersten Wahlgang ist der Kandidat gewählt, der die Mehrheit der Stimmen hat.

Gründe für einen zweiten Wahlgang:
- Kein Kandidat erhält die erforderliche Stimmzahl.
- Zwei oder mehr Kandidaten erhalten die gleiche Stimmenzahl.

M2 *Ablauf der Klassensprecherwahl (Klassensprecher sowie anschließend deren Vertreter)*

M3 *Der Klassensprecher ist gewählt*

INFO

SV (Schülervertretung)

Die SV ermöglicht den Schülerinnen und Schülern, ihre Interessen an der Schule zu vertreten und das Schulleben mitzugestalten. Wichtige Einrichtungen der SV sind das Schulsprecherteam sowie der Schülerrat.

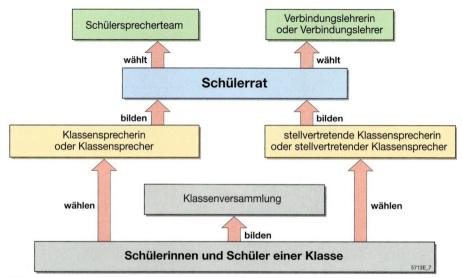

M1 *Die Schülervertretung (SV) an einer Schule*

M4 *Ist die Klassensprecherin bzw. der Klassensprecher zuständig oder nicht?*

① a) Notiere Eigenschaften, die eine Klassensprecherin oder ein Klassensprecher unbedingt haben müsste.
b) Erstellt in der Klasse ein Plakat:
Unsere Erwartungen an gute Klassensprecher.

② a) Lies die Ereignisse in M4. Notiere die Fälle, in denen du die Klassensprecherin bzw. den Klassensprecher für zuständig hältst.
b) 🡒 Notiere fünf weitere Fälle, für die die Klassensprecherin bzw. der Klassensprecher zuständig ist.

③ 🡒 Prüfe, ob die Darstellung der Schülervertretung (M1) für deine Schule zutrifft.

④ a) Nimm kritisch Stellung:
Die Jungen haben bei der Klassensprecherwahl in einer Schule zwei Stimmen, die Mädchen haben eine Stimme.
b) Nimm kritisch Stellung:
Die Klassenlehrerin hat wenig Zeit. Sie schlägt Nina zur Klassensprecherin vor und möchte, dass offen abgestimmt wird. Bewerte, wie die Wahl ausgegangen wäre, wenn offen abgestimmt würde.

⑤ 🡒 Informiert euch über die SchülerInnenkammer Hamburg (Internet).

Aufgaben: Der Klassensprecher vertritt die Klasse nach außen, z.B. im Schülerrat
In der Klasse:
- informiert er über Regelungen an der Schule, die die Klasse betreffen, z.B. Benutzung der Sporthalle.
- gibt Wünsche und Anregungen der Schüler weiter, z.B. Verschönerung des Pausenhofes.
- kann, wenn es jemand wünscht, zwischen Lehrern und Schülern vermitteln, z.B. Uneinigkeit bei der Wahl des Ausflugszieles.
- hilft der Klasse oder einzelnen Kindern beim Vorbringen einer Beschwerde, z.B. ein Schüler fühlt sich zu Unrecht bestraft.

Eigenschaften: redegewandt, fair, auf Ausgleich bedacht, mutig, aber nicht vorlaut, einfühlsam, Verantwortung übernehmend, aber sich nicht in den Vordergrund drängend.

M5 *Aufgaben und Eigenschaften der Klassensprecher*

M6 *SchülerInnenkammer Hamburg, www.skh.de*

Mitbestimmung üben – Einfluss nehmen in der Schule

Grundwissen / Übung

Wir regeln unser Zusammenleben

Wir geben uns eine Klassenordnung

Die ersten Schulwochen sind vergangen. Petra und Sandra kommen häufig zu spät aus der Pause in den Unterricht. Jan lässt keinen Mitschüler ausreden, sondern er ruft einfach in die Klasse.

Die Lehrerin, Frau Buchmann, versammelt die Klasse im Sitzkreis. Sie bespricht die Situation. Die Klasse beschließt, sich eine **Klassenordnung** zu geben. Die Klassenordnung besteht aus Regeln, die jeder zu beachten hat. Frau Buchmann betont, dass auch Lehrerinnen und Lehrer sich an die Klassenordnung zu halten haben. Damit alle gerecht behandelt werden, muss auch festgelegt werden, was passiert, wenn jemand gegen die Klassenordnung verstößt.

Damit die Aufgaben in der Klasse gerecht verteilt werden, werden die **Klassendienste** besprochen. Alle Dienste werden auf einem Plakat aufgelistet. Da es beliebte und weniger beliebte Klassendienste gibt, schlägt Frau Buchmann vor, dass die Dienste wöchentlich wechseln.

M2 *Diskussion in der Klasse*

M1 *Beispiel einer Klassenordnung*

INFO

Regeln

Menschen brauchen Regeln, damit das Leben in der Familie, mit Freunden, im Alltag und in der Schule klappt. Beim Sport sind Spielregeln notwendig.
Eine Regel ist eine Vorschrift, an die sich jeder halten muss. Wer dagegen verstößt, wird ermahnt und notfalls ausgeschlossen. Er erhält die „gelbe" oder gar die „rote" Karte.
In der Schule regelt eine Schulordnung das Zusammenleben. In der Klasse gibt es eine Klassenordnung.

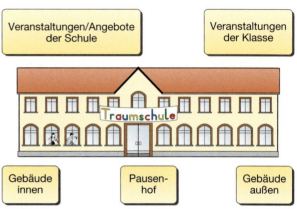

M3 *Wie soll die Schule sein?*

M4 *Plakat für Klassendienste*

- Wählt für jeden Dienst in eurer Klasse ein Zeichen aus. Es soll die Aufgaben des Dienstes verdeutlichen.
- Malt ein Plakat mit den Zeichen.
- Jeder schreibt seinen Namen auf eine Wäscheklammer aus Holz.
- Die Wäscheklammern werden für den jeweiligen Dienst an das Plakat geklammert.
- Jeder kann jetzt gut erkennen, wer für den Dienst zuständig ist.

Kannst du dich an Regeln halten?

		☺	😐	☹
1.	Ich nehme Rücksicht auf andere.	☺	😐	☹
2.	Ich nehme anderen im Unterricht nichts weg.	☺	😐	☹
3.	Ich lache andere nicht aus, wenn sie einen Fehler machen.	☺	😐	☹
4.	Ich übernehme ohne Murren den Ordnungsdienst.	☺	😐	☹
5.	Ich falle anderen nicht ins Wort.	☺	😐	☹
6.	Ich lenke andere nicht vom Unterricht ab.	☺	😐	☹
8.	Ich bin nicht frech und unhöflich zu anderen.	☺	😐	☹
9.	Ich helfe anderen bei Schwierigkeiten.	☺	😐	☹
10.	Ich verpetze niemanden.	☺	😐	☹
12.	Ich erledige meine Aufgaben ordentlich.	☺	😐	☹
13.	Ich gebe nicht mit Spielsachen oder tollen Klamotten an.	☺	😐	☹
14.	Ich bin bereit, anderen zuzuhören.	☺	😐	☹
15.	Ich will mich nicht streiten oder einen Streit anstacheln.	☺	😐	☹
16.	Ich werde Schwächere nicht hänseln.	☺	😐	☹
17.	Ich gehe mit allen Sachen im Klassenraum sorgsam um.	☺	😐	☹

☺ Fällt mir leicht   😐 Fällt mir schwer   ☹ Muss ich noch lernen

M5 *Teste dich selbst!*

Grundwissen / Übung

Mitbestimmung üben – Einfluss nehmen in der Schule

❶ a) Liste Klassendienste auf, die in deiner Klasse notwendig sind.
b) Nenne Aufgaben der einzelnen Klassendienste, (zum Beispiel beim Blumendienst: Blumen gießen, welke Blätter abzupfen, …).

❷ Gestaltet ein Plakat für die Klassendienste. Es gibt verschiedene Möglichkeiten. Ein Beispiel zeigt euch M4.

❸ a) Erörtert das Beispiel einer Klassenordnung (M1).
b) Erstellt eine Klassenordnung für eure Klasse.

❹ Entwickelt Vorschläge zu den Stichworten für eine Traumschule (M3).

M1 *Streit zwischen Jan und Lisa*

M2 *Streitschlichtung im Klassenrat*

Streitschlichtung im Klassenrat

Streit schlichten – eine Lösung mit Gewinnern

Zwischen einzelnen Schülerinnen und Schülern entsteht ab und zu ein Konflikt. Wenn dies passiert, ist es notwendig, sich darüber zu unterhalten. Nur so können die „Streithähne" herausbekommen, was schief gelaufen ist. Wichtig ist, dass jeder Streit möglichst schnell und für immer beigelegt wird.

Dies kann im „Klassenrat" geschehen. Dazu setzt sich die Klasse zusammen, berät über die Konfliktsituation und versucht, eine Lösung zu finden. Dabei müssen alle am Streit Beteiligten und eventuell Zeugen befragt werden.

Allerdings kann nicht jeder Streit unmittelbar nach seinem Auftreten geschlichtet werden. Deshalb bietet es sich an, ein „Klassenratsbuch" zu führen. In einen Schnellhefter dürfen alle Schülerinnen und Schüler schreiben, wenn sie einen Streit oder ein ernsthaftes Problem mit ihren Mitschülerinnen und Mitschülern haben. Von Zeit zu Zeit wird über diese Einträge beraten. Auf gesonderten Seiten im Klassenratsbuch wird die Streitschlichtung protokolliert.

> **1. Standpunkte vortragen**
> Jeder hat die Möglichkeit, seine Ansicht vorzutragen. Es kann jeder über seine Gründe, Gefühle und seinen Anteil am Konflikt sprechen. Dabei hören die anderen zu.
>
> **2. Lösung suchen**
> Alle können Vorschläge zur Lösung des Konflikts vortragen. Die Ideen werden gesammelt und besprochen. Es wird ein geeigneter Vorschlag ausgewählt.
>
> **3. Lösungsvorschlag anwenden**
> Der Lösungsvorschlag wird in die Tat umgesetzt. Nach einer gewissen Zeit, die vorher vereinbart wird, wird die Anwendung erneut besprochen. Es wird entschieden, ob sie beibehalten wird.

M3 *Leitfaden zur Schlichtung eines Konflikts*

INFO

Streitschlichter
In Hamburg arbeiten rund 1500 ausgebildete Schülerinnen und Schüler in Streitschlichter-Teams an insgesamt über 80 Schulen. Sie helfen durch ihr Tun, dass es an ihren Schulen seltener zu Auseinandersetzungen kommt und dass Streit dauerhaft geschlichtet wird.

Einen Konflikt lösen

Wenn ein Konflikt besteht und die Hindernisse nicht aus dem Weg geräumt werden können, entsteht ein Zwiespalt. Das Wort bedeutet „in zwei Stücke gespalten" und meint, dass man getrennt voneinander ist. Selbst ein großer Zwiespalt lässt sich wieder beseitigen. Je nach Situation kann das richtige Verhalten voneinander getrennte Kinder wieder zusammenführen.

Lisa und Jan haben sich gestritten. Lisa sagt: „Jan hat mich mit seinem Geo-Dreieck gestochen und über mein Geo-Dreieck und meine anderen Sachen gelacht. Das fand ich richtig doof."
Jan sagt daraufhin: „Das stimmt, dass ich dich gestochen habe, aber du hast vorher meinen Tintenkiller benutzt, ohne mich zu fragen. Und über deine Sachen gelacht habe ich nur, weil du über die Farbe meines Füllers gelacht hast."
Jetzt wird die Rednerliste eröffnet.

M4 *Der Streit zwischen Lisa und Jan*

① Berichte von Streitgeschichten, die du erlebt hast. Welche Hindernisse standen im Weg?

② Erzähle von einem erfolgreich beendeten Konflikt, den du erlebt hast. Welche Brücken waren hilfreich?

③ a) Schreibe den Konflikt (M4) aus der Sicht von Jan auf.
b) Schreibe den Konflikt (M4) aus der Sicht von Lisa auf.

④ ↝ Konfliktbewältigung im Klassenrat. Stelle Vor- und Nachteile gegenüber.

⑤ Nenne die Vorteile eines Klassenratsbuches.

⑥ Bearbeitet einen aktuellen Konflikt in der Klasse gemäß dem Vorschlag in M3.

Grundwissen / Übung

Wir gestalten unseren Klassenraum

„Klasse Klassenraum" – unser Projekt

Jan überlegt, wie der schmucklose Klassenraum verschönert werden kann. Ein paar Plakate reichen einfach noch nicht. So denken alle Kinder der 5a. Also was ist zu tun? Na klar: ein Projekt für alle. Das Thema lautet: „Klasse Klassenraum". Schnell wird ein Sitzkreis gebildet und dann sprudeln die Ideen. Hierbei halten die Kinder sich an bestimmte Regeln (M3).

M1 *Unser Klassenraum*

Gesprächsregeln:

– Es spricht immer nur ein Schüler.
– Alle Schüler hören zu.
– Jede Äußerung ist von Bedeutung.
– Wenn ein Kind seinen Beitrag beendet hat, erteilt es einem anderen Kind das Wort.

M3 *Gesprächsregeln*

INFO
Sitzkreis
In einem Sitzkreis werden wichtige Angelegenheiten, Ideen zum Unterricht und Probleme besprochen und gemeinsam Lösungen gefunden. Es ist notwendig, Regeln aufzustellen, damit alle im Kreis an diesen Gesprächen teilnehmen können.

M2 *Ideen zur Gestaltung des Klassenraumes*

Vorhaben: Gestaltung einer Pflanzenecke

Die Klasse 5a legt eine Pflanzenecke an. Dabei müssen die Schülerinnen und Schüler verschiedene Punkte beachten:
1. Pflanzen brauchen einen hellen Standort in Fensternähe.
2. Manche Pflanzen mögen Sonne, manche nicht. Stellt fest, wann und wie lange die Sonne ins Klassenzimmer scheint.
3. Es gibt robuste und empfindliche Pflanzen. Für einen Klassenraum sollten robustere Pflanzen ausgewählt werden. Fragt in einer Gärtnerei oder im Blumengeschäft nach.
4. Wenn ihr geeignete Pflanzen gefunden habt, müsst ihr euch zum Beispiel in Pflanzenbüchern über die Pflege informieren.
5. Stellt zu jeder Pflanze einen Info-Stecker her und teilt einen Pflanzen-Pflegedienst ein.

Vorhaben: Recycling-Papier nutzen

Die Klasse 5a achtet auf umweltbewusstes Verhalten. Im Klassenraum stehen verschiedenfarbige Abfalleimer, um Papier, Wertstoffe und Restmüll zu trennen. Die Kinder stellen im Winter beim Öffnen der Fenster die Heizung ab und verlassen ihren Klassenraum erst, wenn das Licht gelöscht und die Fenster geschlossen sind.

Jetzt wollen sie in Erfahrung bringen, welche Vorteile Schulhefte aus Recyclingpapier haben. Geplant ist eine Sammelbestellung, zu der sie auch die Parallelklassen einladen wollen. Max und Lisa erklären sich bereit, im Internet nach Informationen zu suchen. Stolz verweisen sie am nächsten Tag auf folgende Internetadressen: www.robinwood.de, www.treffpunkt-recyclingpapier.de, www.heftefinder.de. Jetzt steht der Sammelbestellung nichts mehr im Weg.

M4 *Pflanzenecke der 5a*

Recyclinghefte sind an dem Blauen Engel mit dem Zusatz „weil aus 100 % Altpapier" erkennbar.
- Recyclingpapier wird ausschließlich aus Altpapier hergestellt. Kein Baum muss gefällt werden.
- Bei der Herstellung werden, im Vergleich zu direkt aus Holz produziertem Papier, deutlich weniger Wasser und Energie verbraucht.
- Das Papier der Recycling-Schulhefte hat einen hellen Weißegrad. Es ist tinten- und radierfest.

M5 *Recyclinghefte*

INFO

Zimmerpflanzen

Pflanzen in einem Zimmer sehen nicht nur schön aus, sondern sie verbessern auch die Luft. Sie geben mit ihren Blättern Sauerstoff ab, den wir einatmen. Es gibt auch Pflanzen, die Schadstoffe aus der Luft „schlucken". Zu ihnen zählen Zyperngras, Eukalyptus, Grünlilie und Efeutute.

❶ Betrachtet M1 und nennt Unterschiede zwischen dem abgebildeten Klassenraum und eurem.

❷ a) Macht Vorschläge zur Gestaltung eures Klassenraumes. Beachtet M3.
b) Entscheidet, welche Vorschläge ihr aufgreifen wollt.

❸ Sprecht über Vorteile und Nachteile einer Pflanzenecke und entscheidet, ob ihr in eurer Klasse eine einrichten wollt.

❹ Stellt auf einem Plakat die Vorteile von Recyclingheften zusammen und organisiert eine Sammelbestellung.

Grundwissen / Übung

M1 *In einer Hamburger Schule um 1900*

Schule früher

Eine Fahrt in die Vergangenheit

Vor 100 Jahren gingen in den Städten Jungen und Mädchen getrennt in die Volksschule. Nur ganz wenige besuchten das Gymnasium.

Auf dem Dorf gingen alle Kinder und Jugendlichen in eine Klasse. Sie wurden alle gleichzeitig unterrichtet – und zwar von dem Schulmeister, so wurde der Lehrer oft genannt. Während zum Beispiel die erste Klasse schreiben musste, lasen andere still einen Text und die Großen rechneten oder zeichneten. Die jüngeren Schülerinnen und Schüler schrieben auf eine Schiefertafel mit einem Griffel. Sie schrieben in deutscher Schrift. Die älteren waren mächtig stolz, denn sie durften mit Stahlfeder oder Gänsekiel und Tinte in ein Heft schreiben.

Der Lehrer war sehr streng. Wenn ein Kind während des Unterrichts sprach, bekam es eine Strafe. Es war erleichtert, wenn es „nur" den Satz *„Ich darf während des Unterrichts nicht stören"* hundertmal abschreiben durfte. Andere Kinder bekamen Schläge mit dem Stock auf die Hand oder mussten sich in die Ecke stellen. Kein Wunder, dass der Lehrer bei den Kindern gefürchtet war.

Im Winter hatten die Kinder und Jugendlichen Jacken und Mäntel an, denn geheizt wurde nur bei großer Kälte. Dann mussten die Schulkinder Kohlen mitbringen.

Tafel, Griffel, Rutenstock

Fünf Minuten vor Beginn des Schulunterrichts müssen die Lehrer, welche die erste Stunde zu halten haben, im Schulzimmer sein, um die Kinder zu überwachen und allen Ausschreitungen derselben vorzubeugen. Besonders haben sie darauf zu achten:

a) dass die Kinder sich sofort und still an ihren Platz begeben, die Bücher auf das Brett unter der Schulbank legen und sich ruhig verhalten;

b) dass die Kinder Gesicht, Ohren, Hals und Hände rein gewaschen und die Haare glatt gekämmt haben;

c) dass alle Schüler anständig, gerade, mit dem Rücken angelehnt und in Reihen hintereinander sitzen;

d) dass jedes Kind seine Hände gefaltet auf die Schulbank legt, damit alle Neckereien und Spielereien auf der Bank, alle ungehörigen und unsittlichen Beschäftigungen unter derselben unmöglich gemacht werden;

e) dass die Füße parallel nebeneinander auf den Boden gestellt werden, damit das Hinundherscharren der Füße nicht stattfinden kann;

f) dass sämtliche Schüler dem Lehrer fest ins Auge schauen, weil demzufolge alles Sprechen, Plaudern, Lachen, Flüstern, Hinundherrücken, Essen usw. nicht vorkommen können. Bevor nicht alle Blicke auf den Lehrer gerichtet sind, beginnt der Lehrer nicht seinen Unterricht.

M2 *Aus einer Schulordnung um 1900*

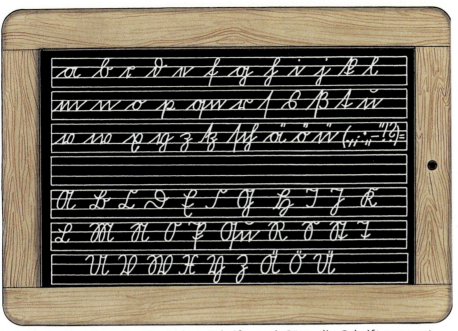

M3 *Die Buchstaben der deutschen Schrift, auch Sütterlin-Schrift genannt, (in Schreibschrift) etwa 1900–1950*

M6 *Schreibgeräte. Um 1900 benutzte man in manchen Klassen auch schon Füllfederhalter.*

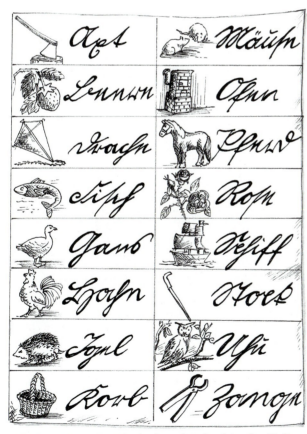

M4 *So sahen die Fibeln (Lesebücher) in der Zeit um 1900 aus*

*Also lautet ein Beschluss, dass der Mensch was lernen muss.
Nicht allein das A-B-C bringt den Menschen in die Höh';
nicht allein in Schreiben, Lesen
übt sich ein vernünftig Wesen;
nicht allein in Rechnungssachen
soll der Mensch sich Mühe machen,
sondern auch der Weisheit Lehren
muss man mit Vergnügen hören.
Dass dies mit Verstand geschah, war Herr Lehrer Lämpel da.*

M5 *Aus „Max und Moritz" von Wilhelm Busch, 1925*

❶ Lies das Gedicht von Wilhelm Busch (M5). Notiere, was Kinder in der Schule lernen sollen.

❷ Vergleiche die Schulordnung deiner Schule mit der Schulordnung von 1900 (M2).

❸ Nimm Stellung zur Schulordnung um 1900 (M2).

❹ Schreibe deinen Namen in deutscher Schrift (M3).

❺ Schreibe die Wörter in M4 in deutscher Schrift und in lateinischer Schrift.

❻ Spielt „Schule früher". Denkt an Sitzordnung, Regeln, Kleidung und Schulmaterialien.

Mitbestimmung üben – Einfluss nehmen in der Schule

Grundwissen / Übung

Der Faustkeil gehört zu den ältesten Werkzeugen des Menschen. Man nutzte ihn bereits vor vier Millionen Jahren zum Schneiden, Hacken, Schaben, Schlagen und Werfen.

Diese Figur eines Mammuts ist über 30 000 Jahre alt. Sie ist aus Elfenbein und nur 4 cm lang und 7,5 g schwer. Es ist das älteste Kunstwerk, das bisher auf der Welt entdeckt wurde.

Diese Flöte ist über 35 000 Jahre alt. Sie ist 22 cm lang und besitzt drei Löcher. Man stellte sie aus dem Knochen eines Vogels her. Die Flöte ist das älteste Musikinstrument der Welt.

Studenten auf der Suche nach Fundstücken aus der Jungsteinzeit im Lonetal (Schwäbische Alb/Baden-Württemberg)

M1 Die „Wiege der Menschheit"

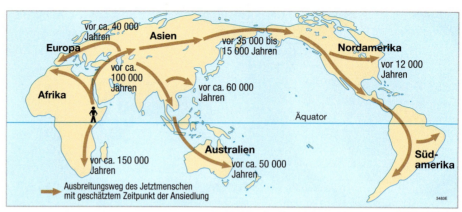

M3 Die Ausbreitung des Jetztmenschen

Die Ausbreitung des Jetztmenschen

Es begann vor 2 500 000 Jahren

Vor knapp fünf Millionen Jahren lebten die Vorfahren der Menschen in Afrika. Sie konnten bereits aufrecht gehen. Diese **Vormenschen** waren bis zu 1,40 m groß. Ihr Gehirn war schon größer als das der heutigen Menschenaffen.

Im Laufe der Jahrhunderte entwickelten sich in Afrika aus den Vormenschen die **Frühmenschen**. Das war vor etwa 2 500 000 Jahren. Damit begann die Geschichte der Menschheit. Die Frühmenschen erreichten eine Größe von bis zu 1,60 m. Ihr Gehirn war etwa doppelt so groß wie das der Menschenaffen. Sie benutzten Werkzeuge aus Stein, wie zum Beispiel Steinmesser. Sie hatten eine flache, fliehende Stirn, ein hervorstehendes Gebiss und dicke Wülste über den Augen.

Vor ungefähr 250 000 Jahren entwickelten sich die **Altmenschen**. Sie waren etwa genauso groß wie die Frühmenschen. Die Form ihres Kopfes war jedoch deutlich weiterentwickelt. Die Wülste über den Augen waren flacher, die Stirn steiler und das Gehirn größer. Im Jahr 1856 wurden im Neandertal bei Düsseldorf Knochenreste der Altmenschen gefunden. Nach dem Fundort nennt man diese Menschen **Neandertaler**. Sie lebten bis vor etwa 30 000 Jahren in Europa, Afrika und Asien. Danach starben sie aus. Bis heute weiß man nicht genau, warum.

Vor etwa 150 000 Jahren entwickelten sich in Afrika die **Jetztmenschen**. Sie waren bis zu 1,70 m groß und sahen bereits so aus wie die Menschen heute. Seit etwa 40 000 Jahren sind die Jetztmenschen auch in Europa nachgewiesen.

Der Abschnitt der Menschheitsgeschichte, der mit der Nutzung von ersten Steinwerkzeugen begann und der mit der Entwicklung der Schrift endete, nennt man **Vorgeschichte** oder Urgeschichte.

M2 Vergiss deine Hautfarbe, auch du bist Afrikaner!

M4 Frühmensch – Altmensch – Jetztmensch

M5 *Schlafnest auf einem Baum vor etwa vier Millionen Jahren*

M8 *Der Burj Khalifa in Dubai (Vereinigte Arabische Emirate) ist mit 828 m Höhe und 189 Stockwerken das höchste Gebäude der Welt. Er enthält 779 Wohnungen, ein Hotel sowie Geschäfte, Büros und Restaurants.*

M6 *So stellt man sich heute das Leben der Vormenschen vor*

Einst haben die Kerls auf den Bäumen gehockt, behaart und mit böser Visage.
Dann hat man sie aus dem Urwald gelockt und die Welt asphaltiert und aufgestockt bis zur dreißigsten Etage. (…)

Da saßen sie nun, den Flöhen entflohen in zentralgeheizten Räumen. Da sitzen sie nun am Telefon.
Und es herrscht noch genau derselbe Ton wie seinerzeit auf den Bäumen. (…)

So haben sie mit dem Kopf und dem Mund den Fortschritt der Menschheit geschaffen.
Doch davon mal abgesehen und bei Licht betrachtet sind sie im Grund noch immer die alten Affen.

M7 *Gedicht von Erich Kästner*

❶ Erläutere, welche Epoche wir als „Vorgeschichte" bezeichnen.

❷ a) Berichte über die Entwicklung des Menschen (Text und M4).
b) Lege eine Tabelle an:

Mensch	Aussehen	Größe	Zeit
Vormensch	affenartig	1,40 m	vor 5 Mio. Jahren
Frühmensch	…	…	…
Altmensch	…	…	…
Jetztmensch	…	…	…

❸ Benenne die heutigen Staaten, in denen vor etwa 150 000 Jahren Menschen lebten (M1 und Atlas, Karte: Afrika – Politische Übersicht).

❹ Betrachte M5 sowie M8 und zähle Gemeinsamkeiten auf.

❺ Wir sind alle Afrikaner. Nimm Stellung.

❻ Interpretiere das Gedicht von Erich Kästner (M7).

Grundwissen / Übung

Mit Feuer und Faustkeil – so fingen wir an

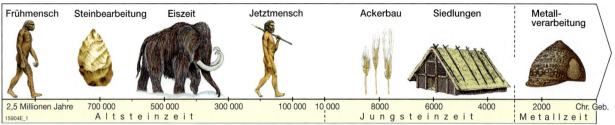

M1 *Zeitleiste*

Jäger und Sammler in der Altsteinzeit

INFO

Zeitleiste

Eine Zeitleiste zeigt von links nach rechts ausgewählte Ereignisse einer bestimmten Zeitspanne. Die Ereignisse sind in der Reihenfolge eingetragen, in der sie sich abgespielt haben.

Spuren der Vergangenheit

Die Menschen der Vorgeschichte (siehe S. 46/47) haben keine schriftlichen Aufzeichnung hinterlassen. Trotzdem wissen wir viel über ihr Leben. Dieses Wissen verdanken wir **Höhlenmalereien** und Fundsachen, die tief im Boden erhalten blieben. Noch heute findet man bei Grabungen bisher verborgene Spuren dieser Menschen: Knochen, Waffen, Werkzeuge, Schmuck und Tierfiguren (siehe S. 44/45).
Ein Abschnitt der Vorgeschichte heißt **Steinzeit**, weil bei Grabungen hauptsächlich Steingeräte gefunden wurden. Der erste Abschnitt der Steinzeit ist die **Altsteinzeit**.

Die Nutzung des Feuers

Die Menschen kannten das Feuer wegen der Brände, die durch Blitzeinschläge entstanden. Mit der Zeit lernten sie, dieses Feuer zu nutzen: Sie wärmten sich daran. Sie erleuchteten die Nacht und dunkle Höhlen. Sie kochten auf dem Feuer und verscheuchten wilde Tiere damit. Anfangs hüteten die Menschen das Feuer sorgsam. Es durfte nicht ausgehen. Sie nahmen die Glut auf ihre Wanderungen mit. Dazu benutzten sie Beutel aus Fellen, die mit Lehm ausgekleidet waren. Später lernten sie, ein Feuer selbst anzuzünden. Sie schlugen zwei Feuersteine aufeinander oder rieben zwei Holzstöcke aneinander. So konnten sie kleine, sehr trockene Zweige und Blätter in Brand setzen.

Erste Waffen und Geräte

Die Vormenschen nutzten Äste und Steine gezielt für bestimmte Zwecke. Das Allzweckgerät war der **Faustkeil**. Er bestand aus behauenem Stein und hatte scharfe Kanten. Er hatte die Form einer großen Mandel und war etwa acht bis zehn Zentimeter groß. Man konnte damit schneiden, schaben, hacken, stechen, klopfen, Tiere erlegen, aber auch einen Gegner im Kampf verletzen oder töten. Mit der Zeit entwickelten die Menschen weitere Geräte aus Steinen, Holz, Knochen und Geweihen, unter anderem Speere, Harpunen, Schaber, Kratzer, Nähnadeln.

INFO

Höhlenmalerei

Wichtige Zeugnisse der Steinzeit sind die Höhlenmalereien. Sie bestehen aus kunstvoll gemalten Tieren und Menschen auf der Jagd. Forscher vermuten, dass sie Teile eines Jagdzaubers waren. Die bekannteste Höhle liegt in Lascaux. Das ist eine Stadt in Südfrankreich östlich von Bordeaux. Die Zeichnungen dort sind etwa 17 000 Jahre alt.

M2 *Malerei in der Höhle von Lascaux*

Lascaux wurde am 12. September 1940 per Zufall von einer Gruppe Jugendlicher gefunden. Die Entdeckung wurde möglich, nachdem ein Sturm einen größeren Baum entwurzelt hatte. An dieser Stelle war ein Felsspalt freigelegt worden, durch den die Kinder in die Höhle gelangten. Mit Streichhölzern leuchteten sie die Wände ab und entdeckten, dass diese über und über mit Bildern von Menschen und Tieren bemalt waren. Die Höhle enthält einige der ältesten Kunstwerke der Menschheitsgeschichte. Die Höhlenmalereien sind bis zu 17 000 Jahre alt und zeigen hauptsächlich Bilder von Tieren jener Zeit: Wildrinder, Auerochsen, Pferde und Hirsche.
(Nach: www.frankreich-sued.de/hoehlen-server/lascaux/lascaux.htm)

M3 *Eine Höhle wird entdeckt.*

M4 *So stellen Forscher sich das Entstehen einer Höhlenmalerei vor: Der Junge hält einen Ast bereit, den er vorher in ein Feuer gehalten hat. Der Mann arbeitet an einem Tierbild.*

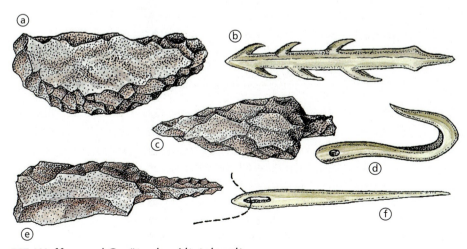

M5 *Waffen und Geräte der Altsteinzeit*

M6 *Herstellung eines Faustkeils*

❶ Beschreibe die Herstellung eines Faustkeils (M6).

❷ Ordne in M5 den Buchstaben a) bis f) folgende Geräte zu:
• Faustkeil aus Stein,
• Pfeilspitze aus Stein,
• Stichel aus Stein,
• Harpune aus Knochen,
• Nähnadel aus Knochen,
• Haken aus Knochen.

❸ Arbeite wie ein Höhlenmaler. Zeichne ein Tier aus der Steinzeit.

❹ Erstelle eine Zeitleiste:
a) über dein eigenes Leben,
b) über eure Schule.

❺ Erkläre, woher wir wissen, wie die frühen Menschen lebten.

Grundwissen/Übung

Wie lebten die Menschen?

In der Altsteinzeit lebten die Menschen in Gruppen (sogenannten „Horden") von 20 bis 50 Personen. Diese waren als **Jäger und Sammler** ständig auf Nahrungssuche. Dabei folgten sie Tierherden auf ihren langen Wanderzügen. Sie jagten sie mit Lanzen, Holzspeeren und Wurfhölzern. Auch Tierfallen waren bekannt. Außer von Fleisch ernährten sich die Menschen von Pflanzen. Wenn die Männer zum Beispiel ein Rentier erlegt hatten, rastete die Horde, um sich zu erholen. Dann sammelten die Frauen und Kinder essbare Wurzeln, Pilze, Haselnüsse, Kräuter, Beeren, Früchte, Eier und Insekten.

Die Menschen mussten jeden Tag Nahrung und Trinkwasser finden. Sie kannten keine Vorratshaltung. Sie wussten noch nicht, wie man Lebensmittel haltbar macht. Fleisch zum Beispiel verdirbt innerhalb weniger Tage, wenn es nicht luftgetrocknet, in Salz eingelegt oder gekühlt wird.

Leben mit dem Eis

Das Klima in Europa änderte sich mehrmals. In der Zeit vor 500 000 bis vor 10 000 Jahren gab es drei **Eiszeiten** (Kaltzeiten) und zwei Warmzeiten (M3). In den Kaltzeiten schoben sich mächtige Eispanzer mehrfach aus Nordeuropa und den Alpen weit bis in das heutige Deutschland vor. In den Warmzeiten taute das Eis wieder ab.

Während der Eiszeiten lebte unter anderem das Mammut, eine Art Elefant, in Europa. Es hatte eine dicke, wärmende Speckschicht unter seinem dichten Fell. Der Pelz bestand aus Haaren von etwa einem halben Meter Länge. Es war eine beliebte Beute für die Neandertaler, die Europa in dieser Zeit besiedelten.

Auch nach der letzten Kaltzeit erwärmte sich das Klima wieder. Der Jetztmensch besiedelte nun die eisfrei gewordenen Gebiete. Neue Tier- und Pflanzenarten siedelten sich an. Sie sicherten das Überleben der Menschen.

M1 *So stellen sich Forscher das Leben in der Altsteinzeit vor*

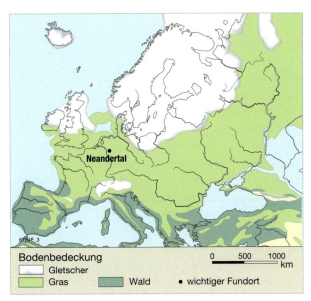

M2 *Europa während der letzten Eiszeit (vor 115 000 bis 12 000 Jahren)*

M5 *Verwendung eines Rentieres: Es war nicht nur zur Nahrungsbeschaffung wichtig, sondern es diente zur Anfertigung vieler anderer Gegenstände.*

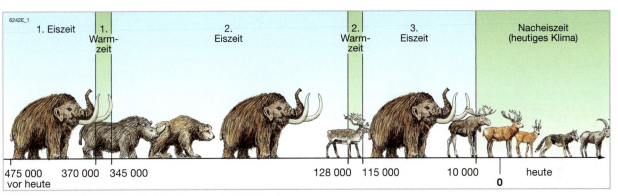

M3 *Eis- und Warmzeiten in den letzten 500 000 Jahren*

Mit Feuer und Faustkeil – so fingen wir an

Das Leben der Menschen in der Altsteinzeit war gefährlich. Die Menschen mussten vor den wilden Tieren und der Witterung Schutz suchen. Anfangs schliefen sie in Schlafnestern auf hohen Bäumen. Nur bei längeren Jagdzügen suchten sie Erdmulden zum Schlafen auf. Später bauten sie zum Schutz vor Kälte, Wind, Hitze und Regen Schutzschirme und Zelte aus verschiedenen Materialien. Sie verwendeten Gras, Äste, Rinde, Blätter oder Schilf.
Erst nachdem die Menschen gelernt hatten, das Feuer zu nutzen, wurden auch Höhlen zu Wohnplätzen. Sie konnten nun die gefährlichen Tiere vertreiben, die dort lebten.

M4 *Vom Schlafnest zur Wohnhöhle*

❶ Betrachte M1.
a) Beschreibe die Tätigkeiten der Menschen. Unterscheide Frauen, Männer und Kinder.
b) Erarbeite einen Überbegriff für all diese Tätigkeiten.

❷ Schreibe einen Bericht über die Nahrungsversorgung in der Altsteinzeit.

❸ In den letzten 500 000 Jahren änderte sich das Klima. Erläutere (M3).

❹ Bestimme die Staaten Europas, die in der letzten Eiszeit
a) eisfrei waren,
b) mit Eis bedeckt waren.
(M2; Atlas, Karte: Europa – Politische Übersicht)

Grundwissen / Übung

Lebensverhältnisse in der Jungsteinzeit

Die Menschen werden sesshaft

Als vor ungefähr 10 000 Jahren die letzte Eiszeit endete, stiegen die Temperaturen an. Die Gletscher schmolzen und zogen sich zurück. Die Lebensbedingungen änderten sich. Dichte Wälder breiteten sich aus. Manche Tiere vertrugen das wärmere Klima nicht. Mammut, Wollnashorn und Höhlenbär starben aus. Dafür gab es in den Wäldern jetzt andere Tiere: Hirsche, Rehe, Wildschweine, Hasen und Luchse. Diese Tiere sind besonders flink.

Die Menschen stellten ihre Lebensweise um. Sie gaben ihre Wanderungen auf und bauten feste Häuser. Sie wurden sesshaft. Oft siedelten sie an Seen, Bächen und Flüssen. Hier gab es Trinkwasser und kaum Wald. Die Menschen mussten nur wenige Bäume fällen, um ihre Häuser zu errichten. Der Boden war weich. Die Pfosten für das Grundgerüst der Häuser ließen sich leicht in den Boden einrammen.

Aus Jägern werden Bauern

Ein Grund dafür, dass die Menschen sesshaft wurden, war der Beginn der Vorratshaltung in der **Jungsteinzeit**. Die Sommer waren wärmer und es regnete mehr. Die Menschen sammelten mehr Getreidekörner, als sie zum Leben brauchten. Sie lagerten die überzähligen Körner in Erdgruben und hatten Wintervorräte. Zwischen 8000 und 7000 vor Christus beobachteten die Menschen, dass weggeschüttete Körner keimten und neues Getreide wuchs. Sie legten Äcker an und säten die Körner aus. Dies war der Beginn des Getreidebaus.

Bald lernten die Menschen, wie sie die Ernte verbessern konnten: Sie bearbeiteten den Boden vor der Aussaat und schützten die Äcker vor Wildtieren. Für die Aussaat wählten sie besonders große Körner aus. So wurden aus Wildpflanzen allmählich unsere heutigen Getreidesorten.

Die Männer gingen weiterhin auf die Jagd, denn Fleisch war ein wichtiger Teil ihrer Nahrung. Die Jäger kamen auf die Idee, die Tiere nicht sofort zu töten, sondern sie zu fangen. Sie setzten sie in Gehege, gaben ihnen zu fressen und schlachteten sie nach und nach.

M1 *So stellen sich Forscher das Leben in einem Dorf der Jungsteinzeit vor*

Die Menschen hatten es schwer, wenn sie Wasser vom Fluss holen oder Milch aufbewahren sollten. Welche Gefäße sollten sie nehmen? Worin konnten sie Brei kochen oder Vorräte aufbewahren? Zuerst benutzten sie das, was sie in der Natur fanden: Sie höhlten Kürbisse aus und nahmen Tierhäute und Tierdärme als Beutel und Schläuche. Doch auf das Feuer konnte man diese Dinge nicht stellen. Mit der Zeit fanden die Menschen heraus, dass Ton und Lehm im Feuer hart werden. Sie formten Gefäße aus Ton und brannten sie. In jedem Haus wurden bald Töpferwaren hergestellt und benutzt.

M2 *Gefäße*

Die Menschen der Jungsteinzeit bauten Nutzpflanzen an: Getreide, Erbsen, Linsen, Beeren, einige Obstsorten wie Äpfel und Birnen sowie Gewürz- und Heilpflanzen. Sie lernten, das Getreide auf einem Mahlstein zu Mehl zu reiben. Aus dem Mehl buken sie Fladenbrote oder kochten Brei, Mehlsuppe und Grütze. Aus den Samen von Lein und Mohn pressten sie Öl.

M3 *Ernährung*

Es herrschten nun völlig andere Lebensbedingungen. Es entstand ein dichter, großer Wald. Das Klima wurde milder und die Landschaften immer fruchtbarer. In den Wäldern gab es jetzt Rehe, Rothirsche, Wildschweine und in den Seen und Flüssen gab es viele Fische.

M4 *Neues Klima, neue Möglichkeiten*

Wenn man Pflanzen züchten kann, muss man das auch mit Tieren machen können. Wildschweine, Auerochsen, Bergziegen und Wildschafe wurden eingefangen, um sie im Winter zu schlachten. Nun ließ man die Tiere sich in Gefangenschaft vermehren. So wurden aus Wildtieren Haustiere.

M5 *Wildtiere werden gezähmt*

Vielleicht säte eines Tages jemand die letzten Körner des Wintervorrates aus und legte damit das erste Getreidefeld der Menschheit an. Die aufkeimenden Pflanzen wurden gegossen, geschützt und geerntet.

M6 *Das erste Feld*

(M4–M6 nach: Patricia Theisen, Thomas Thiemeyer: Das große Steinzeitbuch. Ravensburg 1995, S. 43)

M7 *Geräte der Jungsteinzeit*

❶ Erst als die Eiszeit beendet war, konnten die Menschen sesshaft werden. Begründe diese Aussage.

❷ Betrachte die Zeichnung M1.
a) Beschreibe die Tätigkeit der Menschen, das Aussehen der Häuser und Felder.
b) Schreibe die Namen der Gegenstände und Werkzeuge auf und bestimme ihre Verwendung.
c) Liste auf, welche Haustiere du entdeckst.

❸ Sehr große Veränderungen in der Lebensweise der Menschen werden auch Revolution genannt. Überprüfe, ob man die Veränderungen in der Jungsteinzeit als erste Revolution der Menschheit bezeichnen kann.

Grundwissen / Übung

Die neue Lebensweise breitet sich aus

Die ersten sesshaften Bauern der Jungsteinzeit siedelten im sogenannten **Fruchtbaren Halbmond**. Sie bauten ihre Häuser nebeneinander. Die ersten Dörfer entstanden. Die Bevölkerung nahm zu. Bald reichte das Ackerland nicht mehr aus, um alle Menschen zu ernähren.

INFO

Fruchtbarer Halbmond

Fruchtbarer Halbmond ist die Bezeichnung für ein vom Klima begünstigtes Gebiet in Westasien. Es erstreckt sich etwa über 1 700 km wie ein Halbmond vom Mittelmeer nach Osten.
Hier entwickelten sich vor rund 10 000 Jahren der Ackerbau und die Haustierzucht.

Çatal Hüyük – die erste Stadt der Erde

Çatal Hüyük ist eine Siedlung der Jungsteinzeit in der heutigen Türkei. Sie liegt am Rand des fruchtbaren Halbmonds (M2). Sie gilt als eine der ältesten Städte der Erde. Sie hatte etwa 7000 Einwohner. Die Menschen lebten von der Landwirtschaft und betrieben Handwerk und Handel. Man stellte Gefäße und Geräte aus Holz, Stein und Knochen her sowie Schmuck von herausragender Qualität. Als die Stadt zu groß wurde, musste ein Teil der Menschen auswandern. Sie nahmen Saatgut, Haustiere und Vorräte mit und zogen nach Nordwesten. Dort, wo sie fruchtbares Land fanden, gründeten sie neue Siedlungen. Sie rodeten den Wald, bauten Häuser und legten Felder an. Um 5000 v. Chr. gab es auch in Mitteleuropa die ersten Ackerbauern.

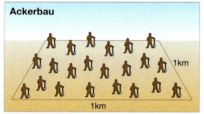 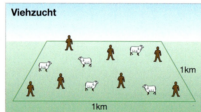 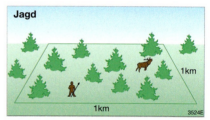

M1 *Im 8. Jahrtausend v. Chr. konnten auf einem Quadratkilometer so viele Menschen ernährt werden*

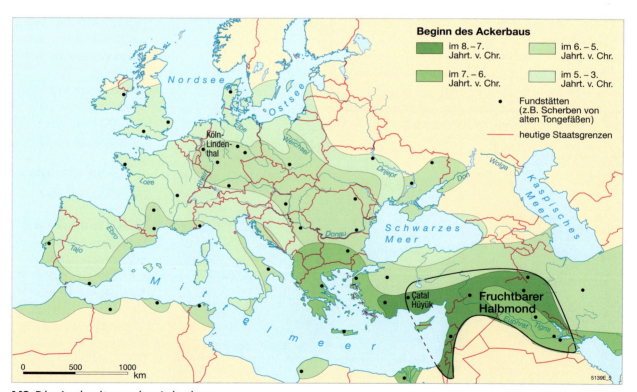

M2 *Die Ausbreitung des Ackerbaus*

M3 *Zeichnung eines Dorfes der Jungsteinzeit*

In Köln-Lindenthal stand um 4500 v. Chr. ein Dorf an einem Bach. Der Bach war an einer Stelle gestaut und diente als Viehtränke. Die größeren Häuser waren etwa 30 m lang und acht Meter breit. Für den Bau wurden zunächst Pfosten in den Boden gerammt. Die Wände wurden aus Weidenruten geflochten. Das Flechtwerk wurde zum Schluss mit einem Brei aus Lehm zugeschmiert. Das Dach wurde wohl mit Schilf oder Stroh gedeckt. Vermutlich lebten in dem Dorf etwa 200 Menschen. Es war von einem Zaun umgeben. Dieser schützte vor Angriffen wilder Tiere und vor Überfällen.

M4 *Köln-Lindenthal – ein Dorf der Jungsteinzeit*

Für die Feldarbeit nahmen die Menschen zuerst Grabstöcke, Spaten und Hacken. Später erfanden sie den Hakenpflug aus Holz.

M5 *Geräte für die Landwirtschaft*

Die Menschen lernten das Spinnen und Weben. Zum Weben von Stoffen bauten sie Webstühle. Damit verloren Tierfelle als Kleidung vor allem im Sommer an Bedeutung, denn die Stoffe waren nicht so schwer und trotzdem haltbar.

M6 *Webstuhl*   **M7** *Spinnen und Weben*

❶ Viele Menschen mussten in der Jungsteinzeit ihre Heimat verlassen. Erkläre.

❷ Erläutere, was man unter dem „Fruchtbaren Halbmond" versteht.

❸ Beschreibe die Ausbreitung des Ackerbaus (M2): Liste auf,
a) wann es in Çatal Hüyük Ackerbau gab,
b) wann der Ackerbau das heutige Griechenland erreichte,
c) ab wann in Köln-Lindenthal (M4) Ackerbau betrieben wurde.

❹ Beschreibe die Anlage eines Dorfes in der Jungsteinzeit (M3, M4).

❺ Erkläre, welche Aufgaben der Mann hat, der hinter dem Pflug geht (M5).

❻ Vergleiche das Leben der Menschen in der Altsteinzeit und in der Jungsteinzeit. Lege eine Tabelle an:

Bereich	Altsteinzeit	Jungsteinzeit
Werkzeuge	Faustkeil	geschliffene Axt
Kleidung	...	...
Nahrung	...	...
Wohnen	...	...
Heizung	...	...
Vorräte	...	...

Mit Feuer und Faustkeil – so fingen wir an

Grundwissen / Übung

Aus der Arbeit der Steinzeitforscher

Mit dem Flugzeug in die Steinzeit

Leider haben sich keine Häuser aus der Jungsteinzeit erhalten. Trotzdem weiß man, wie solche Häuser gebaut waren: Ihre verrotteten Holzpfosten bilden noch heute dunkle, kreisrunde Flecken im Boden. Vom Flugzeug aus können Forscher solche „Pfostenlöcher" am besten aufspüren: Sie fliegen in geringer Höhe und beobachten zum Beispiel, welche Farbe der Boden hat und wie die Pflanzen wachsen. So wachsen Gras und Getreide auf der holzigen, dunklen Erde der Pfostenlöcher höher.

Die Summe der dunkel verfärbten Kreise ergibt den Grundriss eines Hauses. Demnach waren Häuser der Jungsteinzeit rechteckig. Die Wände flocht man aus Ästen und verputzte das „Wandgitter" mit Lehm. Dies weiß man, weil man die Reste dieser Baustoffe in Abfallgruben fand. Dort war das verkohlte Material luftdicht abgeschlossen und es verrottete nicht.

Archäologen haben solche Pfostenhäuser nachgebaut. Sie wollten überprüfen, ob so ein Haus auch hält.

Ein Puzzle, das nie fertig wird

Steinzeitforscher entwickeln immer neue Methoden. Mithilfe von Computern können die Forscher heute aus Knochenfunden die Größe, den Körperbau und auch das Gesicht der Menschen der Steinzeit nachbilden. So haben wir heute ein anderes Bild von den Menschen der Steinzeit als noch vor 100 Jahren.

Archäologen blicken in die Vergangenheit

Das Wort Archäologie kommt aus dem Griechischen und bedeutet soviel wie „Erzählungen aus der Geschichte". **Archäologen** sind Forscher. Zu ihnen zählen auch die Steinzeitforscher. Sie graben Gegenstände aus, zum Beispiel Werkzeuge und Töpferwaren, sowie Häuser und Gräber. Selbst eine Abfallgrube kann dem Steinzeitforscher sagen, wie die Menschen früher gelebt haben. So verraten Nahrungsreste, wie Knochen und Getreidekörner, viel über die Ernährung.

Die Forscher notieren alle Spuren der Vergangenheit, angefangen beim winzigsten Samenkorn bis zum größten Bauwerk. Sie versuchen zum Beispiel, herauszufinden, wie alt ein Gegenstand ist, wofür man ihn benutzt hat, wie häufig er vorkam, ob er vor Ort hergestellt oder von woanders hergebracht wurde. Manchmal arbeiten Archäologen wie Detektive. Sie setzen aus vielen kleinen Informationen ein Mosaik zusammen, das uns einen Blick in die Vergangenheit erlaubt.

> Die Gesamtleistung und der Zeitaufwand hingen wesentlich von der Planung und Organisation des Bauvorhabens ab. Bei einer Mannschaftsgröße von zehn Personen war der Aufbau des Gebäudes in etwa 25 Tagen fertig.
> (Nach: Experimentelle Archäologie in Deutschland. Oldenburg 1990, S. 42)

M2 *Wie lange dauerte ein Hausbau 4 500 v. Chr.?*

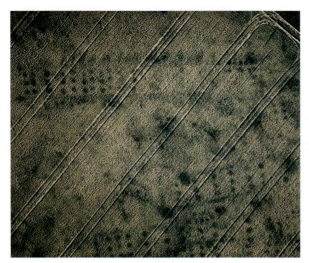

M1 *Pfostenlöcher auf einem Feld*

M3 *Ein Archäologe beim Baumfällen mit einem nachgebauten Beil*

M4 *Vom Holzpfosten bleibt nur ein kreisrundes Pfostenloch*

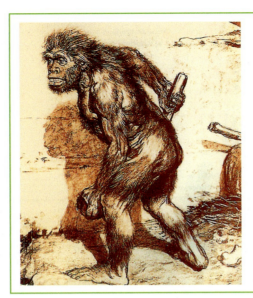

M6 *Unterschiedliche Vorstellungen über das Aussehen der Menschen vor 200 000 Jahren: Das linke Bild zeigt die Vorstellung um 1900, das rechte Bild die von heute.*

❶ Stelle dar, wie Forscher das Aussehen von Häusern in der Steinzeit feststellen (M1–M4).

❷ Lege Transparentpapier auf das Foto M1 und versuche, den Grundriss nachzuzeichnen.

❸ Berichte, wie Archäologen ein Bild von dem Leben in der Steinzeit gewinnen.

❹ Begründe, warum die Vorstellungen der Archäologen sich in 100 Jahren gewandelt haben (M6).

❺ Informiere dich über das Experiment Steinzeit (www.swr.de/steinzeit/html/DAS_EXPERIMENT.html).
a) Benenne das Ziel des Experimentes.
b) Liste auf, welche einzelnen Projekte durchgeführt wurden.

Mit Feuer und Faustkeil – so fingen wir an

Im Sommer 2006 hat das deutsche Fernsehen eine Gruppe von 13 Personen in die Steinzeit geschickt. Die Gruppe sollte acht Wochen lang in einem nachgebauten Steinzeitdorf in der Nähe des Bodensees leben, so wie man dort nach Meinung der Archäologen um etwa 3 000 v. Chr. gelebt hat. Zwei Männer sollten außerdem versuchen, mit steinzeitlichen Mitteln die Alpen zu überqueren. Das Experiment war Thema einer vierteiligen Fernsehserie.
Unter anderem fand man Folgendes heraus: Eine der zahlreichen Lebensbedrohungen des damaligen Menschen bestand in seiner Kleidung. Die Menschen trugen Hemden aus Leder, in denen man stark schwitzt. Wenn so ein Lederhemd nass ist, braucht es sechs Stunden zum Trocknen. Steinzeitmenschen müssen also fast ständig in nassen Hemden herumgelaufen sein. Das fördert gefährliche Erkältungskrankheiten.
(Nach: Harald Martenstein: Experiment Steinzeit. In: Die Steinzeit. Geo kompakt Nr. 13, Hamburg 2007, S. 132-133)

M5 *Experiment Steinzeit*

Grundwissen/Übung

Paläolithikum	= Altsteinzeit
Neolithikum	= Jungsteinzeit
Experiment	= Versuch
Keramik	= gebrannte Tonwaren
konservieren	= erhalten, bewahren
Kult	= Gottesverehrung
Region	= Gebiet, Gegend
rekonstruieren	= nachbilden
Revolution	= Umsturz
Rötel	= roter Erdfarbstoff

M1 *Steinzeitlexikon*

M3 *Ein Grab aus der Jungsteinzeit*

Eine Erkundung im Museum

Gegenstände aus der Steinzeit

In vielen Museen sind Funde aus der Steinzeit ausgestellt. Nimm dir Zeit, wenn du dir solche Funde ansiehst. Das Museum hilft dir, wenn du mehr über die Steinzeit und einzelne Funde wissen willst:
Tafeln mit Texten geben Hinweise über das Leben in dieser Zeit. Auch Zeichnungen, Fotos und Tonbilder informieren dich.
Bei den einzelnen Funden befinden sich Hinweise, die die Gegenstände benennen und einordnen. Das Museum benutzt dabei oft Fachausdrücke. Deren Bedeutung kannst du mithilfe eines Lexikons ermitteln. In vielen Museen erhältst du auch kleine Hefte, die dir deine „Spurensuche" erleichtern.

Wir besuchen das Helms-Museum

Heute findet der Unterricht im Museum statt. Wir besuchen das Helms-Museum. Es zählt zu den bedeutendsten archäologischen Museen Norddeutschlands. Das Museum in Hamburgs Süden bietet einen spannenden Überblick über 200000 Jahre Geschichte der Region.
Während unseres Aufenthaltes lernen wir beide Ausstellungshäuser kennen. Unser besonderes Interesse findet dabei die archäologische Ausstellung, die am Harburger Rathausplatz 5 untergebracht ist. Sie bietet uns einen interessanten Einblick in die Vor- und Frühgeschichte Norddeutschlands. Durch Anfassen und Ausprobieren erfahren wir etwas über das spannende Leben unserer Vorfahren.

M2 *Werkzeuge aus der Steinzeit und von heute*

Ein 5000 Jahre alter Dolch aus Feuerstein. Er konnte sich so gut erhalten, weil er luftdicht unter Gletschereis verborgen war. Deshalb hat nicht nur die Steinklinge überdauert, sondern sogar der Holzgriff mit Schnur.

M4 *Tafel in einem Museum*

1. Was?	Gegenstand	Dolch
2. Woraus?	Material	Feuerstein Holz Tiersehnen
3. Wie?	Verarbeitung	Stein als Klinge zurechtgeschlagen, Holz als Griff grob geformt, Sehnen als Schnur
4. Wann?	Zeit	Ende der Jungsteinzeit
5. Wo?	Fundort	Gletscher in den Ötztaler Alpen
6. Wozu?	Verwendung	stechen schneiden schnitzen

M5 *Sechs Fragen an ein Ausstellungsstück mit Antworten*

M8 *Helms-Museum in Hamburg-Harburg*

Das Helms-Museum führt auch Ausgrabungen durch. Besondere Beachtung fand die in den Jahren 2005 bis 2007 unter dem Motto „Mythos Hammaburg" durchgeführte Ausgrabung, die auf dem Hamburger Domplatz zwischen Speersort und Alter Fischmarkt, dem Standort der ehemaligen Bischofsburg, stattfand.

M6 *Ausgrabung „Mythos Hammaburg"*

Mit Feuer und Faustkeil – so fingen wir an

Archäologischen Museum Hamburg

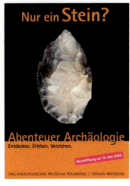

In dieser Ausstellung findet ihr keine Vitrinen, ihr dürft alles anfassen und ausprobieren, an Knöpfen drehen, Hebel umlegen und sogar in einer Steinzeithöhle eigene Höhlenmalerei gestalten. So könnt ihr die Vergangenheit der Menschen erforschen. Die Ausstellung findet ihr am Harburger Rathausplatz 5.

M7 *Abenteuer Archäologie*

❶ Bezeichne die Stelle, an der der Tote aus dem Museum den Reif aus Muscheln trägt (M3).

❷ 〰 In M3 zeigt ein roter Pfeil am oberen Bildrand auf ein Beil. Stelle zu dem Beil die sechs „W-Fragen" (M5) und entwirf eine Museumstafel mit den Antworten.

❸ 〰 Nimm Stellung zu der Frage, ob man Tote im Museum ausstellen soll.

Grundwissen/Übung

59

Werkstoffe Bronze und Eisen

Zu dieser Gussform aus Stein gehörte eine zweite Hälfte.

M1 *Bronzegussform*

M3 *Geräte und Schmuck aus der Bronzezeit*

Die Metallzeit löst die Steinzeit ab

Im Gebiet von Babylon im heutigen Irak machten die Menschen um etwa 3000 v. Chr. eine bahnbrechende Entdeckung: die Gewinnung und Verarbeitung von Metallen. Zunächst wurde in einem Bergwerk metallhaltiges Gestein (Erz) zutage gefördert. Dann wurde es erhitzt bis das flüssige Metall herausfloss. Man goss es in Steinformen zu verschiedenen Gegenständen.

Zu Beginn der **Metallzeit** gewannen die Menschen das Metall Kupfer. Es eignete sich sehr gut für Schmuckwaren. Für Waffen jedoch war Kupfer zu weich. Erst durch die Beimischung von Zinn entstand ein neuer bedeutender Werkstoff: Bronze. Er war widerstandsfähiger.

Etwa 1000 Jahre später entdeckten die Menschen das Metall Eisen und machten daraus Werkzeuge. Es war noch härter als Bronze. Die Metallzeit dauert bis heute an.

Spezialisierung bei der Arbeit

In der Jungsteinzeit und auch in der Metallzeit rodeten die Männer den Wald, bearbeiteten die Felder für den Ackerbau, bauten Häuser, jagten, stellten Werkzeuge und Waffen her. Die Frauen versorgten wahrscheinlich die Kinder, sammelten Früchte, töpferten Gefäße und webten Stoffe. Die Feldarbeiten und die Versorgung der Tiere erledigten Männer und Frauen möglicherweise gemeinsam. Die Kinder halfen schon früh bei allen Arbeiten mit.

Die Gewinnung der Metalle und die Herstellung der Geräte erforderten besondere Kenntnisse. Diese Arbeiten konnten Bauern nicht nebenher erledigen. Deshalb begannen die Menschen, sich beruflich zu spezialisieren. Töpfer stellten Gefäße her, Bergleute förderten Erze. Händler zogen durch das Land. Sie tauschten Rohstoffe und Waren. Der Fernhandel begann.

Der Ofen wird zunächst mit Kupfererz und Holzkohle gefüllt, dann wird das Feuer entzündet und mit einem Blasebalg angefacht.

M2 *Schmelzen von Kupfererz*

Bei etwa 1100 °C wird das im Kupfererz vorhandene Kupfer flüssig und setzt sich ab. Der Ofen wird geöffnet. Das Kupfer fließt in eine Vertiefung in der Erde.

Anschließend wird der Ofen gereinigt. Die Rückstände der Verbrennung und Reste des Kupfers werden entfernt.

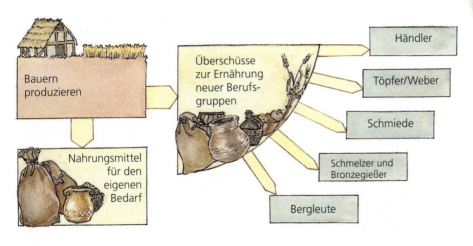

M4 *Neue Berufe*

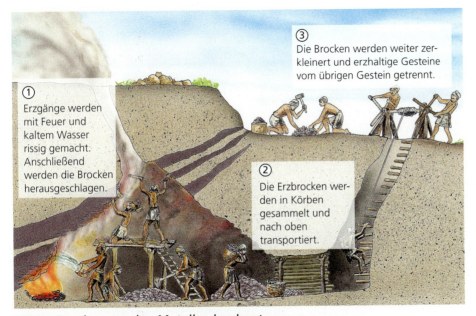

① Erzgänge werden mit Feuer und kaltem Wasser rissig gemacht. Anschließend werden die Brocken herausgeschlagen.

② Die Erzbrocken werden in Körben gesammelt und nach oben transportiert.

③ Die Brocken werden weiter zerkleinert und erzhaltige Gesteine vom übrigen Gestein getrennt.

M5 *Im Bergbau werden Metalle abgebaut*

M6 *Kohleabbau heute*

Grundwissen / Übung

Bronze ist eine Mischung aus etwa 90 Teilen Kupfer und zehn Teilen Zinn.
Dieses Material konnten unsere Vorfahren nach Belieben bearbeiten und formen: zu Werkzeugen, Waffen, Haushaltsgeräten und Schmuck. Bronze war sehr wertvoll, weil die nötigen Rohstoffe nicht überall vorkamen. Sie mussten zum Teil aus bis zu 2000 km Entfernung hergeholt werden. Vor allem Zinn erwarben die Menschen über weite Handelswege im Tauschgeschäft.
(Nach: www.planet-wissen.de, 3.1.2010)

M7 *Aufbruch in ein neues Zeitalter*

❶ Die neuen Werkstoffe Bronze und Eisen waren dem Werkstoff Stein überlegen. Erläutere.

❷ Beschreibe den Erzbergbau (M5).

❸ Vom Erz zum Bronzeschmuck. Erläutere die Vorgänge (M1–M3).

❹ Beschreibe, wie die Arbeit zwischen Frauen und Männern aufgeteilt war (Text).

❺ Die Menschen der Metallzeit haben sich spezialisiert. Erkläre (M4, M7).

❻ Arbeit im Bergbau damals und heute: Vergleiche (M5, M6).

Mit Feuer und Faustkeil – so fingen wir an

Orientierung auf der Erde

24 aktive GPS-Satelliten umkreisen derzeit die Erde

Unsere Erde in der Weite des Weltraums

Die Erde bietet alle Voraussetzungen für die Entwicklung und den Erhalt von Leben. So sind die Temperaturen auf der Erdoberfläche weder zu hoch noch zu niedrig. Ihre Lufthülle enthält ausreichend Sauerstoff.

Auch Wasser ist in großen Mengen vorhanden und die Ozonschicht schützt uns vor gefährlichen Strahlen. Damit ist die Erde einzigartig unter den insgesamt acht **Planeten**, die alle die **Sonne** auf bestimmten Bahnen umkreisen und von ihr das Licht empfangen. Die anderen Planeten weisen lebensfeindliche Bedingungen auf.

Unser Zentralgestirn, die Sonne, ist ein riesiger, glühender Gasball mit einer Oberflächentemperatur von 6000 °C. Die Sonne ist aber nur einer von mehreren Milliarden selbstleuchtender Sterne, aus denen sich unsere **Milchstraße** zusammensetzt. Sie wird oft auch Galaxis genannt.

Was wir am Nachthimmel als helles Band wahrnehmen, ist in Wirklichkeit ein mehrarmiger Spiralnebel aus unzähligen Sternen (M2). Damit ist aber nur ein winziger Teil des gesamten Universums beschrieben. Denn draußen im Weltraum gibt es wiederum Milliarden und Abermilliarden solcher Galaxien. Sie entfernen sich seit der Entstehung des Universums mit großer Geschwindigkeit voneinander.

Jede Galaxie besteht aus einer großen Zahl von Sternen, von denen viele wohl auch von Planeten umkreist werden.

INFO

Lichtjahre

Wenn du das Licht im Wohnzimmer anmachst, scheint es so, als wäre das Zimmer im Nu mit Licht erfüllt. Das stimmt aber nicht genau. Das Licht braucht eine winzige Zeitspanne, um von der Glühbirne aus bis zu den Wänden zu gelangen. Die Geschwindigkeit des Lichtes ist aber mit ungefähr 300 000 km in der Sekunde so groß, dass wir das nicht merken.

Bei größeren Entfernungen allerdings ist auch die Laufzeit des Lichtes länger. So braucht das Licht für die Strecke von 150 Mio. km von der Sonne bis zur Erde 8,3 Minuten. Wegen der riesigen Entfernungen im Weltall werden hier Strecken in Lichtjahren angegeben. Ein Lichtjahr ist die Strecke, die das Licht in einem Jahr zurücklegt.

Lichtjahr: 9 460 800 Mio. km
Lichtstunde: 1 080 Mio. km
Lichtminute: 18 Mio. km
Lichtsekunde: 300 000 km

Kleines Himmelslexikon

Milchstraße (Galaxis): Name der Galaxie, in der sich unser Sonnensystem befindet
Stern: eine glühende Gaskugel, die ihr Licht in den Weltraum strahlt
Sonne: ein Stern unserer Milchstraße
Planet: umkreist die Sonne auf einer Umlaufbahn
Mond: ein Trabant, der einen Planeten auf einer Umlaufbahn umkreist

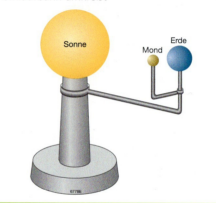

Unsere Erde ist einzigartig

M1 *Unser Sonnensystem*

M2 *Eine Galaxie wie unsere Milchstraße*

❶ Ordne die Planeten nach ihrer Größe. Beginne mit dem kleinsten Planeten (M3).

❷ Zeichnet die Planeten des Sonnensystems auf eine fünf Meter lange Tapete (Entfernung der Planeten vom linken gelb markierten Rand (Sonne): 10 Mio. km ≙ 1 cm; Größe der Planeten: 10 000 km ≙ 1 cm).

Planet	Mittlere Entfernung zur Sonne (in km)	Durchmesser (in km)
Merkur	58 Mio.	4 879
Venus	108 Mio.	12 104
Erde	150 Mio.	12 742
Mars	228 Mio.	6 774
Jupiter	778 Mio.	142 984
Saturn	1 427 Mio.	120 660
Uranus	2 884 Mio.	51 118
Neptun	4 509 Mio.	49 528

M3 *Die Planeten unseres Sonnensystems*

M4 *Das Planetarium Hamburg feierte im Jahr 2010 seinen 80. Geburtstag*

Grundwissen / Übung

Orientierung auf der Erde

Kontinente und Ozeane

Land und Wasser

Zwei Drittel der Erde sind mit Wasser bedeckt. Wir kennen drei Ozeane (Weltmeere): den Pazifischen Ozean (Pazifik), den Atlantischen Ozean (Atlantik) und den Indischen Ozean (Indik). Besonders viel Wasserfläche erkennst du auf der **Südhalbkugel**.

Auf der **Nordhalbkugel** liegen die meisten Landflächen. Eine große Landfläche, die vom Ozean umgeben ist, nennen wir Kontinent oder Erdteil. Auf der Erde gibt es folgende Kontinente: Europa, Asien, Afrika, Amerika (aufgeteilt in Nord- und Südamerika), Australien und Antarktika. Über Antarktika liegt aufgrund der geringen Temperaturen das ganze Jahr über eine dicke Eisschicht. Die Arktis ist übrigens kein Kontinent, da das Eis rund um den Nordpol nicht auf einer Landmasse liegt, sondern auf dem Wasser schwimmt.

Die beiden Kontinente Europa und Asien sind nicht durch ein Meer getrennt. Sie bilden zusammen die größte Landfläche mit dem Namen Eurasien. Die Grenze zwischen den beiden Kontinenten bildet das Uralgebirge.

M1 *Ozeane und Kontinente (östliche Länge)* ▷

Höchstes Gebirge	Himalaya	
Höchster Berg	Mount Everest	8846 m
Tiefste Meeresstelle	Witjas-Tief	−11034 m
Tiefste Stelle an Land	am Toten Meer	−418 m
Längstes Gebirge	Kordilleren	14 000 km
Längster Fluss	Nil	6671 km
Tiefster See	Baikalsee	−1637 m
Größte Insel	Grönland	2,17 Mio. km²
Größte Halbinsel	Arabien	2,7 Mio. km²
Größter See	Kaspisches Meer	371 800 km²
Höchster Vulkan	Cotopaxi	5897 km

M2 *Rekorde der Erde*

M3 *Olympische Fahne mit den Symbolen der fünf bewohnten Kontinente (Nord- und Südamerika werden zu Amerika zusammengefasst)*

M4 *Der Panamákanal trennt Nord- und Südamerika*

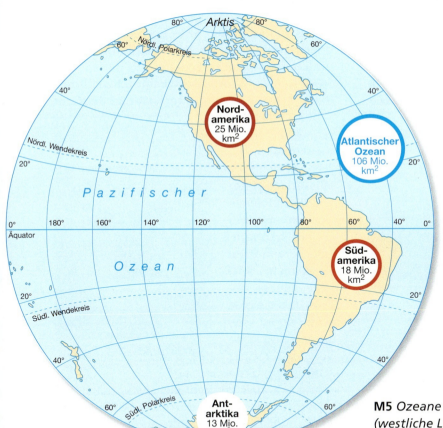

M5 *Ozeane und Kontinente (westliche Länge)*

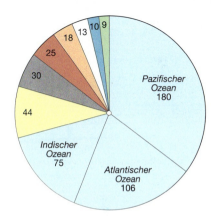

M6 *Größe der Ozeane und der Kontinente (in Mio. km²; Farben der Kontinente wie in M1 und M5)*

❶ Schreibe die Kontinente und Ozeane ihrer Größe nach geordnet auf.

❷ Besorge dir eine Kopie einer Weltkarte und male die Kontinente mit unterschiedlichen Farben aus.

❸ Nenne Kontinente, die nur auf der Nordhalbkugel liegen, sowie die, die nur auf der Südhalbkugel liegen. Gib die Kontinente an, die sich über beide Erdhälften erstrecken.

❹ Ordne die Rekorde der Erde den Kontinenten zu. Nimm den Atlas zu Hilfe.

Grundwissen/Übung

Die Gestalt der Erde

Die Erde – ein Weltbild verändert sich

Die Erde wird oft in Karten oder als Modell in Form eines Globus dargestellt. In den Darstellungen wird die Erde durch eine Linie, den **Äquator**, in zwei Hälften geteilt (siehe auch S. 70/71). Wenn du den kürzesten Weg von Europa nach Australien auf einer Karte und auf einem Globus absteckst, so wirst du schnell feststellen, dass die beiden Routen nicht übereinstimmen. Das hängt mit der Form der Erde zusammen: Einmal hast du eine Ebene (Karte) und einmal eine Kugel (Globus).

Welche Route ist in Wirklichkeit die kürzere? Um diese Frage zu beantworten, muss man feststellen, welche Form die Erde wirklich hat. Dies war in der Vergangenheit ein Streitpunkt zwischen den Gelehrten:

- Thales von Milet (um 624 – um 546 v. Chr.), ein griechischer Gelehrter, vertrat die Ansicht, dass die Erde eine flache Scheibe sei, die wie ein Stück Holz auf Wasser schwimmt (M4 a). Unter dieser Scheibe sei die Unterwelt und über der Scheibe das Firmament (Himmelskugel).
- Der griechische Wissenschaftler Claudius Ptolemäus (um 100 – 175 n. Chr.) beobachtete herannahende Schiffe (M1) und schloss daraus, dass die Erde eine Kugel sei. Seine Annahme von der Kugelgestalt der Erde setzte sich aber erst sehr viel später durch. Bewiesen wurde sie erst durch die Weltumsegelung unter Leitung des Portugiesen Fernando Magellan (M5). Zudem glaubte Ptolemäus, dass die Erde im Zentrum des Universums stünde und sich alle Himmelskörper um sie drehen würden.

Heute wissen wir – auch durch Satellitenfotos –, dass die Erde nur ungefähr die Form einer Kugel hat. Die beiden Hälften der Erde bezeichnen wir als Nordhalbkugel und Südhalbkugel. Getrennt werden sie durch den Äquator.

M1 *Herannahendes Schiff*

M2 *Flugrouten nach Melbourne*

M3 *Claudius Ptolemäus*

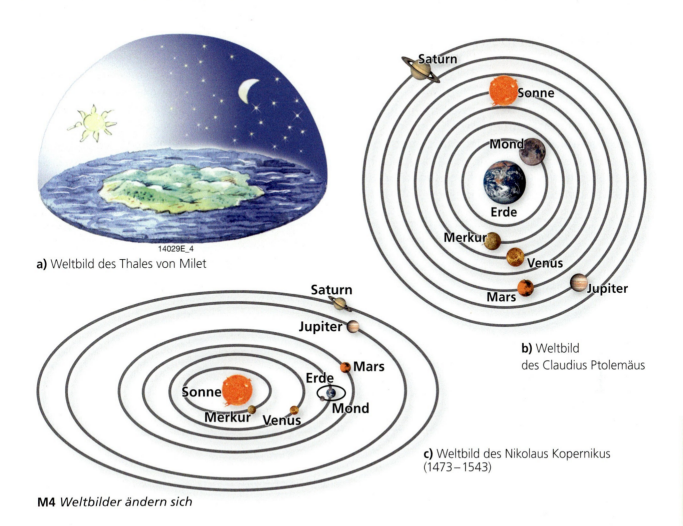

a) Weltbild des Thales von Milet

b) Weltbild des Claudius Ptolemäus

c) Weltbild des Nikolaus Kopernikus (1473–1543)

M4 *Weltbilder ändern sich*

① Jedes Jahr findet in Melbourne (Australien) das Tennisturnier „Australian Open" statt. Hier kommen Menschen aus allen Kontinenten zusammen. Aber wie kommen sie nach Melbourne?
a) Zeichne eine Skizze der Erde.
b) Markiere folgende Städte auf deiner Skizze: Melbourne, New York, Rio de Janeiro, Frankfurt/Main, Peking, Kapstadt.
c) Zeichne ausgehend von diesen Städten den kürzesten Weg nach Melbourne ein.
d) Vergleiche deine Skizze mit M2. Was fällt dir auf?

② a) Lege den kürzesten Weg von Frankfurt/Main nach Melbourne mit einem Bindfaden auf einer Weltkarte und auf dem Globus nach.
b) Lege die Route auf dem Globus auf der Weltkarte nach.
c) Vergleiche die beiden Routen.

③ Beschreibe die Form der Erde.

④ Mithilfe der Abbildungen in M1 lässt sich die Gestalt der Erde begründen. Erläutere.

⑤ Vergleiche die in M4 veranschaulichten Weltbilder.

M5 *Fernando Magellan*

Orientierung auf der Erde

Grundwissen/Übung

69

Der Globus – ein Modell der Erde

Die Erdkugel im Zimmer – der Globus

Ein stark verkleinertes Modell unserer Erde ist der Globus. Er vermittelt uns die richtige Vorstellung von der Erdoberfläche, von der Lage der **Ozeane** und **Kontinente**. Auf seiner nördlichen Hälfte erkennen wir den Nordpol. Ihm gegenüber befindet sich auf der südlichen Kugelhälfte der **Südpol**. Durch beide Pole führt eine Achse, um die sich der Globus dreht. Diese **Erdachse** gibt es in Wirklichkeit nicht. Um diese gedachte Achse dreht sich aber unsere Erde in 24 Stunden einmal. Dabei liegt sie genauso schräg (exakt 23,5°) zur Umlaufbahn der Erde um die Sonne, wie es uns der Globus zeigt.

M1 *Der begehbare Globus in Schloss Gottorf bei Schleswig (Original aus dem 17. Jahrhundert)*

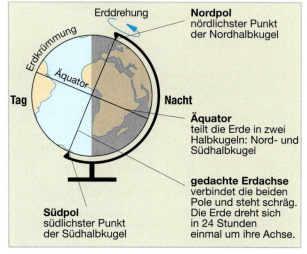

M3 *Der Globus – verkleinertes Modell der Erde*

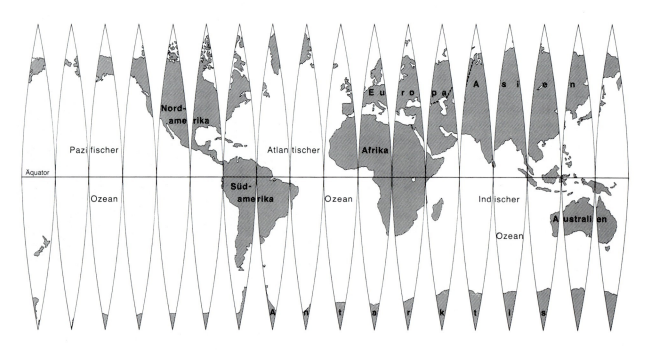

M2 *Vorlage für die Fotokopie des ausgeschnittenen Globus (auf das Doppelte vergrößern)*

In sechs Schritten einen Globus basteln

Material:
- Fotokopie des aufgeschnittenen Globus (M2)
- Kugel mit einem Durchmesser von 10 cm
- Kleber
- farbige Filzstifte, Buntstifte oder Wachsmalstifte
- Schere
- alter Eierbecher als Ständer für den fertigen Bastelglobus
- alte Zeitungen als Arbeitsunterlage

Anfertigung:
1. Fertige eine Kopie der Vorlage (M2) an. Sie muss auf das Doppelte vergrößert werden. Vielleicht erledigt dies deine Lehrerin oder dein Lehrer für alle Schülerinnen und Schüler deiner Klasse.
2. Lege deinen Arbeitsplatz mit alten Zeitungen aus.
3. Schneide aus der Kopie die Bastelvorlage aus. Eine ausgeschnittene Vorlage ist in M5 zu sehen.
4. Male die Kontinente und Weltmeere mit Farbstiften verschiedenfarbig aus.
5. Klebe die Bastelvorlage zunächst am Äquator mit der Kugel zusammen.
6. Klebe dann die nach oben und unten abstehenden Spitzen so auf die Kugel, dass sie oben und unten zusammenkommen und die Kugel ganz bedecken.

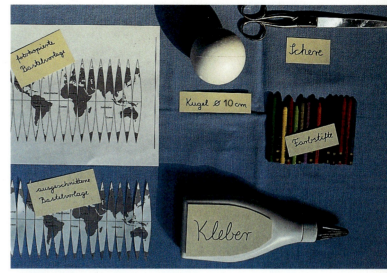

M5 *Bastelvorlagen*

M6 *Schülerinnen basteln einen Globus*

M4 *Der von Martin Behaim (1459–1507) gefertigte Globus ist weltweit der älteste erhaltene Globus*

M7 *Ergebnisse der Bastelarbeit*

❶ Der Globus ist ein Abbild der Erde. Beschreibe ihn unter Verwendung folgender Begriffe: Nordpol, Südhalbkugel, Erdachse, Südpol, Nordhalbkugel und Äquator (M3).

Grundwissen / Übung

Orientierung auf der Erde – das Gradnetz

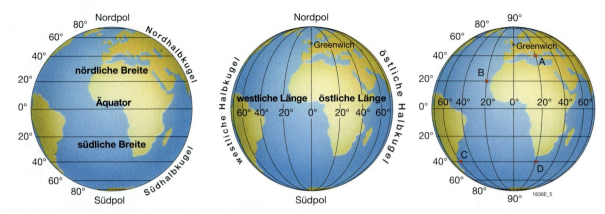

M1 *Breitenkreise – Meridiane – Gradnetz*

M2 *Das Display eines GPS-Gerätes, das die geographische Lage eines Standortes mit sehr hoher Genauigkeit bestimmt.*

M3 *Am geographischen Südpol. Hier laufen alle Meridiane zusammen.*

Das Gradnetz

Das GPS (Global Positioning System) nutzt ein erdumspannendes Netz von 24 Satelliten. Durch deren Signale kann ein GPS-Gerät seine eigene Lage auf der Erde bis auf wenige Meter genau berechnen und angeben. Das GPS-Gerät nutzt dazu das **Gradnetz** der Erde. Das ist ein Netz aus gedachten Linien, die die Erde umspannen.

Das Gradnetz wird auch auf vielen Karten und dem Globus benutzt. Die Linien, die die Erde in West-Ost-Richtung umspannen, heißen **Breitenkreise** oder Breitengrade. Der längste Breitenkreis ist der Äquator. Von ihm aus werden auf der Nord- und auf der Südhalbkugel je 90 Breitenkreise gezählt. Man muss also angeben, ob der Ort nördlich (n.Br., auch N) oder südlich (s.Br., auch S) des Äquators liegt. Die Breitenkreise werden immer kürzer, je weiter sie vom Äquator entfernt liegen. Am Nordpol und am Südpol (M3) sind sie nur Punkte.

Die Linien, die die Erde vom Nord- zum Südpol und wieder zum Nordpol umspannen, heißen **Längenkreise**. Ein halber Längenkreis zwischen Nord- und Südpol wird **Meridian** oder Längengrad genannt. Die Meridiane sind alle gleich lang. Die Zählung der Meridiane beginnt in Greenwich (Stadtteil von London). Von diesem **Nullmeridian** aus werden jeweils 180 Meridiane nach West (w.L., auch W) und Ost (ö.L., auch O) gezählt.

Um die Position eines Objektes sehr genau angeben zu können, wurden die Abstände zwischen den einzelnen Breitenkreisen und Meridianen weiter unterteilt in Minuten (') und Sekunden (''). Der Hamburger Michel liegt zum Beispiel bei 53° 32' 54'' N und 9° 58' 44'' O.

Geocaching – Julia und Manuel zeigen wie es geht

Drei Schritte, um ein Geocache zu finden

1. Julia wählt zuerst ein Gebiet aus, in dem sie auf Versteckssuche gehen möchte. Dann loggt sie sich auf der Internetseite mit ihrem Nicknamen (Name, den ein Nutzer im Internet benutzt) und ihrem Passwort ein. Auf einer Karte wählt sie ein Versteck und lädt sich die genauen Koordinaten, also die geographische Länge und Breite eines Caches, auf ihr GPS-Gerät.
2. Um die Position eines Verstecks möglichst genau anzugeben, wird der Abstand zwischen zwei Gradangaben noch in Minuten und Sekunden unterteilt. So kommen Julia und Manuel auf wenige Meter an das Versteck heran. Manchmal müssen sie zuerst ein Rätsel lösen, um an die Koordinaten zu gelangen. Diesmal finden Julia und Manuel eine Plastikdose unter einer Wurzel (M4).
3. In der gefundenen Dose befindet sich ein sogenanntes Logbuch, in das Julia dann ihren Nicknamen und das Datum einträgt. Danach legt sie die Dose wieder gut verschlossen für den nächsten „Geocacher" zurück in das Versteck.

M5 *Julia wählt im Internet einen Geocache*

INFO

Geocaching

„Geocaching" bedeutet übersetzt „Versteck auf der Erde". Es ist ein Spiel, bei dem man ein Versteck (Cache) mithilfe eines GPS-Empfängers finden oder anlegen kann. Die notwendigen Informationen über Verstecke und deren geographische Breite sowie Länge erhält man auf speziellen Internetseiten.

M4 *Mithilfe des GPS-Gerätes haben Julia und Manuel den Geocache gefunden*

❶ Informiere dich im Internet über das „Geocaching".
a) Wähle im Internet (www.geocaching.de) ein Versteck in deiner Nähe aus und versuche, es zu finden.
b) Erstelle einen „Cache". Verstecke ihn und veröffentliche die Koordinaten unter www.geocaching.de.

METHODE

Grundwissen / Übung

Zeitzonen – Tag und Nacht

Wenn es bei uns mittag ist, dann ...

Paul ist Sportfan. Besonders gern schaut er Leichtathletik-Wettkämpfen zu. Weltmeisterschaften sind für ihn besonders spannend. Zurzeit schaut er besonders viel fern, denn es findet eine Leichtathletik-Weltmeisterschaft in Seoul (Südkorea) statt. Während Paul sich gerade eine Live-Übertragung von spannenden Vorkämpfen ansieht, fällt ihm etwas auf: Wenn er aus dem Fenster sieht, ist es hell. Aber die Wettkämpfe finden in der Nacht bei Flutlicht statt.

Am folgenden Tag ist das Finale im 100m-Lauf der Herren. Paul möchte es auf keinen Fall verpassen. Er schaut in der Zeitung nach, um zu sehen, wann das Finale stattfindet. Dort steht:

> 12.00 Uhr MEZ/20.00 Uhr Ortszeit –
> LEICHTATHLETIK-Weltmeisterschaft: 100m,
> Männer, Finale

Zeitzonen

1883 haben sich viele Länder darauf geeinigt, die Erde in **Zeitzonen** einzuteilen. Das sind Gebiete auf der Erde, in denen es etwa zur gleichen Zeit Tag und Nacht ist. In jeder Zeitzone haben alle Orte dieselbe Zeit. Deutschland liegt in der Mitteleuropäischen Zeitzone (MEZ). Jede dieser Zeitzonen erstreckt sich über etwa 15 Meridiane. Der jeweilige Meridian bildet dabei die Abgrenzung zur nächsten Zeitzone. Manchmal wurde davon abgewichen, zum Beispiel, wenn Landesgrenzen in der Nähe sind. Auf dem 180. Meridian im Pazifischen Ozean hat man die Datumsgrenze festgelegt.

Die Entstehung von Tag und Nacht

Die Erde wird von der Sonne beschienen. Aber die Sonnenstrahlen treffen immer nur die Hälfte des Erdballs, die der Sonne zugewandt ist (M1, M2). Hier ist es hell. Auf der anderen Hälfte ist es dunkel, weil sie der Sonne abgewandt ist. Wenn es in Deutschland Tag ist, herrscht auf der entgegengesetzten Seite der Erde Nacht.

Die Erde dreht sich in 24 Stunden einmal um sich selbst. Diese Bewegung der Erde nennt man Erdrotation. Dabei gelangt jeder Ort auf der Erde im Laufe eines Tages auf die beleuchtete Tagseite und dann auf die unbeleuchtete Nachtseite der Erde.

In vielen Kalendern kann man nachlesen, wann morgens die Sonne aufgeht und wann sie abends untergeht.

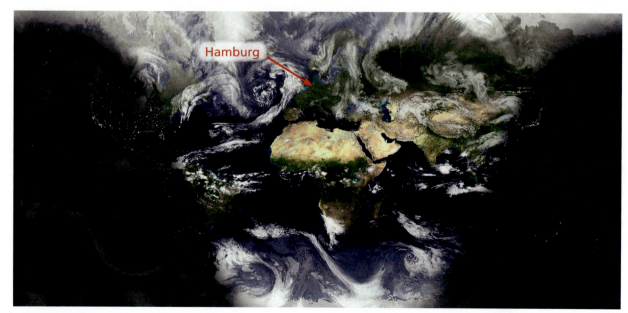

M1 *Beleuchtung der Erde durch die Sonne, wenn es in Hamburg 12 Uhr ist (5. Mai)*

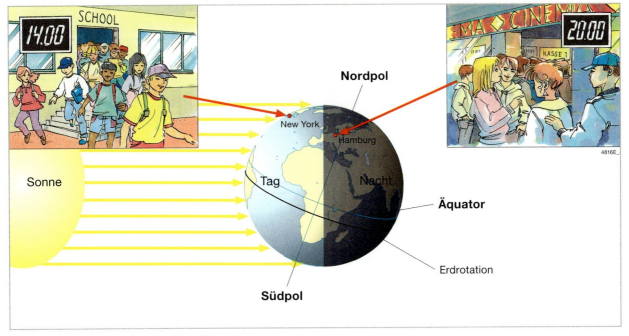

M2 *Entstehung von Tag und Nacht*

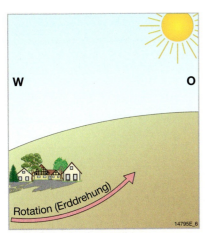

M3 *Sonnenaufgang*

M4 *Mittags (12.00 Uhr)*

M5 *Sonnenuntergang*

❶ Nenne je drei Länder aus Europa und aus Afrika, die wie Deutschland zur MEZ gehören (M1, Atlas).

❷ Frau Khinda arbeitet in Hamburg. Sie telefoniert geschäftlich um 15 Uhr mit einer Firma in New York. Danach muss sie noch in Tokio anrufen.

a) Berechne, wie spät es dann in New York ist (Atlas).
b) Überprüfe, wie spät es zum gleichen Zeitpunkt in Tokio ist (Atlas).

❸ Begründe mithilfe des Globus, warum es auf der Erde eine Datumsgrenze geben muss.

❹ Verfolge den Verlauf des 180. Meridians (Atlas). Begründe, warum man die Datumsgrenze auf diesen Meridian festgelegt hat.

❺ Erläutere die Entstehung von Tag und Nacht (M2).

❻ Erkläre mithilfe von M3–M5 den Merkvers in M3 auf Seite 14.

Grundwissen / Übung

Kinder aus aller Welt

Das ist Nuuvi. Er ist ein Inuit (früher sagte man „Eskimo") und lebt im Norden Alaskas. Am liebsten sitzt er in seinem warmen Zimmer und spielt mit seinem Computer.

Nuuvi, Josianne, Malina und noch weitere sechs Kinder aus vielen Teilen der Erde erzählen euch hier von ihrem Leben.

Das ist Josianne. Sie lebt in Frankreich. Sie mag besonders ihre Katze Amina. Sie wohnt in einer Vorstadt von Paris.

❶ Nenne die Namen der Ozeane (A–C) und der Kontinente (a–g).

❷ Nenne die elf Staaten der Erde, die mehr als 100 Mio. Einwohner haben.

❸ Notiere mithilfe des Atlas die Namen der zehn Staaten mit der größten Staatsfläche.

❹ Schreibe einen kleinen Steckbrief über dich und dein Leben.

Das ist Malina. Sie ist eine Indianerin und lebt am Amazonas in Brasilien. Malina schminkt sich gern im Gesicht und an den Fingern mit schönen Farben.

Das ist Lorato. Sie lebt in Botsuana, einem Land in Afrika, am Rand der Wüste Kalahari. Loratos Lieblingsgeschichte ist die von der bösen Wüstenhexe.

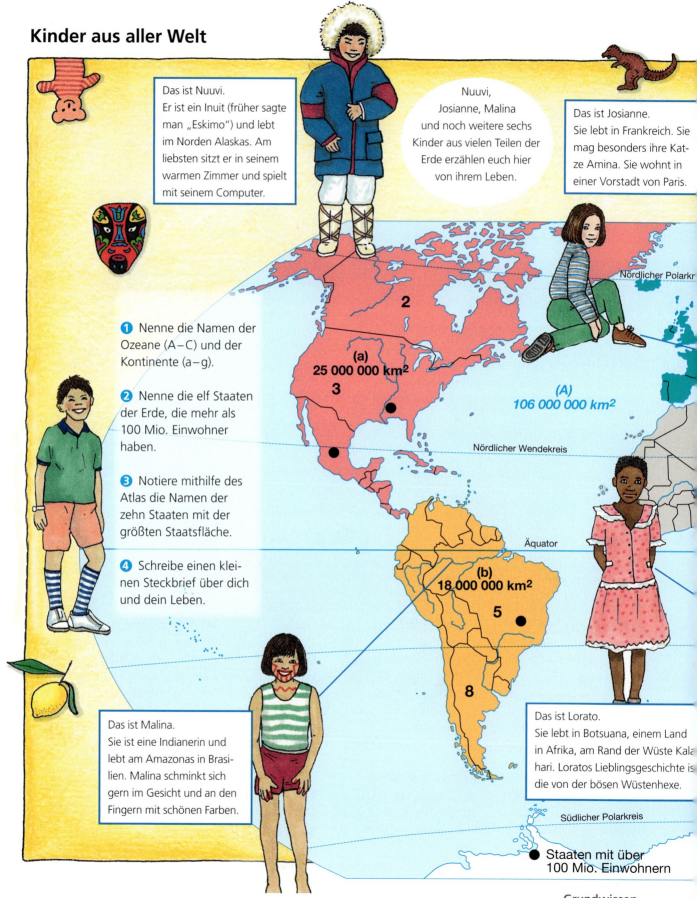

● Staaten mit über 100 Mio. Einwohnern

Grundwissen

Eine Weltkarte zeichnen

Die Karte „Tiere der Erde" – ein „Klassenschmuck"

Ihr sollt selbst eine Karte wie in M1 anfertigen, allerdings so groß, dass sie als Plakat aufgehängt werden kann.

Wenn ihr wisst, wie es geht, könnt ihr auch später Themen, die im Unterricht behandelt werden, in einer solchen Karte veranschaulichen.

Material, das ihr braucht:
- Tageslichtprojektor
- Weltkarte im Atlas zum Durchpausen
- Folie
- einen wasserlöslichen Folienstift zum Zeichnen der Karte auf Folie
- helle Pappe oder ein Stück Tapetenrolle (etwa 80 x 60 cm)
- Klebestreifen zum Befestigen der Pappe an der Wand oder an der Tafel
- schwarze Filzstifte zum Nachzeichnen der Weltkarte
- farbige Filzstifte zum Einzeichnen der Tiere

Besonderheiten auf der Erde

Jeder Kontinent hat Besonderheiten. Es gibt zum Beispiel unterschiedliche Landschaften, Pflanzen und Tiere, berühmte Bauwerke und andere Sehenswürdigkeiten. Menschen kleiden sich unterschiedlich und essen verschiedene Speisen. Es gibt viele Lebensweisen und Kulturen.

Zu jedem dieser Themen kann man eine Weltkarte zeichnen.

Hier soll es um eine Karte gehen, in der ihr veranschaulicht, wo verschiedene Tiere leben. Ergänzen könnt ihr diese Informationen durch Angaben über die Lebensbedingungen der Tiere.

TIPP

Zeichnet die „Tiere der Erde" nicht direkt in die Karte, sondern auf Papier und schneidet sie aus. Steckt sie dann mit Pinnnadeln auf die Karte.
So könnt ihr die Weltkarte auch noch für andere Themen im Unterricht verwenden.

Fünf Schritte zum Zeichnen einer Karte

1. **Anfertigung der Folie**
   Übertragt eine Weltkarte im Atlas auf die Folie. Zeichnet die Umrisse der Kontinente nur grob nach.
2. **Befestigen der Pappe**
   Befestigt helle Pappe mit Klebestreifen an der Wand oder an der Tafel.
3. **Übertragung der Karte**
   Legt die Folie auf den Tageslicht-Projektor und bildet die Karte auf der Pappe ab.
   Zeichnet die Umrisse der Kontinente mit einem schwarzen Filzstift nach.
4. **Einfärben der Flächen**
   Färbt die Flächen für die Ozeane und Meere hellblau ein.
5. **Eintragen von Informationen**
   Zeichnet nun die „Tiere der Erde" ein und beschriftet sie.

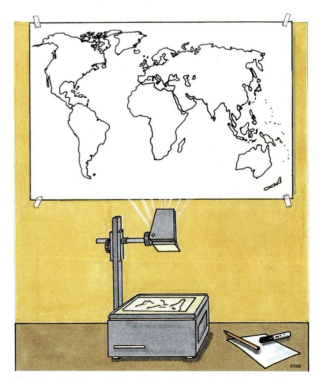

M1 *Der Trick mit dem Tageslichtprojektor*

M2 *Tiere aus verschiedenen Kontinenten*

❶ a) Informiert euch, wo die in M2 abgebildeten Tiere ursprünglich herkommen (Lexikon, Internet).

b) Fertigt kleine Zeichnungen der Tieren an und tragt die Herkunftsorte dieser und weiterer Tiere in die Weltkarte ein.

❷ a) Stellt Informationen über die Lebensweise der Tiere zusammen.

b) Beschriftet mit diesen Angaben die Tierzeichnungen.

Grundwissen / Übung

Ägypten – Hochkultur des Altertums

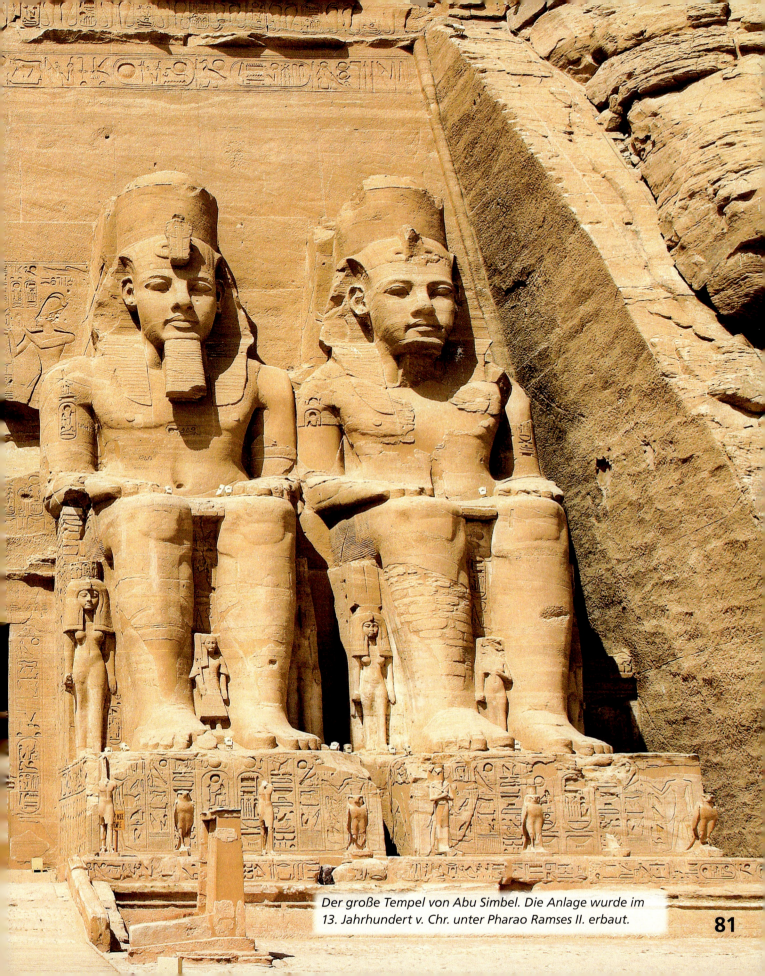

Der große Tempel von Abu Simbel. Die Anlage wurde im 13. Jahrhundert v. Chr. unter Pharao Ramses II. erbaut.

Ein Flug ins Land der Pharaonen

INFO
Ägypten
Fläche: 1,0 Mio. km² (Deutschland: 357 000 km²)
Einwohner: 80,5 Mio. (Deutschland: 82 Mio.)
Hauptstadt: Kairo mit 8 Mio. Einwohnern
Lesen und Schreiben können: 70 von 100 Menschen

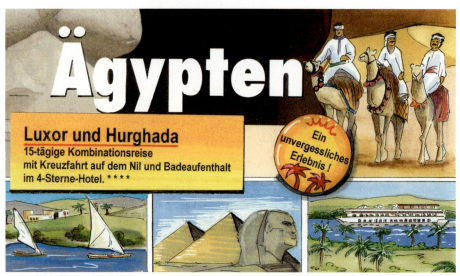

M2 *Ein beliebtes Reiseangebot*

> Ägypten ist ein Geschenk des Nils, denn der Fluss ist die Lebensader des Landes. Von Kairo mit seinen Pyramiden reisen Sie bis nach Nubien im Süden. Sie gleiten in Ihrem schwimmenden Hotel auf dem Nil dahin. Dabei entdecken Sie die Welt der Pharaonen. Götter und Gräber, Museen und Tempel sorgen bei dieser Reise für unvergessliche Eindrücke. Es gibt keine schönere Art, diese **Kultur** zu erleben.
>
> (Nach: Studiosus-Gruppenreisen, veröffentlichte Werbung in Chrismon, Beilage der ZEIT, Mai 2009)

M1 *Aus einem Reiseprospekt*

Tourismus in Ägypten

Die Zahl der Ägypten-Reisenden steigt ständig. Allein aus Deutschland kommen jedes Jahr mehr als eine Million Besucher nach Ägypten. Der **Tourismus** ist die Haupteinnahmequelle des Landes und sichert über zwei Millionen Arbeitsplätze. Die Touristen interessieren sich vor allem für die Bauwerke aus dem alten Ägypten und den Badeurlaub am Roten Meer.

INFO
Hochkultur
Eine besonders weit entwickelte Kultur nennt man **Hochkultur**. Merkmale einer Hochkultur sind eine zentrale Verwaltung des Landes, die Entwicklung einer Schrift und einzelner Berufe. In Ägypten gab es bereits um 3 000 v. Chr. eine Hochkultur.

Familie Becker bei den Pharaonen

Julia und Jonas sind mit ihren Eltern in den Ferien nach Ägypten gefahren. Wie viele Touristen haben sie eine Strand- und Tauchwoche in Hurghada am Roten Meer verbracht. Jetzt haben sie in Kairo ihr Hotelschiff bestiegen. Heute beginnt die Schiffstour auf dem Nil. Die beiden sind sehr gespannt. Sie haben schon von den **Pyramiden** gehört, den mächtigen Bauwerken aus uralter Zeit.
Da stellt sich ihnen Ismael vor, ein ägyptischer Junge in ihrem Alter. Er hilft seinem Vater bei der Begleitung der Touristen. Er erzählt:
„Ich freue mich, euch unser Land zu zeigen. Ich bin sehr stolz auf unsere große Vergangenheit. Sie wird euch beeindrucken. Wir starten bei der Sphinx vor den Pyramiden von Gizeh. Die Sphinx ist ein Wesen mit einem Menschenkopf auf einem Löwenkörper. Sie soll die Pyramiden bewachen.
Ägyptens alte Könige nannte man Pharaonen. Sie waren die Herrscher über das Land und über alle Menschen. Unsere Vorfahren haben sie als Götter verehrt. Der Pharao Cheops ließ sich vor 4500 Jahren die größte der Pyramiden als seine eigene Grabstätte schaffen. Ein Werk für die Ewigkeit.
Auf eurer Fahrt nach Süden werdet ihr noch viele Tempel und Grabstätten mit ihren wunderschönen Malereien kennenlernen. Vom Schiff aus könnt ihr die Bauern, die Fellachen, sehen. Sie leben und arbeiten teilweise noch wie früher".

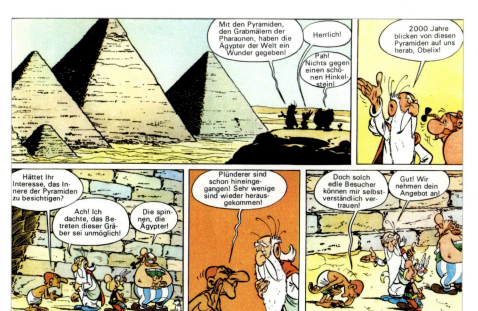

M3 *Asterix in Ägypten*

M7 *Die Lage von Ägypten heute*

M4 *Auf Tourismus-Messen wird oft für das Reiseziel Ägypten geworben*

In Ägypten befindet sich ein Drittel aller Altertümer der Welt. Das Klima ist warm und trocken. Am Mittelmeer und am Roten Meer gibt es feine Sandstrände. Klares türkisfarbenes Wasser mit echten Korallenriffen gibt es am Roten Meer. Das lieben Schnorchler und Taucher. Aber auch Wasserski, Surfen und Angeln ziehen Urlauber an. Safaris durch die Wüsten bieten beeindruckende Landschaften und zeigen, wie die Menschen leben. Für Bergwanderungen eignet sich die Halbinsel Sinai mit dem Mosesberg und dem Katharinenkloster.

(Nach: www.aegypten-spezialist.de/wissenswertes/tourismus.html, 26.01.2010)

M6 *Was Touristen nach Ägypten zieht*

Ägypten – Hochkultur des Altertums

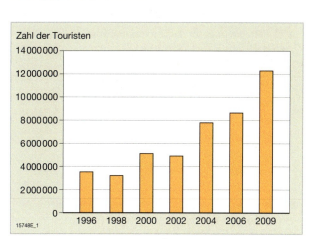

M5 *Zahl der Touristen in Ägypten*

❶ Suche Ägypten im Atlas und beschreibe seine Lage: Kontinent, angrenzende Meere, Nachbarstaaten.

❷ Bestimme die Entfernung von Hamburg nach Kairo (Atlas) und die Dauer des Fluges bei 800 km/h.

❸ Begründe, warum so viele Touristen Ägypten besuchen (M2, M6).

❹ Fasse die Bedeutung des Tourismus für Ägypten zusammen.

❺ Asterix besuchte Kleopatra (M3). Ermittle, wer Kleopatra war und wann sie gelebt hat (Internet, Lexikon).

Grundwissen / Übung

Ein Schaubild erklären

Der Pharao und sein Volk

Die alten Ägypter sahen im Pharao den Sohn des Sonnengottes Re (auch Amun-Re oder Ra genannt). Er war der oberste Herrscher und Gott.

Je nach Herkunft und Stellung unterschieden sich die Lebensbedingungen der Untertanen. Stellvertreter des Pharaos war der Wesir. Er überwachte die Gesetze, die der Pharao erließ.

Ihm unterstanden die Beamten. Sie konnten lesen und schreiben. Sie lenkten und überwachten die großen Aufgaben wie den Pyramidenbau und die Landwirtschaft. Sie maßen als Seilspanner nach der Nilüberflutung die Äcker neu aus (siehe S. 101, M7) und zogen die Steuern von den Fellachen ein.

Die Mehrheit der Bevölkerung arbeitete als Fellachen auf den Feldern des Pharaos. Diese mussten mehr als die Hälfte ihrer Ernte als Steuer abgeben. Trotzdem hatten sie kein hohes Ansehen.

Von ihren Erträgen lebten Handwerker, Händler, Soldaten und alle Spezialisten für die Tempel- und Palastbauten: Architekten, Techniker, Künstler.

Schaubilder erklären Zusammenhänge

Zusammenhänge lassen sich übersichtlich in Schaubildern darstellen. Dabei spielen manchmal Begriffe, Farben, Pfeile und Größen eine Rolle. Auch die äußere Form des Schaubildes kann sich dem Thema anpassen.

Schaubilder wie M1 stammen nicht aus der damaligen Zeit, sind also keine geschichtlichen Quellen. Sie sind das Ergebnis moderner Forschung.

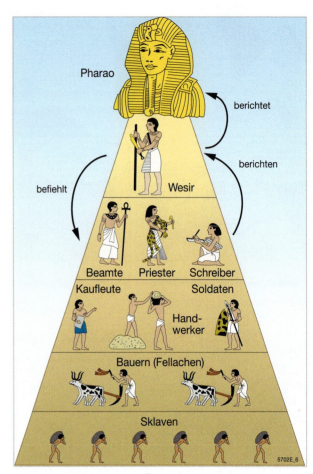

M1 Schaubild: Der Aufbau der ägyptischen Gesellschaft

Sechs Schritte zur Auswertung eines Schaubildes
1. Nenne das Thema des Schaubildes (Über- oder Unterschrift).
2. Prüfe, ob eine Entwicklung oder ein Zustand dargestellt wird.
3. Ist das Schaubild in einer besonderen Form gestaltet? Wenn ja, suche Gründe für die vorgegebene Form.
4. Untersuche die Einzelheiten des Schaubildes. Vergleiche zum Beispiel die Größen der dargestellten Einzelheiten. Erkläre die Bedeutung von Pfeilen.
5. Fasse die Aussagen des Schaubildes zusammen.
6. Formuliere eine abschließende Kritik. Fehlen zum Beispiel bestimmte Informationen?

---

1. Der Aufbau der ägyptischen Gesellschaft wird gezeigt.
2. Das Schaubild gibt einen Zustand wieder.
3. Die Form ist ein Dreieck oder eine Pyramide. Diese Form betont die Fülle der Macht an der Spitze und die herausragende Stellung des Pharaos.
4. Der Pharao ist besonders groß gezeichnet: Er hat die meiste Macht im Staat. Die Personen-Reihen darunter werden immer kleiner. Sie haben also in der ägyptischen Gesellschaft immer weniger Einfluss und Ansehen. Ganz unten stehen die Sklaven.
   Die Pfeile zeigen, wer befehlen kann und wer gehorchen muss.
5. Das Schaubild zeigt die Verteilung der Macht im Pharaonenreich. Die gesamte ägyptische Gesellschaft ist vom Pharao abhängig.
6. Das Schaubild ist sehr übersichtlich. Es erklärt aber nicht, wieso der Pharao solche Macht hat.

M2 Auswertung des Schaubildes M1

M3 *Goldmaske aus dem Grab des Pharaos Tutanchamun (1341–1322 v. Chr.) mit den Zeichen der Macht: Das goldblau gestreifte Kopftuch ließ den Herrscher imposanter erscheinen. Geier und Kobra als Schutzgöttinnen wehrten Feinde ab. Der geflochtene Bart war ein Zeichen für die Göttlichkeit des Herrschers. Über der Brust gekreuzter Krummstab und Geißel – damit führte er wie ein Hirte sein Volk und vertrieb die Feinde.*

Mumien-Vater gesucht

Es ist eines der berühmtesten Kinder der Weltgeschichte: Tutanchamun. Bereits mit neun Jahren wurde er Pharao und regierte Ägypten. Das ist über 3 000 Jahre her. Erst jetzt haben Wissenschaftler genau festgestellt, wer seine Eltern waren.

Das Gesicht von Pharao Tutanchamun ist total verschrumpelt. Die zum Teil schwarze Haut sieht aus wie verbrannt. Klar, er ist schon seit 3 000 Jahren tot. Aber es gibt wirklich schönere Mumien im ägyptischen Museum in Kairo.

Den Forschern dort war das gruselige Aussehen Tutanchamuns aber egal. Sie wollten unbedingt herausfinden, wer seine Eltern waren.

Auch deutsche Experten haben bei den aufwendigen Vaterschaftstests geholfen. Dann wurde in Kairo bekanntgegeben: Pharao Amenophis III. war Tutanchamuns Opa und Pharao Echnaton sein Papa. Beide sind mächtige Herrscher gewesen. Und nachdem die Forscher nun endlich das Familiengeheimnis Tutanchamuns gelüftet haben, wissen sie, dass diese Pharaonen die Macht am Nil an ihre Nachfahren vererbt haben.

(www.lilipuz.de/nachrichten/details/artikel/mumien-vater-gesucht. In: Braunschweiger Zeitung vom 20.02.2010, S. W6)

M5 *Über den Pharao Tutanchamun*

❶ Stelle Vor- und Nachteile einer Information durch Text oder Schaubild in einer Liste gegenüber.

❷ a) Erläutere die Stellung des Pharaos in der ägyptischen Gesellschaft (Text, M3).
b) Erläutere die Stellung der Bauern.

❸ Erkläre das Schaubild zur „Papierherstellung" (M4) nach der Sechs-Schritt-Methode.

❹ Beschreibe, was Forscher heute über Tutanchamun herausgefunden haben (M5).

❺ Berichte über die Öffnung des Grabes von Tutanchamun 1922 (Internet).

❻ Man sagt: Es gab eine „Arbeitsteilung" im alten Ägypten.
a) Erläutere, was damit gemeint ist.
b) Überlege, welche Voraussetzungen dafür notwendig waren.

METHODE

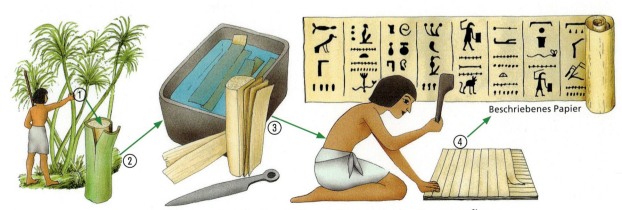

M4 *Handwerker im alten Ägypten bei der Papierherstellung aus der Papyruspflanze*

Grundwissen / Übung

Die Bedeutung der Pyramiden

Zeugnisse der Hochkultur

Eindrucksvolle Zeugen der ägyptischen Hochkultur sind die Pyramiden, die gewaltigen Grabstätten der ägyptischen Pharaonen.

Die Pyramiden und auch die anderen Königsgräber liegen am westlichen Rand der Niloase. Das ist dort, wo die Felder aufhören und die Wüste beginnt.

In Ägypten gibt es heute noch etwa 30 Pyramiden. Die größte ist die des Pharaos Cheops. Sie wurde um 2500 v. Chr. am westlichen heutigen Stadtrand von Kairo bei dem Ort Gizeh erbaut.

INFO

Die Cheops-Pyramide

Die Cheops-Pyramide besteht aus über 2 300 000 Kalksteinblöcken. Ein mittelgroßer Block wiegt 2 500 kg; das entspricht etwa dem Gewicht von zwei Autos. Die Steine sind so genau behauen, dass sie ohne Fugen aneinander- und aufeinanderpassen. Die Kalksteinblöcke wurden mit Werkzeug aus Kupfer oder sehr hartem Stein bearbeitet. Heute übliche technische Hilfsmittel wie Rad oder Kran kannten die alten Ägypter nicht. Die Cheops-Pyramide war ursprünglich 147 m hoch. Ihre Grundfläche war ein Quadrat von 230 m pro Seite. Das entspricht der Größe von sieben bis acht Fußballfeldern. Der Bau dauerte fast 30 Jahre. Die Wandbilder in den Grabkammern berichten von den Taten des Pharaos. Grabräuber plünderten, wie in fast allen ägyptischen Königsgräbern, die Gräber aus.

„Warum haben die Ägypter Pyramiden gebaut?"
„Die Pyramide ist die Wohnung des Pharaos, der nun Totenherrscher für alle wird. Der tote Gottkönig geht nicht fort, sondern herrscht in einer für alle sichtbaren Pyramide."

„Wer hat die Bauarbeiten ausgeführt?"
„Solch ein Bauwerk konnte nur von trainierten und hoch angesehenen Spezialisten erstellt werden, keineswegs etwa von Sklaven. Der Pyramidenbau war für die Ägypter ein Gottesdienst."

„Wie viele Menschen haben mit dem Bau einer Pyramide zu tun gehabt?"
„Rund 25 000. Das war etwa einer von 100 Menschen der damaligen ägyptischen Bevölkerung. Mit dem Bau selbst waren 15 000 Mann beschäftigt – und zwar jeweils zur Hälfte direkt auf der Baustelle und in den Steinbrüchen bei Gizeh.
Etwa 1 000 Mann haben sich ausschließlich um die Werkzeuge gekümmert.
Für den Transport der Steinblöcke waren weitere 5 000 Personen zuständig. Zwar wurden die meisten Steine von Ochsen herbei- und heraufgeschleppt, aber manche auch von Menschen.
Noch einmal rund 5 000 Leute, zum Beispiel Bäcker und Köche, mussten die Arbeiter mit Nahrungsmitteln und Getränken versorgen.

(Nach: Rainer Stadelmann. In: Geo-Epoche. Ägypten. Hamburg 2000)

M2 *Aus einem Interview mit dem Ägypten-Forscher (Ägyptologen) Rainer Stadelmann*

M1 *Die Pyramiden bei Gizeh. Rechts befindet sich die Pyramide des Pharaos Cheops. Sie ist die größte und wirkt nur kleiner, da sie im Hintergrund des Bildes ist. In der Mitte steht die Pyramide von Cheops Sohn und links davon die von Cheops Enkel. In den kleinen Pyramiden wurden die Königinnen bestattet.*

Ägypten – Hochkultur des Altertums

Grundwissen

Wenn man im Internet das Stichwort „Pyramidenbau" aufruft, wird man geradezu überschüttet von Schriften, die darüber streiten, wie der Bau der Pyramiden vor sich gegangen ist. Manche behaupten, dass ihre Schilderung die einzig richtige ist.

Viele Menschen ließen sich von den Pyramiden faszinieren und wollten das Geheimnis ihres Baus erforschen. Um geschichtliche Vorgänge zu klären, sind Quellen nötig, die aus der Zeit und dem Raum der Ereignisse stammen. Für den Pyramidenbau liegt ein solcher zeitgenössischer Bericht leider nicht vor. Den ältesten Bericht schrieb etwa 2 000 Jahre nach dem Bau der Pyramiden der Grieche Herodot. Er hatte Ägypten bereist und sich von den Tempelbediensteten an Holzmodellen den Bau der Pyramiden erklären lassen. Ob seine Aussagen stimmen, das versuchen seither Archäologen, Sprachwissenschaftler und jetzt auch Bauingenieure und Physiker zu klären.

M3 *Die Pyramiden – ein ewiges Rätsel?*

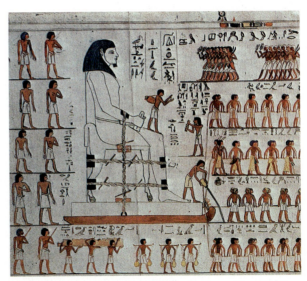

M7 *Die Darstellung aus dem 19. Jh. v. Chr. (Grab des Djehutihotep) zeigt, wie die Ägypter eine riesige Steinfigur transportierten. Vor den Kufen liegt Nilschlamm, der mit Wasser begossen wird.*

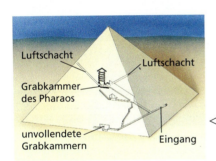

◁ **M4** *Blick in die Cheops-Pyramide*

M8 *Heutige Zeichnung vom Pyramidenbau*

Seine Augen ergründen jeden Leib.
Er ist Re (Sonnengott), der mit seinen Strahlen schaut.
Er erleuchtet Ägypten wie die Sonne.
Er lässt das Land grünen wie ein hoher Nil.
Er gibt Speisen denen, die ihn geleiten.
Er nährt den, der seinem Weg folgt.
(In: Adolf Erdmann: Die Literatur der Ägypter. Leipzig 1923, S. 469)

M5 *Lobpreisung auf den Pharao*

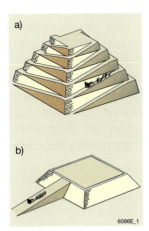

M6 *Über den Bauvorgang gibt es keine Quellen. Heutige Forscher sehen zwei Möglichkeiten.*

❶ a) Erkläre, warum die Pyramiden erbaut wurden.
b) Begründe anhand der Quellen den aufwendigen Pyramidenbau.

❷ Vergleiche die Maße der Cheops-Pyramide (Info) mit den Maßen deiner Schule.

❸ Stell dir vor, du arbeitest beim Transport der Steinfigur in M7 mit. Schreibe darüber einen Bericht.

❹ a) Liste auf, wie viele Menschen welche Arbeiten beim Bau der Pyramiden verrichteten (M2).
b) Beschreibe die beiden Möglichkeiten des Pyramidenbaus (M6).
c) Nenne Gründe dafür, warum man nicht genau weiß, wie die Pyramiden erbaut wurden.

Grundwissen/Übung

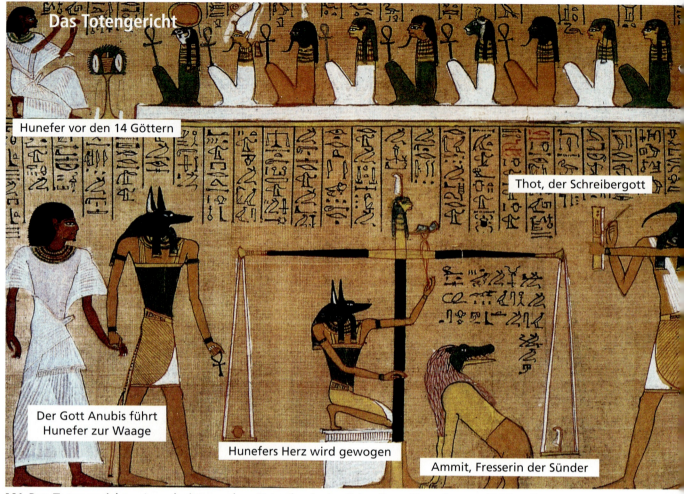

M1 *Das Totengericht – Ausschnitt aus dem Totenbuch des Schreibers Hunefer um 1300 v. Chr.*

Die ägyptische Götterwelt

Die Ägypter glaubten an ein Weiterleben nach dem Tod. Sie stellten es sich ähnlich vor wie das Leben auf der Erde. Das wissen wir aus den Grabfunden. Sie verehrten viele Götter. Ihr oberster Gott war der Sonnengott Re, auch Amun-Re genannt. Viele Götter stellten die Ägypter als Menschen mit Tierköpfen dar, andere haben die Gestalt von Tieren.

Nach ägyptischem Glauben musste ein toter Körper erhalten bleiben, damit seine unsterbliche Seele im Jenseits einen Wohnort hat. Die Ägypter entwickelten daher besondere Methoden, um den Leichnam zu mumifizieren, das heißt vor Verwesung zu schützen. Viele **Mumien** sind erhalten geblieben.

Man gab den Toten all das mit ins Grab, was sie auch zu Lebzeiten für ein angenehmes Leben gebraucht hatten.

Das Totengericht des Hunefer

Der Schreiber Hunefer lebte um 1300 v. Chr. Auch er hoffte, nach dem Tod weiterzuleben. Die Ägypter glaubten, dass dies vor einem **Totengericht** verhandelt wird. Mit einer Waage wird geprüft, ob der Tote gottgefällig gelebt hat.

Den reichen Toten wurde ein sogenanntes Totenbuch mitgegeben. Das war eine Papyrusrolle. Sie sollte den Verstorbenen schützen und vor dem Totengericht sein vorbildliches Leben beweisen.

> Osiris wird von seinem eifersüchtigen Bruder Seth ermordet und zerstückelt. Isis, die Frau des Osiris, findet mithilfe des Gottes Anubis die Leichenteile. Sie setzt sie wieder zusammen und belebt den Osiris. Sie zeugt mit ihm einen Sohn, den Gott Horus. Von nun an herrscht Osiris als Richter über die Verstorbenen im Totenreich.

M2 *Die Sage von Isis und Osiris*

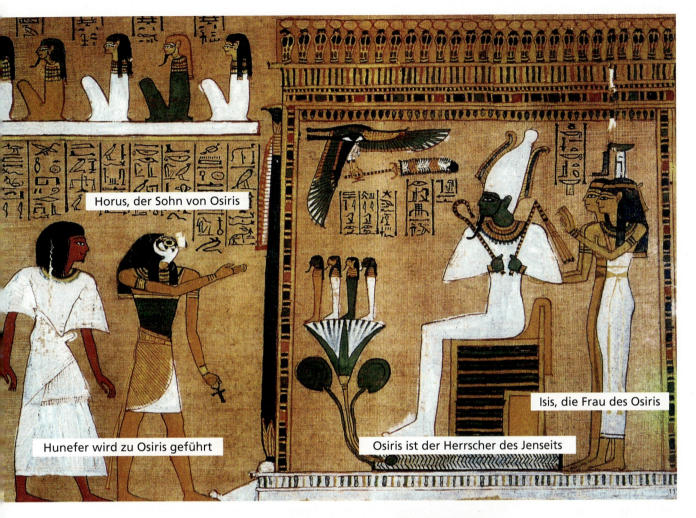

Horus, der Sohn von Osiris

Hunefer wird zu Osiris geführt

Osiris ist der Herrscher des Jenseits

Isis, die Frau des Osiris

Ich habe nichts Schlechtes getan!
Ich habe nicht hungern lassen!
Ich habe nicht zum Weinen gebracht!
Ich habe nicht getötet!
Ich habe nicht zu töten befohlen!
Ich habe niemandem Böses zugefügt!
Ich habe die Opferspeisen
in den Tempeln nicht verringert!
Ich habe nicht Ehebruch begangen!
Ich habe das Kornmaß
nicht vergrößert oder verkleinert!
Ich habe die Gewichte der
Handwaage nicht vergrößert!
Ich habe das Kleinvieh nicht
von seinem Futter vertrieben!
Ich habe keinen Gott an seinen
Prozessionen gehindert!

M3 *Aus Hunefers Totenbuch*

M4 *Mumie des Pharaos Ramses II. Er starb 1213 v. Chr. und war über 80 Jahre alt geworden*

❶ Erläutere den Sinn eines Totenbuches im alten Ägypten.

❷ a) Beschreibe den Ablauf des Totengerichtes (M1).
b) Vermute, was Hunefer dem 14-köpfigen Gericht erzählt.
c) Auf der Waage liegen Hunefers Herz und eine Feder. Berichte, was die Waage anzeigt und was das bedeutet.
d) Beurteile den Einfluss des Totengerichtes auf das Leben der Menschen.

❸ Prüfe, welche der Aussagen in M3 auch heute als Lebensregeln gelten könnten.

Grundwissen/Übung

Alltagsleben im alten Ägypten

So lebten die Ägypter

In Ägypten gab es nur wenige große Städte. Dort wohnten der Pharao und seine reichen Beamten in ihren Palästen. Dort gab es auch riesige Tempelanlagen mit einflussreichen Priestern.

Die meisten Menschen jedoch lebten als Bauern in den zahlreichen Dörfern entlang des Nils. Das Land, das sie beackerten, gehörte ihnen nicht. Es war entweder das Eigentum des Pharaos, seiner Familie, der Beamten oder der Priester – ihr König hatte es ihnen geschenkt.

Bildquellen zeigen, dass in der Familie die Kinder eine große Rolle spielten. Die Söhne der reichen Leute erhielten Unterricht. Dadurch konnten sie später angesehene Berufe ausüben. Die Kinder der Bauern mussten dagegen schon in jungen Jahren helfen. Sie arbeiteten auf den Feldern und versorgten die Tiere. Einige Töchter wurden auch Dienerinnen bei reichen Familien.

Kleidung und Schmuck

Die Kleidung und der Schmuck zeigten, welcher Schicht eine Person angehörte. Bauern und Handwerker trugen grobes Leinen. Reiche Beamte kleideten sich kostbarer. Sie hatten kurze Haare, weil es in Ägypten so heiß ist. Bei festlichen Anlässen setzten Männer und Frauen schwarze Perücken auf. Frauen und Männer schminkten sich, vor allem die Augen. Das war gleichzeitig ein Schutz vor Augenkrankheiten.

Schmuck aus edlen Materialien war teuer und ein Zeichen von Macht. Das konnten sich die einfachen Leute nicht leisten. Manche Schmuckstücke wurden als Amulett getragen. Sie sollten böse Geister fernhalten und Glück bringen. Besonders beliebt war der Skarabäuskäfer (siehe Bild).

Die Frau in der Gesellschaft

Auf vielen Wandmalereien in den Gräbern finden sich liebevolle Familienszenen. Auch Statuen wie in M3 vermitteln ein Gefühl von gegenseitiger Achtung und Respekt. Im alten Ägypten war die Frau dem Mann fast gleichgestellt. Sie konnte über ihr Eigentum frei verfügen und behielt ihre Besitzrechte bei der Heirat. Ein Ehevertrag regelte die Vermögensverhältnisse, auch im Fall einer Scheidung. Vor Gericht konnten sich ägyptische Frauen selbst vertreten.

In den ägyptischen Quellen begegnen uns Frauen als Handwerkerinnen, Bäuerinnen, Dienerinnen und Tänzerinnen. Es gibt auch Hinweise auf Priesterinnen. Die Frauen kümmerten sich um den Haushalt. Hier verrichteten sie alle notwendigen Arbeiten. Wenn sie zur Oberschicht gehörten, hielten sie Dienerinnen und Diener, die sie beaufsichtigten.

Politische Macht besaßen nur wenige Frauen. In der Königsfamilie hatte die Mutter eines minderjährigen Pharaos großen Einfluss. Auch die Frau des Pharaos konnte ihren Mann beraten. Pharaoninnen waren die große Ausnahme. Berühmt ist Hatschepsut (etwa 1480–1460 v. Chr.). Ihren auf drei Terrassen angelegten Totentempel besuchen heute viele Touristen.

Kleopatra (69–30 v. Chr.) war die letzte ägyptische Pharaonin.

M1 *Ein Schlachter beim Schlachten eines Rindes*

M2 *Eine Frau mahlt Getreide*

M3 *Eine ägyptische Familie*

Die reichen Ägypter hatten ihre Häuser prunkvoll geschmückt und mit teuren Möbeln ausgestattet.
Die Wände waren farbig ausgemalt, die Böden waren mit bunten Fliesen belegt.
Die Wohnhäuser der Ägypter bestanden aus getrocknetem Nilschlamm, der zu Ziegeln verarbeitet wurde. Außen wurden die Ziegelwände mit Lehm bestrichen, um sie haltbar zu machen.
Die Häuser der reichen Leute hatten einen schön gestalteten Garten und einen Keller. Dort befanden sich Vorratsräume für Lebensmittel und Arbeitsräume. Die Dächer hatten Windöffnungen für den kühlen Nordwind.
Die Bauern lebten in einfacheren Hütten aus Schlammziegeln. In allen Behausungen waren die Fenster klein, damit nur wenig Sonne ins Haus scheinen konnte.

M4 *Wohnhäuser und Hütten*

M6 *Haus eines reichen Ägypters (altägyptische Malerei)*

M7 *Heutiges Ägypten: Häuser am Nil*

M5 *Querschnitt durch das Haus eines reichen ägyptischen Ehepaares (Grabmalerei um 1500 v. Chr.)*

❶ Benenne Unterschiede zwischen verschiedenen Menschengruppen im alten Ägypten.

❷ Die Frau im alten Ägypten war erstaunlich modern! Erläutere.

❸ Betrachte M5.
a) Schreibe die Gegenstände auf, die du erkennst.
b) Schreibe die Tätigkeiten auf, die du erkennst.
c) Dienerinnen, Diener und Hausbesitzer sehen unterschiedlich aus. Erläutere.
d) Wie viele Dienerinnen und Diener sind in dem Haus tätig?

❹ Begründe, warum wir so wenig von den einfachen Menschen im alten Ägypten wissen.

Grundwissen / Übung

Frühe Hochkulturen

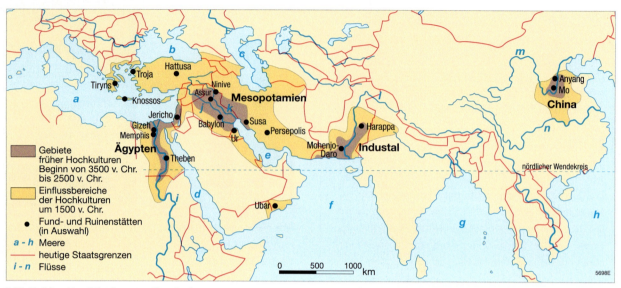

M1 *Frühe Hochkulturen der Erde*

Entlang von Flüssen

Vor rund 4500 Jahren hatten sich außer in Ägypten weitere frühe Hochkulturen entwickelt. Diese entstanden entlang von großen Flüssen. Eine geschickte Nutzung des Wassers machte die Landwirtschaft sehr ertragreich. Auch dienten die Flüsse als Transportweg.

In allen Hochkulturen gab es eine Schrift. Diese war sehr wichtig für die Verwaltung der einzelnen Gebieten der Reiche. Handwerkerinnen und Handwerker schufen unter anderem Luxusgüter aus kostbaren Materialien.

Hochkulturen an Euphrat und Tigris

In *Mesopotamien*, dem „Zweistromland" an den Flüssen Euphrat und Tigris, lebten viele Menschen auf engem Raum zusammen. Sie schufen eine staatliche Ordnung und gründeten Städte, die sie mit starken Mauern schützten. Hier regierten ihre Priester-Könige. Die Menschen machten bahnbrechende Erfindungen wie Rad, Wagen, Pflug und Töpferscheibe. Gelehrte forschten in Mathematik, Sternenkunde und Zeitberechnung und sie erfanden etwa zeitgleich mit den Ägyptern die Schrift.
Um 3500 v. Chr. entwickelten die Sumerer die älteste Form einer Hochkultur. Da das Zweistromland nicht so geschützt liegt wie das Niltal, wurde es im Lauf der Jahrhunderte immer wieder erobert. Auf die Sumerer folgten die Babylonier, die Assyrer und die Perser.

Gesetz und Ordnung

König Hammurabi hatte in *Mesopotamien* um 1780 v. Chr. ein großes Reich geschaffen mit Babylon als Hauptstadt. Er erließ Gesetze und schuf eine einheitliche Rechtsprechung. Zum Beispiel durften Starke nicht die Schwachen bedrängen und Söhne nicht ihre alten Väter schlagen. Hammurabi ließ seine 282 Gesetze in Stein meißeln und an mehreren Orten seines Reiches aufstellen, damit alle danach handeln sollten. Das Strafmaß wurde nach dem Grundsatz „Auge um Auge, Zahn um Zahn" festgelegt.

Hochkulturen im Osten

Im *Industal* entstand ab etwa 3000 v. Chr. eine Hochkultur. Dort gab es geplante Städte, eine aufwendige Architektur und eine Schrift. Außerdem war die Landwirtschaft sehr ertragreich. Viele Menschen lebten hier nicht mehr als Bauern, sondern waren Handwerker in den Städten. Unsere Kenntnisse über diese Kultur sind noch gering. Erst 1922 begannen die archäologische Erforschung. Die Schrift ist noch nicht entschlüsselt und auch das Verschwinden dieser Kultur gegen 1800 v. Chr. ist noch nicht geklärt.
Über die frühe Hochkultur in *China* haben wir gute Kenntnisse, da diese Kultur nie untergegangen ist und sich immer weiter entwickelt hat. Seit etwa 2000 v. Chr. sind die Namen der Herrscherfamilien bekannt.

M2 *Statue des sumerischen Königs Gudea um 2080 v. Chr. Der König hält ein Gefäß in der Hand, aus dem Wasser strömt. Wasser war das wichtigste Gut der Sumerer, der Siedler in Mesopotamien.*

M4 *Aus dem Industal um 3000 v. Chr.: Nashorn aus Ton mit Schriftzeichen*

M5 *Aus China um 1500 v. Chr.: Weingefäß aus Bronze*

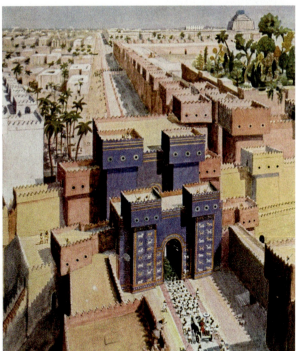

M3 *Babylon um 560 v. Chr. (Nachbau). Im Vordergrund die Prozessionsstraße mit einem Stadttor aus blaugebrannten Ziegeln. Das Tor wurde von deutschen Archäologen ausgegraben, von den zuständigen Behörden erworben und ist im Pergamon-Museum in Berlin ausgestellt. Im Hintergrund steht der Tempelturm. Er ist das religiöse Zentrum des Reiches.*

M6 *Die Gesetzessäule (über 2 m hoch) des Königs Hammurabi von Babylon um 1700 v. Chr. Der Sonnengott Schamasch (rechts) übergibt Hammurabi Ring und Stab als Zeichen der Herrschaft. Darunter in Keilschrift Hammurabis Gesetze.*

❶ Nenne Gründe, warum Hochkulturen an Flüssen entstanden sind.

❷ Suche im Atlas die heutigen Länder, die in den Gebieten der alten Hochkulturen liegen. Schreibe ihre Namen auf.

❸ Informiere dich über den „Turmbau von Babel" und berichte über die Bedeutung dieser biblischen Erzählung.

❹ König Hammurabi sagt, dass sein oberster Gott ihm die Gesetze gegeben hat. Erkläre die Bedeutung dieses Satzes für seine Herrschaft und eine einheitliche Rechtsprechung in seinem Reich (M6).

❺ Stelle die Merkmale der vorgestellten Hochkulturen zusammen.

Grundwissen / Übung

Leben in der Wüste

In der Wüste Marokkos

In der Wüste – Trockenheit bestimmt das Leben

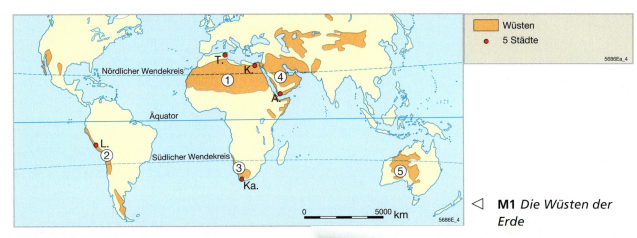

M1 *Die Wüsten der Erde*

Die Wüste Sahara – trocken und lebensfeindlich

Die Sahara ist die größte **Wüste** der Erde. In ihren trockensten Gebieten fällt jahrelang kein Tropfen Regen. Sie ist lebensfeindlich für Menschen, Tiere und Pflanzen. Mittags erreichen die Temperaturen häufig mehr als 50 °C. Hier können nur solche Pflanzen und Tiere überleben, die Hitze und Trockenheit vertragen. Dazu gehören einige Gräser, Schlangen, Skorpione und Kamele. Pflanzensamen fallen in einen langen „Trockenschlaf", aus dem sie erst „erwachen", wenn es gelegentlich wolkenbruchartig regnet. Von den Gebirgen am Rand und in der Mitte der Sahara führen Täler in die Wüste. Es sind Trockentäler. Sie heißen **Wadis**. Nur bei den seltenen, plötzlich auftretenden Regenfällen füllen sie sich mit Wasser.

„Ich fühle keinen Hunger, nur Durst. Dabei habe ich so gut wie nichts gegessen: am ersten Tag einige Trauben, am zweiten und dritten Tag eine halbe Apfelsine und etwas Kuchen. Der Durst aber ist allmächtig: die harte Kehle, die Zunge aus Gips, das Rasseln im Schlund und ein ekliger Geschmack im Mund.

Einen Augenblick haben wir gerastet, nun geht es weiter. Die Landschaft verändert sich, die Steine werden seltener und wir gehen auf Sand. Zwei Kilometer vor uns beginnen die Dünen mit einigen kleinen Pflanzen. Ich bringe keinen Speichel mehr hervor. Die Sonne hat alles ausgetrocknet."

(Nach: Antoine de Saint-Exupéry: Wind, Sand und Sterne, Hamburg 1964, Seite 24)

M3 *In der Wüste nach einem Flugzeugabsturz*

Die starke Erwärmung am Tag und die Abkühlung in der Nacht führen zu ständiger Ausdehnung und Schrumpfung des Gesteins. Dadurch zerfällt es in scharfkantige Stücke bis auf Sandkorn- und Staubgröße. Obendrein schichtet der Wind den feinen Sand zu **Dünen** auf.

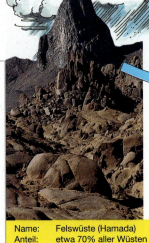

Niederschläge (selten, aber dann heftig)

Wind bläst Sand aus

gelegentlich stark fließendes Wasser

Name:	Felswüste (Hamada)	Kieswüste (Serir)	Sandwüste (Erg)
Anteil:	etwa 70% aller Wüsten	etwa 10% aller Wüsten	etwa 20% aller Wüsten
Material:	Felsen, Steine	Kies	Sand

M2 *Wüstenarten und ihre Entstehung*

Grundwissen

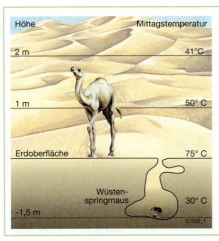

- Die tellergroßen Füße verhindern ein Einsinken im weichen Sand.
- Dicke Hornschwielen schützen die Füße vor der heißen Erde.
- Beim Einatmen wird die Luft in den Nasengängen um 10 °C gekühlt. Beim Ausatmen kondensiert die Atemluft an den Nasenwänden. Etwa ein Drittel ihrer Feuchtigkeit bleibt so im Körper.
- Das Dromedar kann Körperwasser bilden, ohne zu trinken: Durch die „Verbrennung" von 100 Gramm Fett aus dem Höcker erhält der Körper des Tieres 107 g Wasser.

M4 *Das Dromedar, ein Überlebenskünstler in der Sahara*

M8 *Die Sahara und andere Wüsten*

Uhr-Zeit	8:00	10:00	12:00	14:00	16:00	18:00	20:00	22:00	24:00	2:00	4:00	6:00
Temperatur	6 °C	12 °C	20 °C	26 °C	25 °C	19 °C	10 °C	0 °C	−3 °C	−7 °C	−8 °C	−4 °C

M5 *Tag- und Nachttemperaturen in der Sahara im Dezember*

M6 *Das Klima in In Salah/Algerien*

M7 *Karawane in der Wüste*

❶ Schreibe auf, wie du dir Wüsten vorstellst und was du alles mit „Wüste" verbindest.

❷ Bestimme mithilfe des Atlas die Namen der fünf Wüsten und der fünf Städte in M1. Schreibe ihre Namen auf und die der Kontinente, auf denen sie liegen.

❸ a) Ermittle die Nord-Süd- und die Ost-West-Ausdehnung der Sahara (Atlas).
b) Vergleiche mit der Größe Deutschlands.

❹ Vergleiche M5 und M6.

❺ In der Wüste sind schon Menschen ertrunken. Erkläre diese Aussage (Text).

❻ a) Beschreibe die verschiedenen Wüstenarten in der Sahara (M2).
b) Erkläre ihre Entstehung (M2). Berücksichtige dabei auch den Anteil, den Wind und Wasser an der Entstehung haben.

❼ Erkläre die Wüstenart in M7 mithilfe von M2.

❽ a) Das Dromedar und die Wüstenspringmaus haben sich an die Hitze in der Wüste angepasst. Begründe diese Aussage (M4).
b) Informiere dich im Internet über die beiden Tiere und liste weitere Anpassungen an die Lebensverhältnisse in der Wüste auf.

Grundwissen/Übung

M1 *Eine Oase in der Sahara*

Grüne Flächen in der Wüste: die Oasen

Nur dort, wo es in der Wüste Wasser gibt, können Menschen leben. Hier liegen die **Oasen**. Die Menschen zapfen eine wasserführende Schicht im Boden an, indem sie Brunnen bauen und Motorpumpen einsetzen. Mit diesem Wasser bewässern sie ihre Oasengärten.

Das Wasser stammt aus dem Atlasgebirge am Nordrand der Sahara. Wenn es hier regnet, versickern die Niederschläge. Sie treffen auf eine wasserundurchlässige Schicht und fließen unterirdisch viele Hundert Kilometer bis weit in die Wüste hinein.

Weil die Bewässerungsfläche kostbar ist, stehen die Häuser meist am Rand der Oase. Sie sind eng aneinander gebaut und besitzen wenige Fenster. Diese Bauweise schützt vor der Sonne.

Vor einigen Jahrzehnten wurden in einer Tiefe von 1000 bis 4000 m riesige Wasservorräte entdeckt. Dieses Wasser ist etwa 20000 Jahre alt. Starke Motorpumpen können es heute heraufholen.

Wasserwirtschaft in der Oase

Um die Anbaupflanzen zu bewässern, gibt es Bewässerungskanäle, die durch Schieber geöffnet und geschlossen werden können. Ein „Wasserwächter" regelt die Wasserverteilung. Er leitet das Wasser nur zu festgelegten Zeiten auf die einzelnen Felder. Außerdem achtet er genau darauf, dass jeder so viel Wasser bekommt, wie ihm zusteht, und niemand benachteiligt wird.

Die Obst- und Gemüsepflanzen werden in drei Stockwerken gesetzt, damit der Boden nicht austrocknet: Ganz unten wachsen Weizen, Gerste, Hirse und verschiedene Gemüsearten. Sie erhalten Schatten von kleineren Bäumen wie zum Beispiel Granatäpfeln oder Feigen. Diese werden überragt von den Dattelpalmen. Die Dattelfrucht ist die Nahrungsgrundlage der Oasenbewohner.

Oft sind die Oasen von Zäunen aus Palmblättern umgeben. Diese schützen die Pflanzen vor dem heißen Wüstenwind und dem Wüstensand.

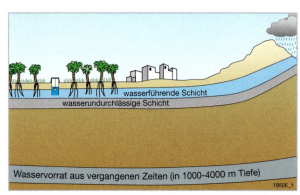

M2 *Grundwasseroase mit Brunnen (Schema)*

◁ M3 *Stockwerk-Anbau*

M4 *Swimmingpool eines Hotels in der Oase Tamanrasset*

M5 *Nutzung der Dattelpalme*

M7 *Ein Oasenbauer: „Früher lebte ich vom Verkauf von Datteln. Heute klettere ich für Touristenfotos hier hoch. Da verdiene ich mehr."*

Das Hauptproblem in den Oasen ist die mangelnde Wasserversorgung. Die kleinen Oasenbauern sind besonders betroffen. Ihnen fehlt das Geld, die immer tieferen Brunnenbohrungen mitzubezahlen. Viele Dattelpalmen werden außerdem durch einen schädigenden Pilz bedroht. Sie bringen keine Erträge mehr.

In zahlreichen Oasen ändert sich daher die Wirtschaftsweise. Lkws bringen auf asphaltierten Straßen Getreide und andere Nahrungsmittel hierher. Die Preise sind so niedrig, dass sich der Anbau in der Oase kaum noch lohnt. Vor allem die jungen Oasenbewohner wandern ab. Sie finden gut bezahlte Arbeit in den großen Städten, den Ferienzentren an der Küste, auf den Ölfeldern oder in Fabriken im Ausland. In einigen Oasen bringt der Tourismus neue Einnahmen. Hotels und Campingplätze werden gebaut. Satellitenfernsehen und Telefon sind selbstverständlich.

M8 *Die Lebensweise ändert sich*

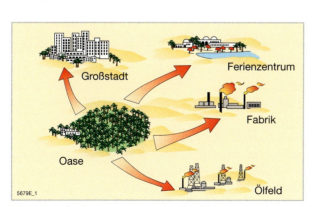

M6 *Wanderbewegungen in der Wüste*

Leben in der Wüste

❶ Wasser ist das wertvollste Gut in der Wüste. Erläutere diese Aussage.

❷ Werte M1 mithilfe von M2 aus.

❸ Beschreibe den Stockwerk-Anbau (M3).

❹ Erläutere die Nutzung der Dattelpalme (M5).

❺ Begründe, warum viele junge Bewohner die Oasen verlassen (M6, M8).

❻ Hotels mit Swimmingpools werden überall in den Oasen gebaut. Nenne die Folgen für den Grundwasserspiegel.

Grundwissen/Übung

Der Nil – Lebensader Ägyptens

M1 *Ägyptische Bauern heute*

Leben mit dem Fluss

Vor etwa 10 000 Jahren fand auf der Erde eine Klimaänderung statt. Damals wurden die fruchtbaren Gebiete Nordafrikas allmählich zur Wüste. Die jetzige Sahara entstand.

Der Nil ist heute der einzige Fluss, der die Sahara durchquert. Im fruchtbaren Niltal siedelten sich vor etwa 5 500 Jahren Menschen an. Sie säten Getreide, züchteten Vieh und bauten Häuser aus getrocknetem Nilschlamm. Ihr Leben und ihre Landwirtschaft passten sie der Wasserführung des Flusses an.

Ackerbau vor 5 000 Jahren

Die Fellachen, die Bauern in der **Flussoase** des Nils, bewässerten schon vor 5 000 Jahren ihre Felder. Das konnten Forscher durch Ausgrabungen feststellen. Der Nil trat im Herbst über seine Ufer und überschwemmte die Felder mit Wasser und Schlamm. Danach mussten die Felder neu vermessen werden. Das taten die Seilspanner (M7).

Anschließend wurde der Boden für die Aussaat mit einem Pflug aus Holz vorbereitet. Das Saatgut erhielten die Fellachen aus den Vorratslagern des Pharaos.

Die Ägypter bauten Kanäle. Dort blieb das Nilwasser noch eine Zeitlang erhalten, wenn das Hochwasser des Nils zurückgegangen war. So konnte man auch später noch die Felder bewässern. Für höher gelegene Felder wurde das Wasser in Tonkrügen herbeigeschafft. Vor 4300 Jahren erfand man einen Hebebaum für das Wasser, den **Schaduf**.

Geschenk und Gefahr

Jedes Jahr im Herbst trat der Nil über die Ufer und bewässerte die Felder. Stieg das Wasser nicht hoch genug, drohten Missernten und Hungersnot. Stieg es aber zu hoch, konnte es Häuser und Felder zerstören. Deshalb schützten die Menschen sich durch Dämme. Dazu mussten sie planvoll zusammenarbeiten. Das geschah unter Leitung des Pharaos und seiner Beamten. Getrockneter Nilschlamm war das alltägliche Baumaterial.

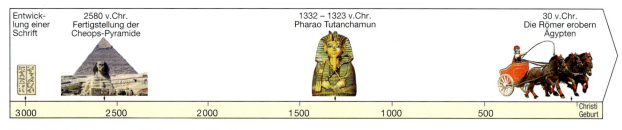

M2 *Zeitleiste der ägyptischen Hochkultur*

INFO

Ägypten – entstanden aus zwei Reichen

Früher gab es entlang des Nils zwei Königreiche: Unterägypten im Mündungsgebiet des Nils und Oberägypten. Um 3 000 v. Chr. eroberten die Herrscher aus dem Süden das reiche nördliche Gebiet. Die Vereinigung der beiden Reiche ist der Beginn der Geschichte des ägyptischen Reiches. Es endete im Jahr 30 v. Chr., als die Römer Ägypten eroberten. Unser Wissen über Ägypten haben wir zum großen Teil aus Grabfunden. Wegen des trockenen Klimas sind viele Gegenstände hervorragend erhalten: Bauwerke, Kunstgegenstände und Malereien.

So haben wir viele Kenntnisse von dieser frühen Hochkultur (siehe auch S. 80 – 91).

Die Flussoase des Nils durchzieht von Süden nach Norden die Wüste Sahara. Sie ist etwa 1 100 km lang und bis zu 25 km breit. Im Süden reicht sie bis Assuan. Im Mündungsgebiet teilt sich der Fluss in viele Arme. Er bildet ein weitverzweigtes Delta.

Der Nil ist mit 6 671 km der längste Fluss der Erde. Er hat zwei Quellflüsse: den Blauen Nil und den Weißen Nil. Sie kommen aus den regenreichen Gebieten am Äquator. Den alten Ägyptern war das nicht bekannt. Erst im 19. Jahrhundert haben Forscher die Quellen entdeckt. Jedes Jahr im Herbst kam das Hochwasser (Nilschwelle). Die Nilschwelle verwandelte das Land in einen einzigen großen See. Der Fluss bewässerte die Felder und füllte die Bewässerungskanäle mit Wasser. So ermöglichte er gute Ernten.

M3 *Flussoase Nil*

M7 *Seilspanner beim Vermessen eines Feldes (Wandmalerei aus dem Grab eines Beamten)*

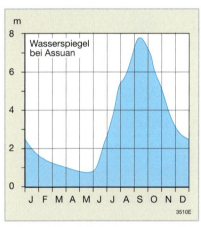

M4 *Der damalige Wasserstand des Nils im Verlauf des Jahres (gemessen bei Assuan)*

M6 *Im alten Ägypten teilte man das Jahr in drei Jahreszeiten ein.*

M8 *Ein Nilbauer bewässert sein Feld mit einem Schaduf. (Malerei, etwa 4000 Jahre alt)*

Heil Dir, o Nil, der Du der Erde entspringst und nach Ägypten kommst, um es am Leben zu erhalten. Wenn Dein Wasser über die Ufer tritt, wird Dir geopfert, und große Geschenke werden Dir dargebracht.
Grün bist Du, der Du es möglich machst, dass Mensch und Tier leben.
(In: Adolf Ermann: Die Literatur der Ägypter. Leipzig 1923, S. 193f)

M5 *Ein Loblied auf den Nil*

INTERNET
Informationen über das alte Ägypten:
www.selket.de

❶ Stelle in einer Tabelle die Vorteile des Flusses den Gefahren für die Menschen gegenüber.

❷ Für die alten Ägypter blieb die Nilschwelle immer ein göttliches Geheimnis. Informiere dich, warum es zur Nilschwelle kam und berichte (Internet: Nilschwelle, Nilquellen).

❸ Beschreibe mithilfe von M6 die drei Jahreszeiten in Ägypten.

❹ Begründe, warum der Nil verehrt wurde (M5).

❺ Suche im Internet Informationen zum Gott Hapi und gestalte ein Plakat.

Leben in der Wüste

Grundwissen/Übung

M1 *Schrägluftbild des Assuan-Staudamms*

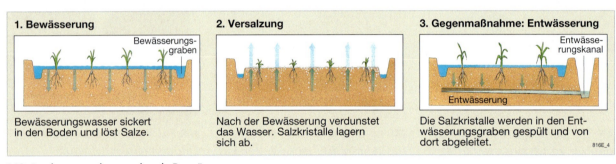

M2 *Bodenversalzung durch Bewässerung*

Ein Dammbau bändigt den Nil

Wir wissen, wie lebenswichtig das Wasser des Nils für die Menschen im Wüstenstaat Ägypten war und auch heute ist.

Früher sorgte die Nilschwelle (siehe S. 101, M7) für eine Bewässerung der Felder. Allerdings konnte zu starkes Hochwasser auch die Siedlungen am Flussufer zerstören, und Niedrigwasser führte zu Hungersnöten.

Deshalb hat die ägyptische Regierung mit ausländischer Hilfe bereits 1960 einen riesigen Staudamm bauen lassen.

Der Damm im Nil liegt südlich von Assuan. Er hat einen See geschaffen, der fast zehnmal so groß wie der Bodensee ist. In diesem Stausee wird das Nilhochwasser zurückgehalten. Es gibt keine Überschwemmungen mehr. Die Felder können ständig bewässert werden.

Dadurch wurden über 5 000 km² Wüste in Ackerland umgewandelt. Die Ernte-Erträge stiegen. Allerdings kann es bei fehlender Entwässerung zur Bodenversalzung kommen (M2).

INFO

Der Assuan-Staudamm („Sadd el-Ali") in Zahlen:
Bauzeit: elf Jahre (1960–1971)
Dammhöhe: 111 m
Dammlänge: etwa 5 km
Stauseelänge: etwa 550 km

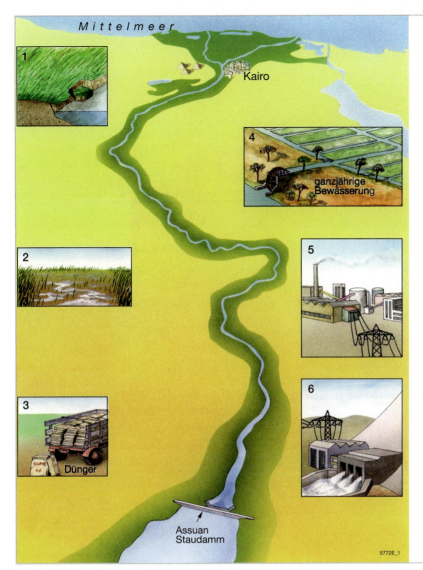

a) Erosion (Landabtragung) an der Mündung:
An einigen Stellen der weitverzweigten Nil-Mündung dringt das Meer 30 m pro Jahr ins Land vor. Ein Küstenschutzprogramm mit dem Bau von Betonwällen soll die bedrohten Bereiche sichern.

b) Bewässerung:
Das ganze Jahr über ist eine Bewässerung mit Nilwasser möglich. Als Folge ergeben sich mehrere Ernten pro Jahr. Dies führt zu einer Erhöhung der landwirtschaftlichen Erträge.

c) Einsatz von Handelsdünger:
In zehn Jahren verdoppelte sich mangels Nilschlamm der Düngerverbrauch. Jährlich werden heute mehr als 2 Mio. Tonnen Handelsdünger eingesetzt.

d) Versalzung der Böden:
Ständig sind die Äcker durch Versalzung gefährdet. Wenn die Bewässerung nicht sachgerecht durchgeführt wird, wird der Boden unbrauchbar.

e) Industrieansiedlung:
Neue Betriebe siedelten sich um Assuan an: ein großes Handelsdüngerwerk, ein Stahlwerk, eine Aluminiumfabrik und viele Kleinbetriebe im Gebiet.

f) Stromerzeugung:
Neue Kraftwerke erzeugen rund 8 Mrd. Kilowattstunden pro Jahr; das entspricht ungefähr einem Viertel des landesweiten Elektrizitätsverbrauchs.

M3 *Folgen des Assuan-Staudamms*

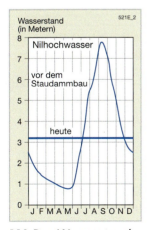

M4 *Der Wasserstand des Nils (bei Luxor)*

❶ Ordne in M3 die Texte a) bis f) den Bildern 1 bis 6 zu.

❷ a) Stelle in einer Tabelle die Vor- und die Nachteile des Assuan-Staudamms gegenüber.
b) Organisiert eine Diskussionsrunde (Talkshow) zum Staudammbau.

❸ Erkläre, wie es zur Bodenversalzung kommt (M2).

❹ Ein Wissenschaftler schlug vor, den Assuan-Damm wieder abzutragen. Beurteile diesen Vorschlag.

INTERNET
Informationen zum Assuan-Staudamm:
www.planet-wissen.de

Grundwissen / Übung

Wir erkunden ein Land: Ägypten heute

Natur: Berge, Täler, Gewässer, Klima, Boden sowie Pflanzen- und Tierwelt

Wirtschaft: Landwirtschaft, Bergbau, Industrie, Dienstleistungen (z. B. Tourismus)

Bevölkerung: Bevölkerungsverteilung, Städte, Dörfer, Lebensverhältnisse (z. B. Einkommen, Analphabeten)

M1 *Viele Merkmale prägen ein Land oder einen Raum*

Fremde Länder kennenlernen: Beispiel Ägypten

Wenn ihr ein Land kennenlernen wollt, erstellt ihr einen Ländersteckbrief. Das heißt, ihr untersucht das Land nach bestimmten Merkmalen, wie sie in M1 aufgeführt sind. Vorher fertigt ihr eine kleine Erstinformation an, zum Beispiel mit Stichworten zur Lage, den Nachbarländern, der Größe und der Einwohnerzahl.

Ein Tipp zur Erweiterung: Wenn ihr den Ländersteckbrief erstellt habt, könnt ihr noch ein bis zwei spezielle Themen erarbeiten, zum Beispiel zum Tourismus, über die Stadt Kairo, über das Leben der Menschen oder über den Baumwollanbau und die Verarbeitung von Baumwolle.

So erstellt ihr einen Ländersteckbrief

Materialbeschaffung
Sammelt Texte, beispielsweise aktuelle Zeitungsartikel, und sucht schöne Bilder. Nutzt möglichst viele Informationsquellen. Die Informationsbeschaffung kann lange dauern, fangt deshalb frühzeitig an.

Materialauswertung
Sortiert das Material nach Themen.
Schreibt die Informationen geordnet wie in M1 heraus.
Fertigt mithilfe des Atlas eine einfache Karte an und tragt wichtige Städte, Flüsse, Bodenschätze usw. ein.

Präsentation der Ergebnisse
Ihr könnt eure Ergebnisse zum Beispiel als Wandzeitung oder in einem Schnellhefter präsentieren.
Achtet darauf, dass das Typische des Landes klar und anschaulich dargestellt wird. Dabei helfen Fotos und eine farbliche Gestaltung der Präsentation.

- Atlas
- Der Fischer Weltalmanach
- Reiseführer
- Tages- und Wochenzeitungen
- Literatur aus Büchereien
- Zeitschriften, z. B. GEO und Merian
- Reisekataloge
- Internet-Informationen (z. B. www.auswaertiges-amt.de; „Länder")

◁ **M2** *Informationsquellen*

Grundwissen

Verkehr: Verkehrswege und Verkehrseinrichtungen

Kultur: Bauweise, Religion, Kleidung, überlieferte Traditionen

Politik: Aufbau des Staates, Mitbestimmung der Bevölkerung

M3 *Fotos von Ägypten*

Literatur-Tipps für einen Ländersteckbrief über Ägypten

Walter M. Weiss: Faszination Erde – Ägypten. München 2008 (Ein Bildband, der das alte Ägypten zeigt und das heutige Land vorstellt)

Andrew Humphreys: National Geographic Traveler – Ägypten. Hamburg 2006 (Ein Reiseführer, der die Schätze des alten Ägypten erklärt und viele Informationen über das Ägypten von heute bietet)

Karim El-Gawhary: Alltag auf arabisch. Wien 2008 (Alltagsgeschichten von Menschen aus der arabischen Welt. Sie gewähren Einblicke in die uns fremde Lebensart.)

Dörte Jödicke, Karin Werner: Kulturschock Ägypten. Bielefeld 2009 (Das Buch hilft, die Kultur Ägyptens zu verstehen: Wie funktioniert das alltägliche Leben? Welches Mitbringsel erfreut einen Gastgeber? Wie verhalte ich mich als Frau?)

Brahim Lagunaoui, Christine Gohary, Magdi Gohary: Arabisch kochen. Gerichte und ihre Geschichte. Göttingen 1998 (Ein Kochbuch mit Rezepten aus dem arabischen Raum, die leicht nachzukochen sind; ergänzt durch Geschichten über die Esskultur)

INTERNET

www.helles-koepfchen.de
Eingeben bei Suchen: „Ägypten heute" (Anführungszeichen nicht vergessen!). Hier erhält man zu den Merkmalen, die Ägypten prägen, viele Informationen.

www.kairofamiliennetz.de
Der Link berichtet über Familien in Kairo. Auch Urlauber, die nach Kairo fahren, finden hier wertvolle Tipps für Jung und Alt.

Grundwissen / Übung

Das Altertum – Griechen, Römer und Germanen

Dieses Kastell in der Nähe von Wetzlar war ein wichtiger Handelsplatz. Die Germanen lernten hier römischen Luxus kennen. Besonders eindrucksvoll war ein goldenes Reiterstandbild des Kaisers Augustus.
(Heutige Zeichnung von Gerry Embleton)

Griechische Stadtstaaten

Griechische Stadtstaaten = Poleis

Das griechische Festland ist von über 2 500 m hohen Gebirgen durchzogen. Die Menschen wohnten daher vor allem an der Küste oder auf den griechischen Inseln. Das Meer und das Gebirge bildeten natürliche Grenzen zu den Nachbarn. Im antiken Griechenland entwickelte sich kein einheitlicher Staat wie in Ägypten. Einzelne Städte und ihr Umland bildeten jeweils einen selbstständigen Stadtstaat; griechisch: **Polis**.

Die frühen Siedlungen entstanden auf Hügeln, wenn möglich mit steilen Hängen. Dort wurde aus Gründen der Verteidigung eine Burg gebaut, Akropolis genannt. Die heute bekannteste Akropolis ist die der Polis Athen.

Die einzelnen Poleis lagen teilweise weit voneinander entfernt. Dennoch herrschte unter den meisten Griechen ein Gemeinschaftsgefühl. Das lag zum einen an der gemeinsamen Sprache und Schrift. Die Menschen konnten sich trotz ihrer verschiedenen Herkunftsorte gut miteinander verständigen. Zum anderen verehrten sie die gleichen Götter; ihr Göttervater hieß Zeus. Schließlich gab es gemeinsame Feste wie die sportlichen Wettkämpfe in Olympia.

INFO

Polis (Plural: **Poleis**)

Als Polis bezeichnet man einen selbstständigen griechischen Stadtstaat in der Antike. Jede Polis hatte eine eigene Regierung und eigene Gesetze. Um 500 v. Chr. gab es etwa 700 Poleis. Die Begriffe Politik und Polizei stammen von dem Wort Polis ab.

Die Polis Athen

Die größte griechische Polis war Athen. Sie umfasste die Halbinsel Attika und die Insel Salamis. In dieser Polis lebten im 5. Jh. v. Chr. etwa 380 000 Menschen.

Mit ihrer Flotte konnten die Athener im Jahr 470 v. Chr. einen Angriff der Perser bei der Insel Salamis zurückschlagen. Seit der Schlacht bei Salamis übten die Athener eine Vorherrschaft gegenüber anderen griechischen Poleis aus. Diese mussten den Athenern für den Schutz gegen die Perser oder andere Angreifer eine Schutzsteuer bezahlen.

Von 431–404 v. Chr. führten die Poleis Athen und Sparta gegeneinander Krieg. Athen unterlag Sparta und verlor dadurch seine Vorherrschaft gegenüber den anderen Poleis.

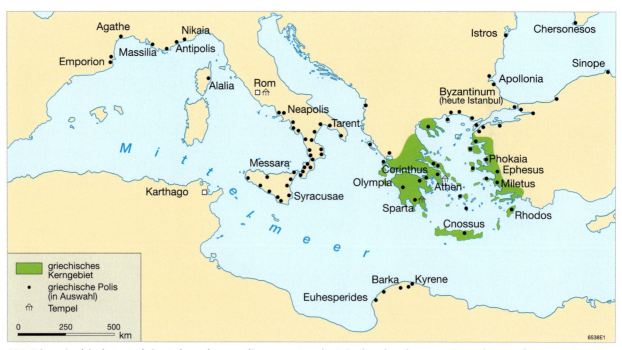

M1 *Die griechischen Poleis: Athen, heute die Hauptstadt Griechenlands, war einer der größten Stadtstaaten im Altertum. Die griechischen Poleis am Mittelmeer saßen „wie Frösche um den Teich". (Sokrates)*

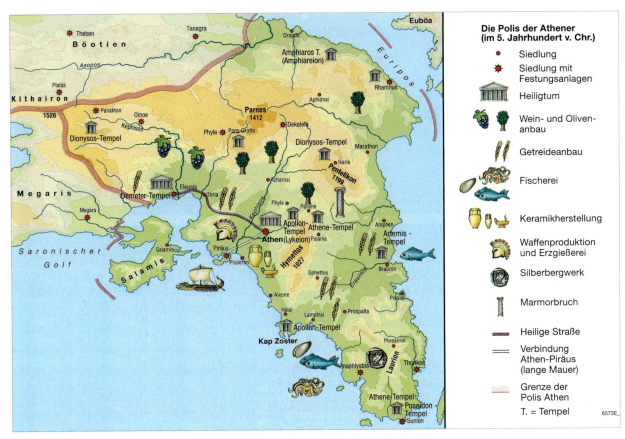

M2 *Die Polis Athen*

M3 *Griechische Kämpfer (Vasenbild, um 600 v. Chr.)*

Den Griechen war der Krieg heilig. Sie glaubten, ihre Götter verfolgen ihn mit Anteilnahme. Zog sich der Feind zurück, so unternahm die siegreiche Armee alles, um ihm keine Überlebenschance zu lassen. Die Felder wurden verwüstet, die Ernten vernichtet und die Obstbäume gefällt. Gelang es, die Stadt einzunehmen, wurde sie in Brand gesteckt und die Bevölkerung, einschließlich der Frauen und Kinder, umgebracht oder zu Sklaven gemacht.

M4 *Die Bedeutung des Krieges im antiken Griechenland*

❶ a) Beschreibe die Landschaft Griechenlands (Atlas, Karte: Südosteuropa/Türkei – physisch).
b) Stelle dar, welche Bedeutung sie für die Entstehung der Poleis hatte.

❷ Benenne, was die Einwohner der verschiedenen griechischen Poleis miteinander verband.

❸ Liste auf, welche landwirtschaftlichen Produkte in der Polis Athen angebaut wurden (M2).

❹ Die Bewohner der Poleis verehrten ihre Götter in Tempeln.
a) Suche Tempel in M2. Sie sind nach einzelnen Göttern benannt. Schreibe die Namen der Götter heraus.

b) Suche dir drei Götter aus und berichte (Internet).

❺ Die Polis Sparta galt als besonders kriegerisch. Begründe mithilfe von Informationen, die du im Internet findest

Grundwissen/Übung

M1 *Handelsbeziehungen der Athener. Athen führte die Erzeugnisse der Handwerker in andere Länder aus und erzielte hohe Gewinne. Dadurch wurde die Polis Athen reich und mächtig.*

Leben in der Polis

Athen – Handelszentrum am Mittelmeer

Die Bauern der Polis Athen bauten vor allem Getreide, Wein und Oliven an. Die Ernten reichten jedoch nicht aus, um alle 380 000 Menschen zu ernähren. Getreide und andere lebenswichtige Güter mussten eingeführt werden.

In Athen gab es selbstständige Handwerker. Sie stellten zum Beispiel Töpfe, Becher und Schwerter her. Dann verkauften sie ihre Waren auf dem Markt, Agora genannt, oder an Großhändler. Diese handelten damit im ganzen Mittelmeerraum. Einige von ihnen wurden dabei sehr reich, denn sie konnten hohe Gewinne erzielen.

Viele Bürger in Athen aber waren arm. Sie arbeiteten als Tagelöhner, je nachdem, wo es gerade etwas zu tun gab. Sie waren als Lastenträger im Hafen, als Hilfsarbeiter beim Bau oder als Ruderer auf den Schiffen beschäftigt.

Menschen als Besitz

Die Mehrheit der Bevölkerung in Athen bestand aus Sklavinnen und Sklaven. Ihre Kinder wurden wieder als Sklaven geboren.

Sklaven waren Kriegsgefangene oder wurden gekauft und weiterverkauft. Zum Beispiel verkauften die Ägypter Sklaven in die griechischen Poleis. Zu den meisten Haushalten in Athen gehörten ein oder zwei Sklaven. Sklaven waren von ihren Besitzern vollkommen abhängig.

Die Lage der Haussklaven war noch verhältnismäßig günstig. Schlimmer lebten die Sklaven, die in den Silberminen südöstlich von Athen arbeiten mussten (siehe S. 109, M2). Das Gestein wurde mit einem Hammer aus dem Fels geschlagen und in einer Steinmühle gemahlen. Viele Sklaven erlitten schwere Unfälle oder starben.

M2 *Sklaven mahlen das im Bergbau gewonnene silberhaltige Gestein*

Theoretisch besaßen Sklaven überhaupt keine Rechte: Sie waren Besitz ihres Herren, der über sie frei verfügen konnte, so wie es ihm gefiel. In der Praxis waren Sklaven in Athen im gewissen Maß doch durch das Gesetz geschützt: Man konnte einen Sklaven nicht ungestraft misshandeln oder töten. Der Mord an einem Sklaven wurde mit unbeabsichtigtem Totschlag gleichgesetzt.

(Nach: Michel Austin und Pierre Vidal-Naquet: Gesellschaft und Wirtschaft im alten Griechenland. München 1984, Seite 82/83)

M3 *Die Sklaven*

M4 *Marktplatz (Agora) von Athen (Zeichnung nach heutiger Vorstellung)*

Die Natur hat die Körper der Sklaven und der Freien verschieden gestaltet: die einen kräftig für die schwere Handarbeit, die anderen aufgerichtet und ungeeignet für derartige Arbeiten, doch brauchbar für das politische Leben. Es gibt also von Natur aus Sklaven und Freie.
(Aristoteles (5. Jh. v. Chr.) über die Sklaven).

M5 Quelle 1

Wie viel besser ist es doch, einen anständigen Herrn zu bekommen, als niedrig und schlecht als freier Mann zu leben.
(Philemon [um 360 v. Chr.] über die Sklaverei)

M6 Quelle 2

Rindsleder und Arzneisaft holen wir aus Kyrene, Makrelen und Salzfische besorgen wir uns vom Hellespont, ebenso Rippenstücke vom Rind und Gerste. Aus Syrakus bekommen wir Schweine und Käse, aus der Gegend um Naukratis Taue, Segel und Papyrus. Den Weihrauch beziehen wir aus Syrien, Zypressenholz von der Insel Kreta.
Kyrene verkauft uns Feigen, Rhodos Rosinen und Feigen. Birnen und Äpfel kommen aus Euböa und die Sklaven holen wir aus Phrygien. Paphlagonien führt Mandeln aus, Cypern Datteln und feinstes Mehl. Karthago schickt uns Teppiche und bunte Kissen.
(Nach: Hermippos aus Smyma. In: Geschichte in Quellen. München 1975, S. 192)

M8 Quelle 3

◁ **M7** *Bergwerkssklave (oben) und Hausklave (unten) (Malereien auf Schalen, 5. Jh. v. Chr.)*

❶ Beschreibe, was die Menschen auf dem Marktplatz in Athen taten (M4).

❷ Ein Bürger Athens lässt für ein Gastmahl Makrelen, Schweinefleisch, Feigen, Mandeln und Datteln einkaufen. Trage in eine Liste die Herkunft dieser Delikatessen ein (M1, M8).

❸ a) In der Antike konnte ein Mensch einem anderen gehören, so wie ein Hund oder ein Buch. Nimm dazu Stellung.
b) Beschreibe die Situation der Sklaven in den griechischen Poleis (Text, M3, M7).

❹ Erörtere die Aussagen der Griechen (M5, M6).

Grundwissen / Übung

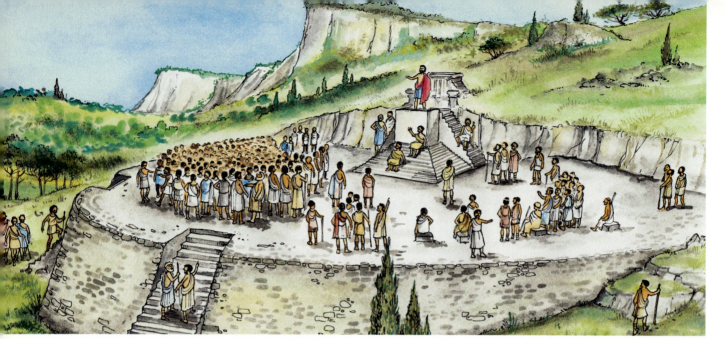

M1 *So könnte die Volksversammlung in Athen stattgefunden haben*

Die Demokratie der Athener

Anfänge der Demokratie

Bis zum 7. Jh. v. Chr. herrschten Könige in Athen. Dann schafften Adelige wie in anderen Poleis den König ab und regierten selbst. Schließlich übernahmen im 5. Jh. v. Chr. die Bürger die Macht. Ihre Herrschaftsform nannten sie **Demokratie** (Volksherrschaft). Auch unsere heutige Staatsform stammt von der in Athen entstandenen Demokratie ab.

Mittelpunkt des Staates war die **Volksversammlung**. Jeder männliche freie Bürger über 18 Jahre durfte an der Volksversammlung teilnehmen und hatte das gleiche Stimmrecht. Nicht teilnehmen durften Frauen, Einwanderer und Sklavinnen und Sklaven.

Die Volksversammlung entschied über alles, was in Athen wichtig war, auch über Krieg und Frieden und die Ausgaben des Staates. Jeder Bürger konnte Regierungsmitglied, Beamter, Richter oder Feldherr werden. Die Regierung setzte die Beschlüsse der Volksversammlung um. Die Männer für alle wichtigen Ämter wurden ausgelost oder gewählt. Die Volksversammlung konnte einen unzuverlässigen oder bestechlichen Staatsmann absetzen oder aus der Polis verbannen; dies machte das **Scherbengericht**.

M2 *Büste des Perikles*

Auf dem Versammlungshügel treffen nach und nach Tausende von Männern ein. Ob Perikles sich in dieser Volksversammlung wieder durchsetzen wird? Er ist einer der berühmtesten Politiker Athens und einer der zehn militärischen Führer. Er will, dass ein von Feinden zerstörter Tempel mit Staatsgeldern wieder aufgebaut wird.

Plötzlich verstummen die Gespräche. Alle blicken zur Rednertribüne. Der Vorsitzende eröffnet die Versammlung. Sklaven mit rot eingeschmierten Seilen werden ausgeschickt, um Nachzügler herbeizutreiben. Wer einen roten Fleck auf der Kleidung hat, muss eine Strafe zahlen. Der Vorsitzende gibt Perikles das Wort. Dieser setzt den Myrtenkranz der Redner auf. Dann spricht er zur Versammlung. Doch so leicht sind die Männer nicht zu überzeugen. Eine Gruppe hat einen besonders begabten Redner bezahlt, der jetzt gegen Perikles spricht. Eine hitzige Redeschlacht entwickelt sich. Jeder Redner hat nur eine bestimmte Redezeit. Sie wird mit einer Wasseruhr kontrolliert. Schließlich ruft der Vorsitzende zur Abstimmung auf. Jeder Bürger wirft einen roten oder schwarzen Stein in eine Urne. Mit diesen Stimmsteinen wählen die Männer, wenn es auf jede Stimme ankommt. Normalerweise hebt man bei Abstimmungen nur den Arm, wenn man für eine Sache ist. Dann wird die Zahl der erhobenen Arme geschätzt.

M3 *Die Mehrheit entscheidet*

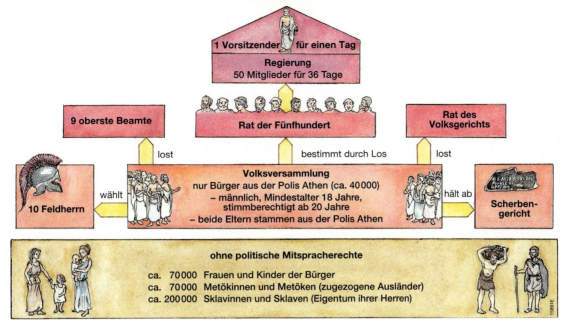

M4 *Mitbestimmung der Bürger in Athen im 5. Jh. v. Chr.*

Etwa 40 000 Bürger, die für Athen Kriegsdienst leisteten (freie Männer über 20 Jahre).

Etwa 70 000 Frauen und Kinder, Bürgerinnen und Bürger ohne politische Rechte.

Etwa 70 000 Metökinnen und Metöken (Einwanderinnen und Einwanderer) ohne Bürgerrecht. Von Metöken wurde kein Kriegsdienst erwartet, weil sie ihrer Heimatpolis verpflichtet waren.

Etwa 200 000 Sklavinnen und Sklaven
- vom Staat z. B. als Bergarbeiterinnen und Bergarbeiter eingesetzt
- von Bürgerinnen und Bürgern zu zahlreichen Arbeiten herangezogen (z. B. im Haushalt)

M5 *Bevölkerung Athens im 5. Jh. v. Chr.*

M6 *Tonscherbe mit dem Namen des griechischen Feldherrn und Politikers Themistokles (5. Jh. v. Chr.)*

Das von der Volksversammlung abgehaltene Scherbengericht verbannte auch schlechte Politiker für zehn Jahre, wenn mindestens 6000 Tonscherben mit dem Namen des Politikers abgegeben wurden.

M7 *Scherbengericht*

Unsere Staatsform heißt Demokratie, weil bei uns nicht einer bestimmt, sondern die Mehrheit des Volkes entscheidet. Bei uns nennt man jemanden, der nicht an der Volksversammlung teilnimmt, nicht untätig, sondern unnütz.

(Nach: Thukydides (5. Jh. v. Chr.): Geschichte des Peloponnesischen Krieges. Übersetzt von Georg Peter Landmann. Darmstadt 1993, S. 164).

M8 *Gedenkrede des Perikles*

1 a) Erläutere den Begriff Demokratie.
b) Nenne Unterschiede zur Herrschaft des Königs und des Adels.

2 Spielt den Ablauf einer Volksversammlung in der Klasse nach.

3 Begründe, warum Perikles einen männlichen Athener, der nicht an einer Volksversammlung teilnimmt, als unnütz bezeichnet (Quelle).

4 Stelle die Bedeutung des Scherbengerichts dar (Text, M6, M7).

5 a) Zeichne auf Kästchenpapier ein Schaubild zur Bevölkerung Athens (M5). Links zeichnest du die Gruppen, die politisches Stimmrecht hatten, rechts diejenigen ohne Stimmrecht. Ein Kästchen soll 10 000 Personen entsprechen.
b) Nimm Stellung zu dieser Verteilung.

6 Erläutere den Zusammenhang zwischen den Begriffen Polis und Politik.

Grundwissen / Übung

Sparta – jeder Bürger ein Krieger

M1 *Das Gebiet der Polis Sparta. Die Spartiaten wanderten aus nordwestgriechischen Gebieten ein und eroberten zuerst das Tal entlang des Flusses Eurotas. Sie gründeten um 900 v. Chr. die Polis Sparta aus fünf kleinen Dörfern.*

Polis der Krieger

Unter den Stadtstaaten im antiken Griechenland spielte Sparta eine besondere Rolle. Es war ein Kriegerstaat.

Im 10. Jh. v. Chr. wanderten die Spartiaten auf die Halbinsel Peleponnes ein. Die Menschen, die dort gelebt hatten, wurden versklavt. Sie mussten die Hälfte ihrer Ernte abliefern und durften keine Waffen besitzen. Die Spartiaten sicherten so ihre Nahrung.

Die Spartiaten konnten Waffen kaufen und dem Kriegsdienst nachgehen. In jedem Jahr erklärten sie ihren Sklaven den Krieg und es war erlaubt, die Sklaven zu töten. Die Spartiaten lebten im dauernden Kriegszustand: Die Männer blieben auch nach der Eroberung des gesamten Staatsgebietes von Sparta im Heeresverband zusammen, da sie nur so die großen unterworfenen Gebiete beherrschen konnten.

Die Frauen durften nicht kämpfen und hatten keine politischen Rechte. Sie waren für das Gebären der Kinder zuständig.

> Die Körper der Mädchen sollten durch Laufen, Ringen, Diskus- und Speerwerfen gekräftigt werden, damit die Zeugung der Kinder in kräftigen Körpern erfolgte. Weiblichkeit, Verzärtelung und alles weibische Wesen wurden verbannt.
>
> Mädchen und Jungen wurden daran gewöhnt, bei Festen zu tanzen und zu singen.
>
> (Nach: Plutarch, Lykurg 14)

M2 *Erziehung der Mädchen*

M3 *Die Spartiaten kämpften nicht als Einzelkämpfer, sondern in einer Reihe schwerbewaffneter Krieger*

M4 *In der Polis Athen verwendete Puppe aus Ton (5. Jh. v. Chr.). Anders als die Kinder in Sparta hatten die Athener Kinder Spielzeug. Die Jungen in Athen wurden besonders geschult:*
„Der Knabe ist am schwersten zu behandeln, denn er besitzt die Quelle des Denkens, die noch nicht in die richtige Bahn gelenkt ist. Später braucht er Lehrer, die ihn in allen Fächern unterrichten."
(Nach: Platon: Gesetze. Zitiert nach R. Rilinger: Lust an der Geschichte – Leben im antiken Griechenland, S. 88)

In Sparta versammelten sich alle Männer über 20 Jahre, die Krieger. Sie wählten aus ihren Reihen 28 Männer über 60 Jahre auf Lebenszeit. Das war der „Rat der Alten". Ihm gehörten auch die beiden Könige Spartas an. Sie waren die Heerführer und erbten dieses Amt.
Jedes Jahr wählten die Krieger auf einer Versammlung fünf Aufseher, die die Regierung bildeten und polizeiliche Aufgaben hatten. Die Versammlung der Krieger entschied auf Vorschlag der Aufseher darüber, ob man in den Krieg zog oder nicht. Die größte Macht im Staat hatten die Aufseher. Der Rat der Alten konnte nur beraten.
Für die Spartiaten war das eigene Leben unbedeutend. Sie lebten nur für ihre Polis und damit für den Kriegsdienst. Deshalb wurden die Kinder auch nicht bei den Familien zur Erziehung gelassen, sondern ab dem siebten Lebensjahr gemeinschaftlich erzogen: die Jungen in der Männergemeinschaft der „Gleichen" (so nannten sie sich) und die Mädchen von den Frauen.

M5 *Die Krieger entscheiden*

Lesen und Schreiben lernten die Jungen nur so viel, wie sie brauchten. Die ganze Erziehung war darauf ausgerichtet, dass die Jungen pünktlich waren, gehorchten, Strapazen ertragen und im Kampf siegen konnten. Daher wurde bei fortschreitendem Alter das Training verschärft.
Sie wurden geschoren bis auf die Haut, mussten barfuß gehen und die Übungen in der Regel nackt abhalten. Sobald sie zwölf Jahre alt waren, gingen sie stets ohne Unterkleidung, bekamen nur einen Mantel aufs Jahr, waren am ganzen Körper schmutzbedeckt und durften weder baden noch sich salben, bis auf wenige Tage im Jahr. Sie schliefen zusammen in Gruppen auf Streu, das sie sich selbst zusammentrugen, indem sie die Spitzen des im Fluss Eurotas wachsenden Schilfs mit bloßen Händen und ohne Messer abbrachen.
(Nach: Plutarch, Lykurg 16f)

M6 *Erziehung der Jungen in Sparta*

M7 *Krieger Spartas*

❶ Beschreibe die Lage und die Entstehung der Polis Sparta (M1).

❷ Erläutere die Ausrüstung eines Kriegers (M7).

❸ Versetze dich in die Rolle eines Mädchens oder Jungen aus Sparta und schildere ihren Alltag in Sparta aus dieser Sicht (M2, M6).

❹ a) Vergleiche die Erziehung der Jungen in Sparta und in Athen (M4, M6).
b) Erläutere Gründe für die unterschiedliche Erziehung.

❺ a) Beschreibe, wie die Spartiaten kämpften (M3).
b) Benenne die Vorteile, die sie darin sahen.

❻ Es gibt heutzutage den Ausdruck „spartanisch leben". Erläutere, was damit gesagt werden soll (M6).

❼ Stell dir vor, du könntest einen Brief auf eine Zeitreise schicken, indem du einem 13-jährigen Spartiaten die Erziehung von heute schilderst. Schreibe auch, was du dir an Verbesserungen vorstellen könntest.

Grundwissen/Übung

M1 *Olympische Spiele (Vasenbild, um 525 v. Chr.)*

M3 *Olympische Spiele (Vasenbild, um 560 v. Chr.)*

Die Olympischen Spiele

Über 192 Meter bis zum Olympiasieg

768 v. Chr.: Hitze liegt über Olympia. Auf den Straßen und Plätzen zwischen dem Zeustempel und dem Stadion drängen sich die Besucher aus ganz Griechenland. Die Wettbewerbe der 12- bis 18-jährigen Knaben im Laufen, Faustkämpfen und Ringen sind beendet. Heute, am dritten Tag des Festes, sind alle gespannt auf den ersten Wettkampf der Männer: den Lauf über ein Stadion (= 192 m).

Endlich ist es soweit. Trompetenklänge verkünden den Einzug der Athleten. Die Besucher aus Korinth springen auf. Sie haben ihren Läufer entdeckt und jubeln ihm zu. Leonidas genießt den Applaus. Auf diesen Tag hat er sich zehn Monate lang vorbereitet: mit hartem Training und einer strengen Diät. Gleich wird sich zeigen, ob er die Konkurrenten schlagen kann: Androkles von der Insel Samos, Ephialtes aus Theben, Milon aus Rhodos und Archidamos, den schnellen Mann aus Neapolis. Geduckt und nackt, mit den bloßen Füßen in die Rillen am Boden gestemmt, wartet er auf das Startsignal.

Griechische Wettkämpfe

Obwohl die Menschen in Griechenland in vielen Poleis verstreut lebten, waren sie durch eine gemeinsame Sprache, die Religion, aber auch durch Spiele und Feste miteinander verbunden. Menschen aus der ganzen griechischen Welt strömten nach Delphi, Korinth oder in andere Orte, um sportliche oder künstlerische Wettkämpfe zu sehen oder daran teilzunehmen.

Am bedeutendsten waren die Olympischen Spiele, die alle vier Jahre in Olympia stattfanden. Seit 776 v. Chr. wurden die Sieger festgehalten. An den Wettkämpfen durften nur Jungen und Männer der griechischen Poleis teilnehmen. Frauen hatten gesonderte Wettläufe in Olympia.

Während der Spiele durften in Griechenland keine Kriege geführt werden. Denn so konnten die besten Kämpfer an den Spielen teilnehmen.

Die Olympischen Spiele wurden zu Ehren des Göttervaters Zeus abgehalten. Die Spiele dauerten jeweils fünf Tage.

M2 *Olympische Spiele (Vasenbild, um 570 v. Chr)*

In Olympia gab es für Frauen gesonderte Wettkämpfe. Sie wurden alle vier Jahre zu Ehren der Göttin Hera, der Gemahlin des Zeus, durchgeführt. Diese Wettkämpfe bestanden jedoch nur in einer einzigen Sportart, dem Wettlauf. Er wurde für drei Altersklassen durchgeführt: Zuerst kamen die jüngsten, dann die mittleren und schließlich die älteren Mädchen. Nach der Vorschrift liefen sie in einem hemdartigen Kleid, das bis zu den Knien reichte. Die Siegerinnen erhielten einen Zweig vom heiligen Ölbaum. Außerdem bekamen sie einen Teil von der Kuh, die zu Ehren der Göttin Hera geopfert wurde.
(Nach: Franz Mezö: Geschichte der Olympischen Spiele. München 1930, S. 148)

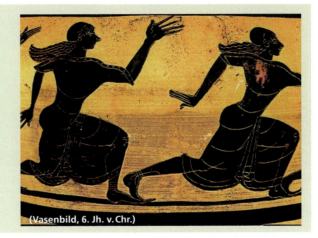
(Vasenbild, 6. Jh. v. Chr.)

M4 *Wettkämpfe der Frauen*

Das Fest begann am ersten Tag mit dem Eid der Teilnehmer vor dem Standbild des Zeus. Am gleichen Tag folgte der Wettkampf der Trompeter. Der zweite Tag war den Wettkämpfen der Jungen gewidmet. Erst am dritten Tag begannen die Männer vormittags mit dem Wagenrennen und dem Stadionlauf, am Nachmittag fand der Fünfkampf statt. Am Abend wurde auf dem Opferplatz ein schwarzer Widder geschlachtet.
Der vierte Tag bildete den Höhepunkt des Festes. Alle Teilnehmer, die Athleten wie die Zuschauer, zogen in feierlicher Prozession zum Zeus-Altar. Dort am Altar schlachteten die Gesandtschaften der Poleis viele Rinder, und alle Teilnehmer feierten danach einen großen Opferschmaus. Am fünften Tag fanden vormittags die Wettläufe im Stadion und nachmittags die Ring- und Faustkämpfe statt. Den Abschluss bildete die Ehrung der Sieger. Sie erhielten einen Kranz vom heiligen Ölbaum.

M5 *Der Ablauf der Spiele*

Stadionlauf (192 m)
Doppellauf (2 Stadionlängen)
Langlauf (3,8 km)
Waffenlauf (Lauf in Rüstung über 2 Stadionlängen)
Ringen (Ende des Kampfes nach dreimaligem Bodenkontakt eines Kämpfers)
Faustkampf (mit Lederriemen an den Händen; Ende bei Kampfunfähigkeit)
Pankration oder Allkampf (außer Beißen und Kratzen alles erlaubt; Ende nach Aufgabe oder Tod)
Fünfkampf (Diskuswerfen, Weitsprung aus dem Stand mit Schwunggewichten an den Händen, Speerwurf, Stadionlauf, Ringen)
Wagenrennen (vierspännig, später zweispännig)

M6 *Olympische Sportarten*

Nein, es liegt kein Sinn in diesem Brauch. Zu Unrecht bewertet man leibliche Kraft höher als Wissen und Weisheit. Denn sei im Volk ein Bürger tüchtig im Faustkampf, Ringen oder Fünfkampf, so wird doch die Ordnung des Staates dadurch nicht besser. Wenig Gewinn erwächst der heimischen Stadt.
(Nach: Dichter Xenophanes, 6./5. Jh. v. Chr.)

M7 *Kritik an den Spielen*

Den Spielen verdanken wir es, dass wir uns alle nach Beilegung der schwebenden Feindschaften an einem Ort zusammenfinden und den Göttern gemeinschaftliche Gebete und Opfer darbringen.
(Nach: Isokrates von Athen, 436–228 v. Chr.)

M8 *Lob über die Spiele*

INTERNET
Informationen zu den Olympischen Spielen:
www.br-online.de/kinder

❶ a) Berichte über den Ablauf der Olympischen Spiele (M5).
b) Ordne M1–M3 den Sportarten (M6) zu.

❷ a) Erkläre die Überschrift: „Über 192 Meter bis zum Sieg."
b) Bestimme in dem Text, welcher Läufer die kürzeste und welcher die längste Anreise nach Olympia hatte (Atlas, Karte: Südosteuropa/Türkei – physisch).

❸ Bewerte die Argumente, die für und gegen die Olympischen Spiele sprechen (M7, M8).

❹ Erläutere Gemeinsamkeiten und Unterschiede der Wettkämpfe der Männer und der Frauen.

Grundwissen/Übung

M1 *Braut und Bräutigam fahren zum Haus des Bräutigams (Vasenmalerei, 6. Jh. v. Chr.)*

Frauenleben im antiken Griechenland

Der Alltag der Frauen

Das Leben der Frauen im antiken Griechenland spielte sich vor allem im Haus ab. Hier mussten sie sich um die Erziehung der Kinder kümmern sowie kochen und den Haushalt führen. Ihr Ehemann oder – wenn sie nicht verheiratet waren – ihr Vater oder Bruder bestimmte über sie und vertrat sie vor Gericht: Die Männer hatten die Vormundschaft über die Frauen. Frauen nahmen nur gelegentlich am öffentlichen Leben teil, zum Beispiel bei Festen.

Frauen aus armen Familien mussten neben ihrer häuslichen Arbeit noch einer anderen Tätigkeit nachgehen, um Geld zu verdienen, zum Beispiel als Hebamme, Händlerin oder Textilarbeiterin.

Die Mutter betreute die Kinder bis zum sechsten oder siebten Lebensjahr. Danach gingen die Jungen in die Schule. Ihren Töchtern zeigte die Mutter alle Tätigkeiten, die sie später als Ehefrau und Mutter brauchten. Meistens heirateten die Mädchen mit etwa 15 Jahren. Kinder reicher Familien hatten auch Freizeit zum Spielen.

Lysias heiratet Agariste

Die Hochzeit der 13-jährigen Agariste und des 30-jährigen Lysias steht bevor. Der Hochzeitstag wird vorbereitet. Es wird Musik und Gesang, ein Festmahl und Opferungen geben.

Agariste erzählt am Abend vor der Hochzeit der ägyptischen Sklavin Leona, wie sie sich ihr Leben als Ehefrau in Athen vorstellt: „Ich werde in den Frauenräumen leben, zu denen Männer keinen Zutritt haben. Genauso wie bisher werde ich nur ganz selten und dann in Lysias Begleitung das Haus verlassen. Ich hoffe, dass mein Vater mit Lysias eine gute Wahl getroffen hat und er mich gut behandeln wird. Im Haus werde ich die Herrin sein über die Sklavinnen und Sklaven und dafür sorgen, dass der Haushalt funktioniert. Ach weißt du, wenn die Kinder erst da sind, werde ich mich vor allem um sie kümmern. Mit den Söhnen werde ich nicht viel Arbeit haben, denn sie werden bald von Lehrern erzogen und unterrichtet. Die Mädchen werden im Haus sein, bis sie etwa 15 Jahre alt sind."

Da beide Arten von Arbeit nötig sind, die draußen und die drinnen, schuf Gott die Natur des Weibes für die Arbeiten im Hause, die des Mannes für die Arbeiten außerhalb des Hauses.

Der Mann ist mehr dazu geschaffen, Kälte und Wärme, Märsche und Feldzüge zu ertragen. Der Körper der Frau ist weniger widerstandsfähig, deshalb ist sie besser für die Arbeiten im Hause geeignet. Da sie aber eher dazu befähigt ist, die kleinen Kinder aufzuziehen, gaben ihr die Götter die größere Liebe.

(Nach: Xenophon (5. Jh. v. Chr.). In: Ernst Bux (Hrsg): Die Sokratischen Schriften. Stuttgart 1956, S. 84)

M2 *Ein Schüler von Sokrates berichtet*

Nachdem ich mich entschlossen hatte zu heiraten und eine Frau in mein Haus geführt hatte, benahm ich mich gegen sie zuerst so, dass ich ihr weder etwas zuleide tat, noch ihr zu sehr freie Hand ließ, das zu tun, was sie wollte. Ich bewachte sie auch so viel wie möglich und hielt, wie es sich gehörte, mein Auge auf sie gerichtet. Nachdem ich ein Kind von ihr hatte, schenkte ich ihr mein Vertrauen. Ich überließ ihr alles, was ich hatte, in der Überzeugung, dieses sei das festeste Band der häuslichen Gemeinschaft.

(Nach: Sarah Pomeroy: Frauenleben im klassischen Altertum. Stuttgart 1985, S. 73)

M3 *Lysias berichtet*

◁ **M7** *Griechische Frauen stellen Garn und Stoffe her. (Vasenmalerei aus dem 5. Jh. v. Chr.)*

Freilich kann man zur Verwaltung des Hauswesens und zur Ermunterung in Leiden sowie zur Flucht vor dem Alleinsein eine Frau heiraten. Aber viel besser kann doch ein treuer Sklave die Verwaltung übernehmen. Er gehorcht dem Herrn und befolgt seine Anweisungen viel mehr als eine Frau, zumal diese sich umso mehr als Herrin gefällt, wenn sie etwas gegen den Willen des Mannes tut.

Bei einem sitzen, wenn man krank ist, können eher Freunde und Dienerinnen, die durch Wohltaten verpflichtet sind, als eine Frau, die uns die Schuld an ihren Tränen gibt. In der Hoffnung auf die Erbschaft verkauft sie ihren alten Kram und bringt durch das ständige Gerede über ihre Sorgen den leidenden Mann innerlich vollends zur Verzweiflung.

Falls aber sie selbst leidend wird, muss man mit ihr leiden und darf niemals von ihrem Bett weichen. Oder, wenn es eine gute und angenehme Frau sein sollte, was freilich ein seltener Fall ist, dann stöhnen wir mit der Gebärenden und quälen uns mit ihr, wenn sie in Gefahr ist.

(Nach: Theophrast (3. Jh. v. Chr.). In: Rolf Rilinger (Hrsg.): Leben im antiken Griechenland. München 1990, S. 195)

M4 *Vom Nutzen der Frauen*

Eine Hochzeit wurde in Athen mit einem dreitägigen Fest begangen. Zunächst brachte man den Göttern Opfergaben. Dann wurde es Sitte, dass sowohl die Braut als auch der Bräutigam reinigende Hochzeitsbäder nahmen. Am Tag danach fand ein üppiges Festmahl statt, wobei die Männer getrennt von den Frauen saßen. Höhepunkt war die Zuführung der Braut zur Familie des Mannes. In einem Festzug mit Fackeln und Flötenspielern wurde das Paar zum Haus des Bräutigams gebracht, wo es seine Mutter in Empfang nahm.

M8 *Hochzeitsfeierlichkeiten*

Zwar schimpfen jetzt Männer auf das Frauengeschlecht und setzen es schmählich herunter:
Wir seien, so lügt man, der Fluch der Welt und der Urquell allen Verderbens!
Wenn ein Fluch wir sind, warum heiratet ihr, warum, wenn wir wirklich ein Fluch sind?
Was verbietet ihr uns, auf die Straße zu gehen, ja, nur aus dem Fenster zu gucken?

(Rolf Rilinger [Hrsg.]: Leben im antiken Griechenland, München 1990, S. 222)

M9 *Eine Frau wehrt sich*

M5 *Mutter mit Kind*

(M5 und M6 sind Vasenmalereien aus dem 5. Jh. v. Chr.)

M6 *Wäscherin*

❶ Beschreibe mithilfe der Abbildungen, welche Tätigkeiten von Frauen ausgeübt wurden.

❷ Männer und Frauen hatten im antiken Griechenland unterschiedliche Aufgaben.
a) Beschreibe sie.
b) Nimm dazu Stellung.

❸ Beschreibe das Frauenbild im antiken Griechenland (M2 – M4, M9).

Das Altertum – Griechen, Römer und Germanen

Grundwissen/Übung

M1 *Das Römische Weltreich*

Die Römer

Rom wurde nicht an einem Tag erbaut

Rom ist heute die Hauptstadt von Italien. Vor 2800 Jahren entstand hier ein Bauerndorf. Es entwickelte sich allmählich zu der einflussreichen Stadt Rom. Sie wurde die Hauptstadt des Römischen Weltreiches.

Viele Jahrhunderte lang war sie die reichste, mächtigste und größte Stadt im Mittelmeerraum. Ihre Lage war sehr günstig, denn Schiffe konnten vom Mittelmeer auf dem Tiber bis hierher fahren. In der Mitte des Flusses lag eine kleine Insel. Deshalb konnte man den Fluss an dieser Stelle gut überqueren. Am Ufer ließen sich Händler, Bauern und Handwerker nieder, um ihre Waren anzubieten und selbst einzukaufen. Um 750 v. Chr. war Rom bereits eine größere Siedlung; um Christi Geburt lebten hier fast eine Million Menschen.

Die Römer bauten ihre Macht immer weiter aus. Auch im heutigen Deutschland eroberten sie Gebiete. Hier haben sie viele Spuren hinterlassen. Römische Münzen, Vasen oder Grabsteine sind in Museen ausgestellt.

Die Römer entwickelten eine Hochkultur. Sie erschufen prächtige Bauwerke und eine leistungsfähige Infrastruktur mit Straßen, Brücken und einer Frischwasserversorgung. Die Stadt Rom wurde durch elf **Aquädukte** mit Wasser versorgt.

Sprache der Römer war Latein. Lateinische Wörter wurden unter anderem ins Deutsche als Lehnwörter übernommen. Aus „strata" wurde zum Beispiel „Straße". Römische Zahlen werden auch noch heute verwendet.

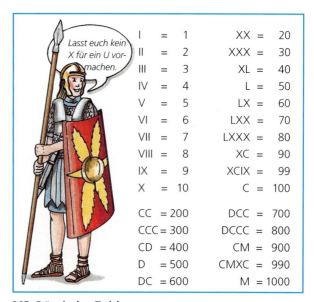

M2 *Römische Zahlen*

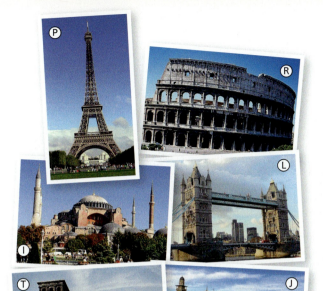

M3 *Städte, die es schon im Römischen Reich gab*

Westfälisches Römermuseum Haltern,
Weselerstr. 100
45721 Haltern
www.lwl-roemermuseum-haltern.de
Römisch-Germanisches Museum,
Roncalliplatz 4, 50667 Köln
www.museenkoeln.de

M5 *Museen mit Funden aus der Römerzeit*

INTERNET

Informationen zum Römischen Reich:
www.helles-koepfchen.de

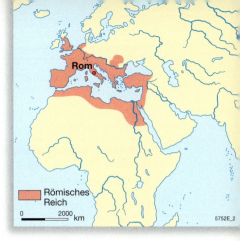

M6 *Ausdehnung des Römischen Reiches im 3. Jh. n. Chr.*

Der Kriegsgott Mars und die römische Königstochter Rhea Silvia bekamen die Zwillinge Romulus und Remus. Deren Onkel entführte die Säuglinge und setzte sie in einem Weidenkorb auf dem Fluss Tiber aus, um sie dadurch zu töten. Der machtsüchtige Onkel wollte selbst König werden. Der Korb trieb ans Ufer. Eine Wölfin rettete die Kinder und säugte sie. So fand sie ein Schafhirte; er und seine Frau kümmerten sich um die Kinder. Als junge Männer erfuhren Romulus und Remus von ihrer Herkunft. Sie besiegten ihren Onkel und erhielten so ihr rechtmäßiges Königreich. Am Ort ihrer Rettung aus dem Tiber wollten sie eine prächtige Stadt bauen. Die Frage, wer von ihnen beiden Herrscher der Stadt sein sollte, ließen sie durch Vogelflug entscheiden: Derjenige, der die meisten Adler in seinem Bereich des Himmels zählen konnte, sollte Sieger sein. Romulus konnte den Wettbewerb für sich entscheiden und zog eine Mauer um seine Stadt Roma. Remus verspottete seinen Bruder und sprang immer wieder über die noch niedrige Mauer. Zur Strafe tötete Romulus seinen Bruder und schrie: „So soll es jedem gehen, der die Mauer meiner Stadt übersteigt." Dies war im Jahr 753 v. Chr.

M4 *Die Sage von der Gründung Roms, an die die Römer glaubten*

❶ a) Ordne die Bilder in M3 den richtigen roten Punkten in M1 zu. (Tipp: Die Buchstaben in den Fotos sind die Anfangsbuchstaben der heutigen Städtenamen).
b) Bestimme die heutigen Staaten, in denen die Städte liegen.

❷ a) „753: Rom schlüpft aus dem Ei." Erläutere diesen Merksatz.
b) Ist er richtig? Begründe.

❸ Das Wahrzeichen Roms ist eine Wölfin. Erläutere (M4).

❹ Schreibe folgende Zahlen als römische Zahlen (M2):
1099, 1580, 1800, 1999.

❺ Erkläre die Bedeutung folgender Sprichwörter:
a) Rom wurde nicht an einem Tag erbaut.
b) Alle Wege führen nach Rom.
c) Lasst euch kein X für ein U (U = V) vormachen (M2).

❻ Ordne folgenden deutschen Wörtern die richtigen Lehnwörter zu:
klar – Medizin – Kiste – Mauer – Tisch – lang – Fenster – Körper – neu – Karren – Seeräuber – Schule – Scheibe – Familie – falsch – Keller
a) fenestra b) carrus
c) corpus d) cellarium
e) pirata f) tabula
g) novus h) discus
i) falsus j) familia
k) longus l) schola
m) medicina n) cista
o) clarus p) murus

Das Altertum – Griechen, Römer und Germanen

Grundwissen / Übung

M1 *Rom: vom Stadtstaat über die Land- und Seemacht zum Weltreich*

A Die Römer hörten nicht auf zu kämpfen. Sie drangen bis nach Germanien und Britannien vor. Sie wurden eine Weltmacht.

C Auf sieben Hügeln an einer seichten Stelle des Flusses Tiber siedelten sich Menschen an. Sie errichteten Häuser und wurden Bauern. Später zogen sie eine Steinmauer um die Siedlung.

B Die Römer lernten den Bau von Kriegsschiffen. Sie eroberten viele Gebiete rund ums Mittelmeer.

D Die Römer eroberten Gebiete im heutigen Italien. Schließlich beherrschten sie den ganzen „Stiefel". Sie unterwarfen auch Sizilien.

M2 *Aussagen über Rom zu verschiedenen Zeiten*

Das Römische Reich

Aufstieg und Fall des Römischen Reiches

Um 300 v. Chr. hatten die Römer einen großen Teil des heutigen Italiens erobert. Die besiegten Völker durften teilweise selbstständig bleiben. Viele der ehemaligen Gegner wurden so allmählich zu Verbündeten. In den folgenden Jahrhunderten unterwarfen die Römer auch Gebiete im übrigen Europa, in Afrika und Asien. Diese gliederten sie als **Provinzen** in ihr Reich ein. An den Grenzen bauten sie einen Wall, den **Limes**. Die Römer machten Kriegsgefangene zu Sklaven und verwüsteten viele Gebiete.

Schließlich war das Römische Reich so groß geworden, dass nicht mehr alle Grenzen gesichert werden konnten. Dies nutzten germanische Stämme, zum Beispiel die Alemannen, für Eroberungen. Das Römische Reich verlor an Größe und Macht. Im Jahr 476 setzten germanische Soldaten den römischen Kaiser ab und riefen ihren Heerführer zum König aus.

INFO

Limes

Um ihr Reich besser zu schützen, bauten die Römer ab etwa 100 n. Chr. eine Grenzmauer, den Limes. Er war 550 km lang, etwa drei Meter hoch und wurde durch Wachtürme gesichert. Bei Gefahr konnten Warnsignale wie Feuer- und Rauchzeichen schnell von Turm zu Turm weitergegeben werden. Bei einem Angriff waren schnell genügend Soldaten zur Stelle. Sie lebten nahe am Limes in über 100 militärischen Lagern, den **Kastellen**.

M3 *Zeitleiste des Römischen Reiches*

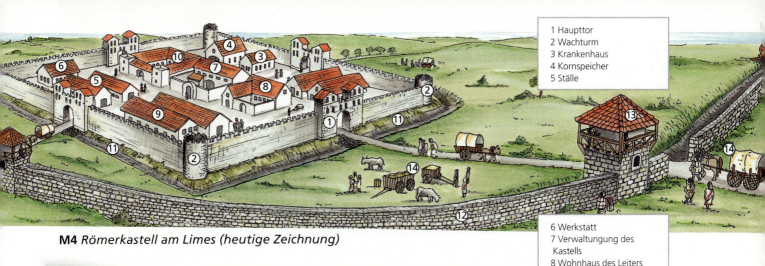

M4 *Römerkastell am Limes (heutige Zeichnung)*

1 Haupttor
2 Wachturm
3 Krankenhaus
4 Kornspeicher
5 Ställe
6 Werkstatt
7 Verwaltungung des Kastells
8 Wohnhaus des Leiters des Kastells
9 Unterkünfte für Soldaten
10 Badehaus
11 Verteidigungsgraben
12 Limes
13 Wachturm am Limes
14 Germanische Händler

6:00 Uhr: Aufstehen
6:30 Uhr: Versammlung
7:00 Uhr: Frühstück
7:30 Uhr: Wachdienste, Kastellarbeiten
12:00 Uhr: Mittagessen
12:30 Uhr: Waffenübungen, Märsche
18:00 Uhr: Abendessen, Freizeit (Besuch einer nahe gelegenen Stadt, Badevergnügen in den Lagerthermen, Pferderennen, Kampfspiele, Jagd)
21:30 Uhr: Nachtruhe
22:00 Uhr: absolute Ruhe

(Nach: Christa Kotitschke: Auf die Plätze, Römer los! Köngen 1993, S. 12ff)

M5 *Tagesablauf im Kastell*

M6 *Römischer Soldat mit Ausrüstung (etwa 29 kg) und Marschgepäck (etwa 18 kg)*

Die Römer errichteten ihre Weltherrschaft durch die Tapferkeit ihrer Heere und die anständige Behandlung der Unterworfenen. Sie behandelten die Unterworfenen ohne Grausamkeit und Rachsucht, sodass man glauben könnte, sie kämen nicht wie zu Feinden, sondern wie zu Freunden.

(Nach: Diodor (50 v.Chr.), griechischer Geschichtsschreiber)

M7 *Ein tapferes Volk*

Stehlen, Morden, Rauben bezeichnen die Römer als „Herrschaft". Die von ihnen geschaffene Wüste bezeichnen sie als „Frieden". Unsere Kinder werden zum Sklavendienst herangezogen. Unsere Hände werden unter Schlägen gebraucht, um durch Wälder und Sümpfe Straßen zu bauen.

(Nach: Tacitus, 98 n.Chr.: Rede eines britannischen, von den Römern besiegten Fürsten)

M8 *Die Räuber der Welt*

❶ Ordne den Karten in M1 die passenden Texte aus M2 zu.

❷ Ermittle die größte Ausdehnung des Römischen Reiches (Atlas, Karte: Europa – Antike; Römisches Reich 117 n. Chr.).

❸ Die Gegner der Römer hatten große Furcht vor der römischen Armee. Suche nach Gründen.

❹ Vergleiche die Aussagen in M7 und M8.

❺ Als römischer Soldat schreibst du einen Brief an einen Verwandten. (M4–M6). Beachte folgende Punkte: fern der Heimat, Vorschriften, Tagesablauf, Feinde, Ausrüstung.

Grundwissen/Übung

M1 *Nachgestellte Szene eines Wagenrennens: Fünf Streitwagen mit je vier Pferden im Circus Maximus*

Unterhaltung für das Volk

Brot und Spiele

Im 1. Jh. n. Chr. war Rom die größte Stadt der Welt. Rund eine Million Menschen lebten in der Stadt. Um die Menschen zu unterhalten, gab es zahlreiche Einrichtungen, wie zum Beispiel die **Thermen**. Dies waren große Badehäuser; die größten konnten 5000 Menschen aufnehmen. Die Räume waren geheizt. Man konnte hier ein heißes Bad nehmen, es gab Schwitzräume, warme und kalte Wasserbecken. Die Thermen waren beliebte Treffpunkte und boten alle möglichen zusätzlichen Unterhaltungen. Man konnte zum Beispiel essen, lesen oder sich massieren lassen. Für die Frauen gab es kleinere Badehäuser oder spezielle Badezeiten.

Der Betrieb der Thermen war sehr aufwendig. Hier arbeiteten viele Sklaven, um die Wassertröge zu schleppen oder die Räume zu heizen.

Schauspiele und Konzerte gehörten ebenfalls zu den Vergnügungen der Bewohner Roms.

Besonders beliebt waren **Wagenrennen**. Sie wurden mit Streitwagen durchgeführt, die mit zwei oder vier Pferden bespannt wurden. Für die Wagenrennen gab es in Rom eine eigene Arena, den Circus Maximus.

Gladiatorenkämpfe

Auch die Zweikämpfe der **Gladiatoren** waren für die Römer ein wichtiges Freizeitvergnügen, das Zuschauer aus allen Bevölkerungsschichten anzog. Die Gladiatorenkämpfe fanden im Colosseum statt.

Gladiatoren waren Berufskämpfer. Der Name kommt vom lateinischen Wort „gladius" („Schwert"). Zur Ausrüstung gehörten Schwert, Beinschienen, Helm, Schild und ein Metallgürtel. Die meisten Gladiatoren waren Gefangene und Sklaven. Aber auch Bürger, ja sogar Adelige, wurden Gladiatoren.

Die Gladiatoren wurden in besonderen Schulen ausgebildet. Der Kampf war hoch entwickelt und folgte genauen Regeln. Er endete oft durch den Tod eines Kämpfers. Auf Verlangen des Publikums konnte ein unterlegener Kämpfer aber begnadigt werden.

Die Haltung der Römer gegenüber den Gladiatoren war sehr zwiespältig: Auf der einen Seite waren Gladiatoren wenig angesehen. Auf der anderen Seite wurden erfolgreiche Gladiatoren zu Berühmtheiten, denn ihnen wurden die römischen Tugenden Siegeswille, Todesverachtung und Tapferkeit zugeschrieben.

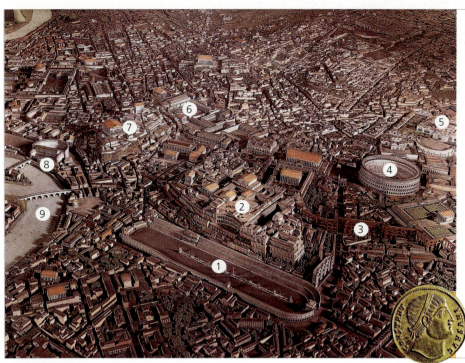

1 Circus Maximus: Stadion für Wagenrennen (250 000 Zuschauer)
2 Kaiserpaläste: Von hier aus regierten Kaiser das Römische Reich.
3 Wasserleitung: Versorgte einen Teil der Häuser und Thermen mit frischem Wasser. Dieses floss durch einen Kanal auf der Spitze des Bauwerkes.
4 Colosseum: Hier kämpften die Gladiatoren.
5 Thermen: öffentliche Badehäuser zum Entspannen und zum Zeitvertreib
6 Forum Romanum: Fest- und Marktplatz, Tempelbezirk
7 Jupitertempel: Jupiter war der höchste Gott der Römer. Die Kaiser verglichen sich gern mit ihm.
8 Marcellus-Theater: 20 000 Sitzplätze, Aufführungen von lustigen und traurigen Theaterstücken
9 Tiber: Fluss, Verbindung zum Mittelmeer, wichtiger Verkehrsweg

M2 *Modell der Stadt Rom im 1. Jh. n. Chr.*

M3 *Diocles fuhr 24 Jahre lang Wagenrennen. Er war der Star unter den Wagenlenkern. Als er sich mit 42 Jahren aus dem Renngeschäft zurückzog, hatte er an 4257 Wagenrennen teilgenommen (1462 davon gewann er). Er war mehrfacher Millionär. Das Bild zeigt ihn in der rot-schwarzen Kleidung seines Rennstalls. (Mosaik, 1. Jh. n. Chr.)*

Begeisterte Zuschauer

Das Wagenrennen ging über fünf Runden mit insgesamt 2840 m. Die hoch aufsteigenden Sitzreihen waren voller Menschen. Sie klatschten und schrien, sprangen auf, schwenkten Tücher und Gewänder. Der Gewinner erhielt donnernden Jubel.
Die Wagenlenker lebten gefährlich. Beim Umfahren der Wendemarken stürzten viele schwer. Auch gab es viele mutwillig verursachte Zusammenstöße, denn man wollte gewinnen und die anderen Teilnehmer ausschalten.

M4 *Im Circus Maximus*

❶ Gestalte einen geschichtlichen Stadtführer über die Stadt Rom (M2):
a) Lege Transparentpapier auf M2, zeichne die Sehenswürdigkeiten ab und beschrifte sie mit ihren Namen.
b) Straßen verbinden die Sehenswürdigkeiten. Ergänze diese auf dem Transparentpapier.
c) Plane nun einen Stadtrundgang. Entscheide dich für Sehenswürdigkeiten, die dich besonders interessieren. Notiere sie.
d) Entwirf einen Text mit einer kurzen Wegbeschreibung und Informationen zu den Sehenswürdigkeiten. Achte auf die richtige Reihenfolge.
e) Klebe das Transparentpapier auf und den Text darunter.

❷ a) Bestimme die Austragungsorte von Gladiatorenkämpfen und Wagenrennen in Rom.
b) Begründe, warum sie stattfanden.

❸ Ein Zeitzeuge des Wagenrennens im Circus Maximus berichtete: „Je mehr sich der Wettkampf seinem Ende näherte, desto mehr steigerten sich Spannung, Wut, Jubel und Ausgelassenheit." Vergleiche diese Aussage mit Veranstaltungen von heute.

❹ Nimm Stellung zu der Aussage: „Gladiatorenkämpfe sind ein unmenschliches Vergnügen."

Das Altertum – Griechen, Römer und Germanen

Grundwissen / Übung

① Eingang, ② Laden, ③ Innenhof, ④ Regenbecken, ⑤ Hausaltar, ⑥ Empfangsraum, ⑦ Wohn-, Schlaf- und Wirtschaftsräume, ⑧ Speiseraum, ⑨ Garten mit Säulenhalle, ⑩ Keller, ⑪ Presse zur Weinherstellung

M1 *Villa einer vornehmen römischen Familie*

Alltagsleben in Rom

Wohnen in der Stadt Rom – Armut und Luxus

Die ersten Häuser in Rom waren einfache, aus Flechtwerk und Lehm erbaute Hütten. Als Rom sich zur Stadt und schließlich zur Millionenstadt entwickelte, brauchte man Wohnraum für die schnell wachsende Bevölkerung. Man baute Häuser. Die meisten Römerinnen und Römer lebten in Mietshäusern. Meist waren es drei- bis fünfgeschossige Gebäude, in denen bis zu 400 Menschen wohnten. Wenn der Platz nicht mehr reichte, wurde einfach ein weiteres Geschoss aufgebaut. Einige Gebäude stürzten ein; andere bekamen so große Risse in den Wänden, dass man durchsehen konnte.

Die Mieten waren so hoch, dass sich mehrere Familien eine Wohnung teilten. Oft lebte eine römische Familie in nur einem dunklen Raum ohne Frischluft, Küche, Heizung oder Toilette. Das Wasser holte man vom Brunnen auf der Straße.

Einige wenige Familien wohnten in luxuriösen Einfamilienhäusern, in **Villen**. Hier gab es fließendes Wasser und Fußboden- oder Wandheizung. Mittelpunkt des Hauses war ein offener Innenhof. Die Villa war mit wertvollen Möbeln ausgestattet und mit kunstvollen Wandmalereien sowie Einlegearbeiten (Mosaiken) geschmückt.

Die römische Familie

Die Familie war für die Römer der Kern der Gesellschaft. Der Vater war das Oberhaupt. Zur Familie zählten alle, die im Haus lebten: Ehefrau, Kinder, die angeheirateten Frauen der Söhne, Enkel und Sklaven. Der Vater bestimmte über das Geld. Ihm mussten alle gehorchen. Nach römischem Recht konnte der Vater jedes Familienmitglied bestrafen, verkaufen oder sogar töten. Er verbrachte die meiste Zeit des Tages außer Haus, kam aber zum Abendessen zurück. Dies war die wichtigste Mahlzeit des Tages.

Die Frauen verließen nur selten das Haus. Sie führten den Haushalt. Die Mädchen standen unter der Aufsicht ihrer Mutter. So wurden sie auf ihre spätere Rolle vorbereitet, für ihren Mann den Haushalt zu führen. Normalerweise wurden sie zwischen dem 12. und 17. Lebensjahr verheiratet.

Die Jungen wurden mit 16 Jahren volljährig. Dies war mit einer Feier auf dem Forum, dem zentralen Versammlungsplatz, verbunden.

Für die römische Familie war die Verehrung der Vorfahren sehr wichtig. Die Eltern, Großeltern und Urgroßeltern dienten den Nachkommen als Vorbild. Schlichtheit und Frömmigkeit galten als erstrebenswerte Eigenschaften.

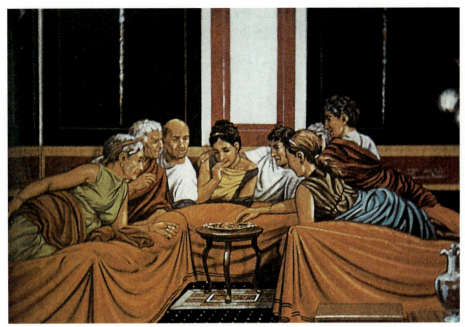

M2 *Männer und Frauen „liegen" um einen kleinen Tisch und spielen. Diese Art des Zusammenseins kam im 1. Jh. v. Chr. in Mode. Vorher saßen die Leute auf Stühlen, die Frauen meistens neben ihren Ehemännern.*

Das Abendessen der reichen Römer begann mit Eiern, Oliven, Datteln und anderem und es endete mit Früchten. Dazwischen gab es gefülltes Huhn, in Milch gekochten Hasen, einen Thunfisch oder auch ein gebratenes Rehkitz.
Die ärmeren Römer mussten sich mit viel weniger begnügen: Neben Brot, Wasser, ab und zu etwas Wein war das Hauptnahrungsmittel ein Mehlbrei. Dieser wurde mit Öl angerührt und mit Kräutern gewürzt.

M5 *Essgewohnheiten der Römer*

Im Jahr 79 n. Chr. ist der Vulkan Vesuv in Süditalien plötzlich ausgebrochen und hat die umliegenden Städte Pompeji und Herculaneum verschüttet. Unter einer dicken Schicht von Lava und Asche wurde alles, was sich in den Städten befand, begraben. Es blieb vollständig erhalten. Später konnte es freigelegt werden: von der Villa bis zum Mietshaus. Viele Alltagsgegenstände wurden ausgegraben.
Der Ausbruch des Vesuvs ermöglicht uns heute einen Einblick in das Leben vor fast 2000 Jahren.

M3 *Woher wissen wir, wie die Römer lebten?*

Die Autorität des Vaters in einer Bauernfamilie auf dem Land beruhte vor allem auf seinem Alter, seiner Erfahrung, der Reife seines Urteils und der eigenen Rechtschaffenheit. Hinzu kam, dass er im Bewusstsein der Fülle seiner Verantwortung niemals im aufbrausenden Zorn strafte, sondern wie ein gerechter Richter die Vergehen prüfte und erst dann bestrafte. Das ließ ihn ebenso wie die einsame Arbeit auf dem Felde seine Worte wägen und seine Taten bedenken. Sein feierlich-würdevolles Tun wurde bestimmt durch Sorgfalt und Bedächtigkeit, Strenge und Selbstbeherrschung.
Was ihn mit den Seinen verband, war vor allem die nie abreißende Arbeit, die alle Kräfte von Mann und Frau, von Söhnen und Sklaven forderte. Ohne zu zögern ging er ihr nach und wich keiner Schwierigkeit aus.
Sein Wille war unbeugsam gegenüber sich und anderen. Seine Zähigkeit ließ sich durch keine Rückschläge beeinflussen. Dies alles führte schließlich zum Erfolg. Auf den Gewinn, der dabei erzielt wurde, hielt er wie jeder Bauer seine Hand.
Der Lebensstil war einfach und ohne Aufwand. Die Freuden und Feste, die er mit seiner Familie und mit den Verwandten und Nachbarn teilte, waren sehr selten.
(Nach: Hermann Brauer: Quellen zur römischen Geschichte. Paderborn 1950, S. 6)

M4 *Die römische „familia" auf dem Land*

❶ Ein Sklave berichtet einem Freund von dem Haus einer vornehmen römischen Familie. Beschreibe,
a) welche Annehmlichkeiten es bietet (M1);
b) wie das Abendessen abläuft (M5).

❷ Beschreibe die Verhältnisse in der römischen Familie (Text und M4) und vergleiche sie mit der Familie bei uns.

❸ Erläutere, welche Stellung der Vater in der Familie hatte (M4).

❹ Die Familie war für die Römer der Kern der Gesellschaft. Beurteile auf dieser Grundlage den Erfolg der römischen Eroberungen (M4 und S. 122/123).

Grundwissen / Übung

Der Kaiser regiert

M1 *Überreste eines römischen Kaiserpalastes*

Monarchie – Republik – Monarchie

Vom 8. Jh. v. Chr. bis 509 v. Chr. regierten in Rom Könige. Das heißt Rom war eine **Monarchie**. Im Jahr 509 v. Chr. wurde der letzte König vertrieben.

Die Menschen wollten nicht mehr von nur einer Person regiert werden, sondern die politische Führung gemeinschaftlich in die Hand nehmen. Rom wurde eine **Republik**. Während der Zeit der Römischen Republik gab es zahlreiche Krisen und Bürgerkriege.

Dann begann mit Augustus ab 27 v. Chr. die römische Kaiserzeit. Rom war wieder eine Monarchie. Kaiser Augustus (deutsch: „Der Erhabene") nahm die Bevölkerung für sich ein, indem er die Getreideversorgung sicherte und prächtige Wagenrennen, Gladiatorenkämpfe und Schauspiele ausrichten ließ.

Unter seiner Herrschaft gab es eine lang anhaltende Zeit des inneren Friedens im Römischen Reich.

M2 *Standbild von Augustus*

> Im Jahr 27 v. Chr. erhielt Octavian vom Senat der Republik den Ehrennamen Augustus (lat. „der Erhabene"). Jetzt begann die 500-jährige römische Kaiserzeit. Augustus ließ die Republik der Form nach bestehen, war aber praktisch Alleinherrscher. Er war Oberbefehlshaber des Militärs, er hatte die Staatskasse unter sich, seine Beamten setzten seine Gesetze im ganzen Reich durch. Er ließ im Römischen Reich Wasserleitungen, Tempel, Theater und Triumphbögen bauen. Ab 12 v. Chr. war Augustus oberster Priester („Pontifex maximus") und kontrollierte das religiöse Leben. Mit Augustus erlebte Rom Wohlstand: Er erließ Gesetze zur besseren Versorgung der ärmeren Menschen und gegen die Verschwendungssucht der Reichen. Augustus versuchte, mit einer zurückhaltenden Lebensweise selbst Vorbild zu sein.
>
> Nach einer Niederlage gegen die Germanen beschränkte sich Augustus darauf, nur noch die Grenzen zu sichern und keine Eroberungskriege mehr zu führen.

M3 *Augustus – erster Kaiser Roms*

M4 *Die römische Gesellschaft zur Kaiserzeit*

Sobald er aber das Heer durch Geldgeschenke, das Volk durch Getreidespenden, alle zusammen durch die Süßigkeit des Friedens an sich gezogen hatte, erhob er sein Haupt und nahm die Befugnisse des Senats, der Beamten und der Gesetzgebung an sich. Dabei fand er keinerlei Widerstand. Der Adel wurde durch Reichtum und Ehrenstellen ausgezeichnet und zog die gegenwärtige Sicherheit den früheren Gefahren vor. Krieg gab es zu dieser Zeit nirgends, abgesehen von dem Krieg gegen die Germanen.
(Nach: Tacitus: Annalen. In: Carl Hoffmann (Hrsg.): Historien. München 1954, S. 8)

M5 *Zum Aufstieg von Augustus*

❶ Im Römischen Reich wechselten sich Regierungsformen ab. Nenne sie und erkläre sie kurz.

❷ Erkläre, wodurch Kaiser Augustus seine Macht gesichert hat (M3, M5).

❸ Vergleiche das Leben von Livius mit dem von Marcus (M4).

❹ Teilt euch in der Klasse in Gruppen auf. Jede Gruppe beschäftigt sich mit einer Sprechblase in M4 und schreibt Stichworte zu der jeweiligen Person auf ein Wandplakat. Nach etwa 15 Minuten stellen sich die Gruppen gegenseitig ihre erarbeiteten Plakate vor.

Übung

M1 *Modell eines germanischen Dorfes bei Warendorf im Münsterland*

Die Germanen

Wer waren die Germanen?

Als die Römer auf ihren Eroberungszügen bis an den Rhein vorgedrungen waren, trafen sie auf unbekannte, große Menschen. Die Männer waren meist zwischen 1,70 m und 1,80 m groß. Die Frauen erreichten 1,60 m bis 1,65 m. Die Römer nannten diese Menschen Germanen.

Die Germanen waren kein einheitliches Volk, sondern bestanden aus verschiedenen **Stämmen** oder Völkern, die im Gebiet zwischen Rhein, Donau und Weichsel lebten. Der Ursprung der Germanenstämme lag wahrscheinlich in Nordeuropa.

Die Germanenstämme hatten zwar verschiedene Sprachen, doch ähnelten sich diese. Auch die Lebensweise der Stämme ähnelte sich. Sie verehrten Götter und Göttinnen; der Hauptgott war Odin, auch Wotan genannt. Zudem hatten sie ähnliche Vorstellungen von Krieg, Politik und Ehre. Dennoch kam es oft zum Kampf zwischen den Stämmen.

Die Germanen haben keine schriftlichen Quellen hinterlassen. Unser heutiges Wissen stammt aus dem Buch des Römers Cornelius Tacitus (etwa 55–115 n. Chr.) und aus Sachquellen.

Sippen und Stämme

Blutsverwandte in einem Germanenstamm bildeten eine **Sippe**. Das Oberhaupt der Sippe war der Vater. Alle Mitglieder der Sippe waren gegenseitig zur vollen Unterstützung verpflichtet. Wurde ein Mitglied einer Sippe angegriffen, stand die ganze Sippe zusammen und verteidigte es. Wurde jemand getötet, galt die **Blutrache**.

Eine Sippe lebte auf einem Bauernhof oder auf mehreren Höfen in einem Dorf. Die entfernt verwandten Sippen bildeten einen gemeinsamen Stamm. Dessen Oberhaupt war ein Fürst. Kam es zu Streitigkeiten, besaßen die Sippen das Recht, ihre Angelegenheiten selbst zu regeln.

Die freien Männer eines Stammes trafen sich von Zeit zu Zeit mit allen Waffen auf einem Versammlungsplatz, dem **Thing**. Er war den Göttern geweiht. Hier berieten und entschieden die Männer zum Beispiel über die Bestrafung von Verbrechern oder über den Beginn eines Krieges. Bei Missfallen eines Vorschlags auf dem Thing wurde gebrüllt oder gemurrt, bei Zustimmung wurden die Waffen zusammengeschlagen.

INFO

Freie und Unfreie

Wie die Sklaven bei den Römern und Griechen, so gab es bei den Germanen auch Unfreie. Es handelte sich um Kriegsgefangene, die zum Eigentum eines Herrn geworden waren.

Er konnte sie verkaufen und nach Gutdünken über sie bestimmen. Da die Germanen Ackerbauern und Viehzüchter waren, mussten die Unfreien in erster Linie die schweren Arbeiten in der Landwirtschaft verrichten.

M2 *Germanenstämme*

M3 *Eine germanische Familie in ihrem Haus (Nachbau in Leijre/Dänemark)*

M6 *Bauer mit Hakenpflug*

Die germanischen Männer trugen Kniebundhosen oder lange Hosen, darüber einen kurzen Kittel, der von einem Gürtel zusammengehalten wurde. Auch das Schwert konnte dort befestigt werden. Gegen die Kälte schützten sich die Männer mit einer Decke, die als Umhang um die Schultern gelegt wurde.
Die Frauen kleideten sich mit einem Gewand aus Leinen und trugen einen Gürtel, in dem Amulette aufbewahrt wurden. Diese sollten sie vor Unglück schützen. Auch sie hatten bei Kälte eine Decke über den Schultern. Diese wurde von einer kunstvollen Brosche, der Fibel, zusammengehalten. Fibeln gab es bereits seit der Bronzezeit. An der Kostbarkeit der Fibel konnte man Stellung und Reichtum der Frau ablesen.

M4 *Die Kleidung der Germanen*

Viele Germanen-Sippen lebten abgeschieden auf einzelnen Höfen. Alle Sippenangehörigen bewirtschafteten den Hof. Die Frauen versorgten das Vieh und legten Vorräte für den Winter an.
Gesammelte Pilze, Beeren und andere Früchte mussten getrocknet werden. Das geerntete Getreide zerrieben sie auf einem Mahlstein zu Mehl und buken Brot daraus.
Die Frauen kümmerten sich auch um die Kleidung der Sippe. Sie spannten Wolle und webten daraus Stoffe. Schuhe stellten sie aus Leder her. Aus Ton fertigten sie Töpfe und Schüsseln.

M7 *Leben in Abgeschiedenheit*

Die äußere Erscheinung ist bei allen dieselbe: wild blickende blaue Augen, rötliches Haar und große Gestalten, die allerdings nur zum Angriff taugen. In jedem Haus wachsen die Kinder nackt und schmutzig zu diesem Körperbau, zu dieser erstaunlichen Größe heran.
(Nach: Tacitus: Annalen. In: Carl Hoffmann (Hrsg.): Historien. München 1954, S. 8)

M8 *Über die Germanen*

Die Häuser waren etwa 6 m breit und 20 m lang. Tiere und Menschen lebten unter einem Dach. Der wichtigste Teil war die Kochstelle, von der der Rauch durch eine Öffnung im Dach abzog. An der Wand befanden sich Sitze und Schlafbänke.
Auf dem Lehmboden standen Tongefäße für die Vorräte. Verderbliche Lebensmittel lagerte man kühl in kleinen runden Häusern, in die eine Grube eingelassen war. Das Getreide wurde in Speichern aufbewahrt, die auf Pfählen standen. Ein Zaun schützte den Hof oder das Dorf vor wilden Tieren.

M5 *Die Häuser der Germanen*

❶ Erkläre den Satz: „Die Germanen waren kein einheitliches Volk."

❷ Ermittle in M2 die Germanenstämme, die im Römischen Reich siedelten.

❸ Bewerte, wie die Römer die Germanen sahen (M8).

❹ Nenne je drei Dinge, die zur Kleidung von germanischen Frauen und Männern gehörten (M4).

❺ a) Erläutere die Bauweise der Häuser in M1 mithilfe von M5.
b) Erläutere die Ausstattung eines Hauses in M3 mithilfe von M5.

Grundwissen/Übung

Römer und Germanen im Kampf

M1 *In nur drei Tagen besiegten germanische Stämme unter ihrem Anführer Arminius das als unschlagbar geltende römische Heer unter der Führung von Varus. Die nach dem Verlierer benannte Varus-Schlacht fand vermutlich bei dem Ort Kalkriese nördlich von Osnabrück statt. (Heutige Zeichnung)*

Varus in Germanien

Im Jahr 7 n. Chr. wurde Publius Quinctilius Varus Oberbefehlshaber der römischen Legion im besetzten Germanien. Eine Legion war ein Großverband von 3000 bis 6000 Soldaten.

Varus, der aus der Oberschicht des Römischen Reiches kam, fühlte sich den Germanen vollkommen überlegen. Er erhob Steuern und führte römische Gesetze ein.

Die Germanen mussten sich in allen Dingen der römischen Lebensart unterordnen. Die Unzufriedenheit unter den Germanen war groß. Doch lange Zeit waren die germanischen Stämme so zerstritten, dass sie einen Aufstand gegen Rom nicht organisieren konnten.

Arminius – ein „römischer" Germane

In der römischen Armee gab es einen jungen Germanen vom Stamm der Cherusker: Arminius (Hermann). Über sein Leben ist wenig bekannt. Er wurde vermutlich als Kind aus Germanien nach Rom entführt. Als junger Mann trat er in die römische Armee ein und machte Karriere.

In den Jahren 7/8 n. Chr. kehrte er nach Germanien zurück. Er sollte Varus bei der Erweiterung der römischen Provinz unterstützen.

In seiner Heimat kam Arminius zu der Auffassung, dass man die Römer zurückdrängen musste. Es gelang ihm, zahlreiche germanische Stämme zu verbünden und zum Kampf gegen Rom zu gewinnen. Im Jahr 9 n. Chr. besiegten die Germanen unter Führung von Arminius das Heer des Varus in einer mehrtägigen Schlacht am Teutoburger Wald.

Diese Niederlage konnte Rom nicht auf sich sitzen lassen. Kaiser Augustus verstärkte die Truppen am Rhein und ließ Arminius gnadenlos verfolgen. Die römischen Legionen zogen mordend und brandschatzend durch das Land. Doch Arminius war nicht zu stellen. Im Gegenteil: Er fügte der römischen Armee in einem erbitterten Kleinkrieg weitere Niederlagen zu.

Im Jahr 16 n. Chr. beendete Rom die Feldzüge in Germanien. Die Römer zogen sich endgültig auf die linke Seite des Rheins zurück und verzichteten damit auf eine Ausweitung der Provinz Germanien. In Zukunft sollten lediglich die Grenzen der bestehenden Provinz gesichert werden. Dies führte knapp 70 Jahre später zur Errichtung einer gewaltigen Wallanlage, die das römisch besetzte Germanien vom „Barbarenland" trennte: den Limes (siehe S. 134).

Arminius (Hermann) kennt die römische Kriegsführung genau und weiß, dass er auf offenem Feld keine Chance gegen die Römer hat. Er muss sie also in einen Hinterhalt locken. Im Jahr 9 n. Chr. ist die Gelegenheit gekommen. Varus befindet sich mit seinen Soldaten im Hinterland Germaniens. Arminius, der zu diesem Zeitpunkt noch enger Vertrauter von Varus ist, streut das Gerücht, dass abseits der geplanten Route einige Germanen einen Aufstand planen. Varus fällt darauf herein und nimmt einen Umweg in Kauf. Dieser Umweg führt die römischen Soldaten im strömenden Regen durch unwegsames Gelände. Sie müssen dichte Wälder und morastige Sümpfe passieren. Die Wege sind so schmal, dass sie nur hintereinander gehen können. Über mehrere Kilometer erstreckt sich der römische Tross.

Genau diese Situation wollte Arminius herbeiführen. An einer besonders unwegsamen Stelle greifen die Germanen die Armee blitzschnell an. Die Römer können sich nicht zu ihrer üblichen Kampfaufstellung zusammenfinden. Sie müssen die Germanen in ihren schweren Rüstungen Mann gegen Mann bekämpfen.

Mit dieser Taktik zermürbt Arminius die römischen Legionen drei Tage lang, dann ist alles vorbei. Etwa 15 000 bis 20 000 Römer verlieren in diesen Tagen ihr Leben. Ihr Heerführer Varus begeht noch auf dem Schlachtfeld Selbstmord. Mit relativ wenigen Angreifern fügt Arminius der als unbesiegbar geltenden römischen Armee eine vernichtende Niederlage zu.

(Nach: www.planet-wissen.de/politik_geschichte/voelker/expansion_der_roemer/varusschlacht.jsp)

Arminius (Heutige Zeichnung)

M2 *Die Germanen besiegen die Römer*

M3 *Hermannsdenkmal im Teutoburger Wald*

Warum aus Arminius, einem hochrangigen Mitglied der römischen Armee, ein erbitterter Gegner Roms wurde, bleibt im Dunkel der Geschichte.

Viele Gründe könnte es für Arminius gegeben haben: zum Beispiel den Wunsch, der erste König Germaniens zu werden, oder eine späte Rache wegen seiner Entführung im Kindesalter oder die Überzeugung durch seine Verwandten, als er in seine germanische Heimat zurückkam. Auch eine zu geringe Aufstiegschance in der römischen Armee könnte ein möglicher Grund gewesen sein. Die antiken Quellen geben keine Auskunft über das wahre Motiv von Arminius.

M4 *Warum wendet sich Arminius gegen Rom?*

❶ Beschreibe den Ablauf der Varus-Schlacht.

❷ Nenne die Gründe, warum Arminius die Römer besiegte.

❸ Beurteile die in M4 genannten Gründe für den Sinneswandel von Arminius.

❹ Arminius: Verräter oder Befreier? Nimm Stellung.

Grundwissen / Übung

Begegnungen am Limes

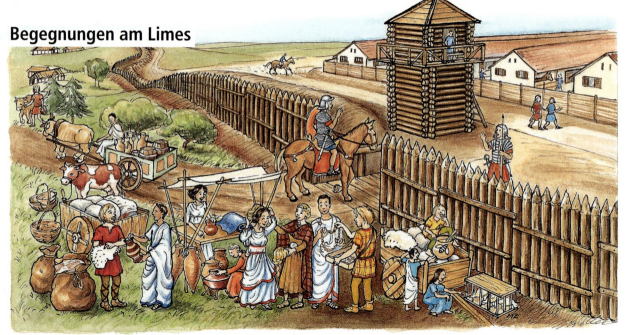

M1 *Handel am Limes (heutige Zeichnung)*

Der Limes – Grenze zwischen Römern und Germanen

Bei ihren Eroberungszügen im Norden stießen die Römer auf Germanenstämme, die sie in Kriegen unterwarfen. Die Gebiete der besiegten Stämme machten sie zu römischen Provinzen. An der Grenze errichteten sie einen Wall, den Limes (M1).

In Germanien verlief der Limes zwischen dem Rhein und der Donau. Die etwa 550 km lange Grenzbefestigung verfügte über Wachtürme, die einen Abstand von einem Kilometer hatten. Der Limes sollte das Römische Reich gegen Überfälle der Germanen schützen, weil diese immer wieder Beutezüge in römisches Gebiet unternahmen.

Der Limes trennte die Völker. Nördlich von ihm lebten die Germanen, südlich die Römer. Diese bauten Kastelle, die Lager- und Wohnanlagen für ihre Soldaten. Die Familien der Soldaten sowie Handwerker und Kaufleute siedelten sich in Dörfern in der Nachbarschaft der Kastelle an.

Auf gut ausgebauten Straßen transportierten die Römer ihre Waren. Diese Römerstraßen gelten heute als technische Meisterleistung. Mithilfe von Brücken wurde hügeliges Gelände überwunden. Die Straßen waren geschottert oder gepflastert. So kamen Soldaten, Boten, Händler und andere Reisende auch bei schlechtem Wetter schnell voran. Das war auch für die Sicherung des Römischen Reiches sehr wichtig. Wie ein Netz verbanden die Straßen Kastelle und Orte.

Handel und Kulturaustausch am Limes

Obwohl Römer und Germanen oft gegeneinander kämpften, entwickelten sich am Limes Kontakte, die für beide Seiten nützlich waren. Einige Germanen wurden sogar Soldaten im römischen Heer und genossen dort einen Wohlstand, den Germanen ansonsten nicht hatten. Viele römische Produkte waren für die Germanen kostbar und interessant. Auch die Römer schätzten germanische Produkte. Es kam deshalb zu persönlichen Begegnungen an den Grenzdurchlässen oder in den römischen Siedlungen. Die Germanen lernten so die römische Hochkultur kennen. Dazu zählten Häuser, Straßen, Schmuck, Geld, Koch- und Essgeschirr aus Keramik oder kostbarem Silber, eine einheitliche Schrift, Kleidung aus wertvollen Stoffen, Thermalbäder und Vergnügungen.

M2 *Bau einer Römerstraße*

Rollenspiel zum Handel am Limes

Spielt in einem Rollenspiel, wie sich Römer und Germanen am Limes begegnen.

Rollenkarte Flavius
(römischer Händler)
Er möchte gern eine größere Menge an Apfelwein erwerben, denn in den Kastellen hat er dafür viele Abnehmer. Er bringt Stoffe, Ketten und Fibeln mit.

Rollenkarte Aldemar
(Germane)
Er hat eine große Auswahl an verschiedenen Fellen zum Tausch mitgenommen. Er sucht dringend Töpfe und Krüge, die seine Frau zum Kochen haben möchte.

Rollenkarte Gunhild
(Germanin)
Sie will unbedingt wie eine Römerin aussehen. Sie braucht deshalb einen Kleiderstoff, passenden Schmuck und Haarschmuck. Sie hat zum Tausch den sauren germanischen Apfelwein dabei.

Rollenkarte Titus
(römischer Soldat)
Er möchte gern Felle eintauschen, denn hier im Norden in dem zugigen Kastell ist es ihm viel zu kalt. Er bringt einige Töpfe und Krüge mit, die er im Lager einem römischen Händler abgekauft hat.

M3 *Rollenspiel zum Handel am Limes*

Gegenstände des gehobenen Bedarfs, sogar ausgesprochene Luxusgüter, sind bis in die hintersten Winkel Germaniens gelangt. So werden germanische Stammesoberhäupter römisches Tafelgeschirr und andere Gegenstände feiner römischer Lebensart als Geschenke erhalten haben. Anderes mag aus der Beute germanischer Überfälle stammen, die in den römischen Gebieten vorgenommen wurden. Bestimmt haben auch germanische Krieger nach ihrem Militärdienst im Römerreich manches Stück mit nach Hause genommen.

Zu einem gewissen Teil dürften römische Produkte aber auch als Handelsgüter nach Germanien gelangt sein. Man fragt sich, wie germanische Waren den umgekehrten Weg zu den Römern genommen haben, zum Beispiel Pelze und Bernstein, nicht zu vergessen blondes Frauenhaar, das von vornehmen Römerinnen zur Verschönerung ihrer Frisur sehr geschätzt wurde. Auch Sklaven gelangten von Germanien über den Limes ins Römische Reich.

Wie der hohe Anteil römischer Keramik in germanischen Siedlungen nahe des Limes beweist, erstreckte sich hier der Austausch von Gütern auch auf Gegenstände des täglichen Gebrauchs, auf Küchengeschirr und landwirtschaftliche Produkte.

(Nach: Hermann Ament: Germanen. www.novaesium.de/artikel/germanen.htm)

M4 *Warenverkehr über den Limes*

◁ **M5** *Typische römische Handelsware (Fundstücke, 2. Jh. n. Chr.)*

❶ a) Beschreibe den Verlauf des Limes anhand einer Atlaskarte (Karte: Deutschland – Landschaftsgeschichte. Germanien und Raetien zur Römerzeit).
b) Erkläre, welche Bedeutung der Limes für die Römer hatte.

❷ Der Limes war eine militärische, aber auch eine kulturelle Grenze. Erkläre.

❸ a) Erläutere die dargestellte Situation in M1.
b) Nenne die Waren,
– die von den Römern,
– die von den Germanen angeboten wurden (M1, M3, M4, M5).

❹ Beschreibe anhand von M4, welche verschiedenen Möglichkeiten es gab, dass germanische und römische Waren den Limes überqueren konnten. z

Grundwissen/Übung

Orientierung in Deutschland

Großlandschaften in Deutschland

M1 *Norddeutsches Tiefland*

M3 *Mittelgebirge*

Ich wohne auf der Insel Rügen. Welches Meer umgibt diese Insel?

Sven

M2 *Von der Küste bis zu den Alpen – ein Landschaftsquerschnitt*

Grundwissen

M4 *Alpenvorland und Alpen*

M5 *Die Großlandschaften im Überblick*

Juliane: Mein Heimatort ist Erfurt. Welches Gebirge liegt südlich dieser Stadt?

Oliver: Ich heiße Oliver und wohne in Gar.... -Parten........ . Welcher hohe Berg liegt in der Nähe?

❶ Ordne den Großlandschaften Deutschlands folgende Städte zu: Flensburg, Hamburg, Potsdam, Mainz, Stuttgart, Chemnitz und München (Atlas, Karte: Deutschland – physisch).

❷ Bestimme in M2 die gesuchten Städte (1–3) und Gebirge (A, B).

❸ Bestimme die größte Ausdehnung Deutschlands von Nord nach Süd und Ost nach West.

Orientierung in Deutschland

Grundwissen / Übung

Von der Ostsee zu den Alpen

Würden wir mit einem Flugzeug von Norden nach Süden über Deutschland fliegen, könnten wir ganz verschiedene Landschaften beobachten. Wie die Menschen in den einzelnen Teilen Deutschlands leben, wäre jedoch nicht zu erkennen. Dazu wollen wir Sven, Juliane und Oliver befragen. Sven lebt mit seinen Eltern an der Ostseeküste, in einem Haus direkt hinter den Dünen.

Sein Vater ist Fischer und seine Mutter arbeitet in einem Hotel. Sven läuft in seiner Freizeit gern mit seinem Hund am Meer entlang und genießt die klare Seeluft. Dabei begleiten ihn die zahlreichen Möwen mit lautem Geschrei.

Juliane geht in ihrer Freizeit oft mit ihren Eltern im Thüringer Wald spazieren. Ein ganz besonderer Wanderweg ist der Rennsteig. Er ist 168 km lang und führt von Hörschel bei Eisenach bis nach Blankenstein im nördlichen Frankenwald. Ihr Vater ist Trainer in einem Skiverein in Oberhof. Im Sommer trainieren die Sportler auf Skiern, die auf Rollen fahren. Ihre Mutter arbeitet in einem Krankenhaus.

Der Letzte, den wir auf unserer Reise treffen, ist Oliver. Er begrüßt uns in Garmisch-Partenkirchen. Seine Eltern arbeiten beide bei der Zugspitzbahn. Jedes Jahr besuchen Hunderttausende Touristen Deutschlands höchsten Berg mit dieser Bahn. Oliver erzählt uns, dass vor allem im Winter sehr viele Besucher kommen. Dann hilft er seinen Eltern beim Verkauf der Bahntickets oder fährt mit seinem Snowboard die Piste hinab.

Grundwissen

Das Norddeutsche Tiefland ist ein relativ flaches Gebiet mit geringen Höhenunterschieden. Die Erhebungen erreichen eine Höhe von bis zu 200 Metern.

In den deutschen Mittelgebirgen sind die höchsten Erhebungen bis zu rund 1500 Meter hoch. Meistens sind die Berge abgerundet und häufig bewaldet.

Das Alpenvorland weist nur relativ geringe Höhenunterschiede auf. Südlich der Donau ist es 300 Meter hoch, bis zu den Alpen steigt es auf rund 800 Meter an. Die Alpen zählen zu den Hochgebirgen. Diese haben hohe Felswände, steil aufragende Gipfel und tief eingeschnittene Täler. Die höchsten Gipfel sind ständig mit Eis und Schnee bedeckt.

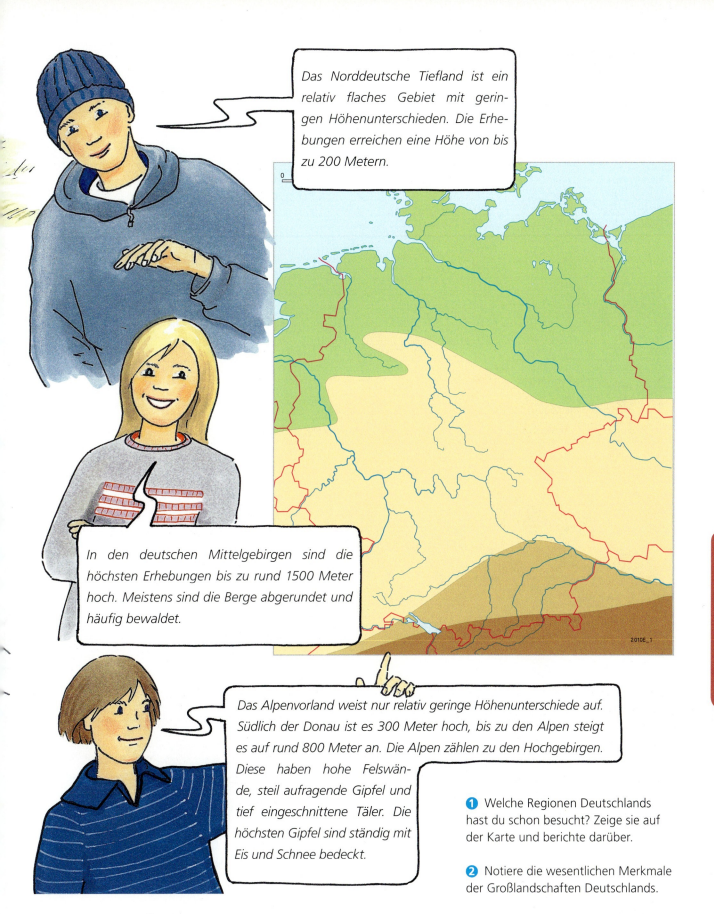

❶ Welche Regionen Deutschlands hast du schon besucht? Zeige sie auf der Karte und berichte darüber.

❷ Notiere die wesentlichen Merkmale der Großlandschaften Deutschlands.

Grundwissen / Übung

Deutschland – Übungskarte

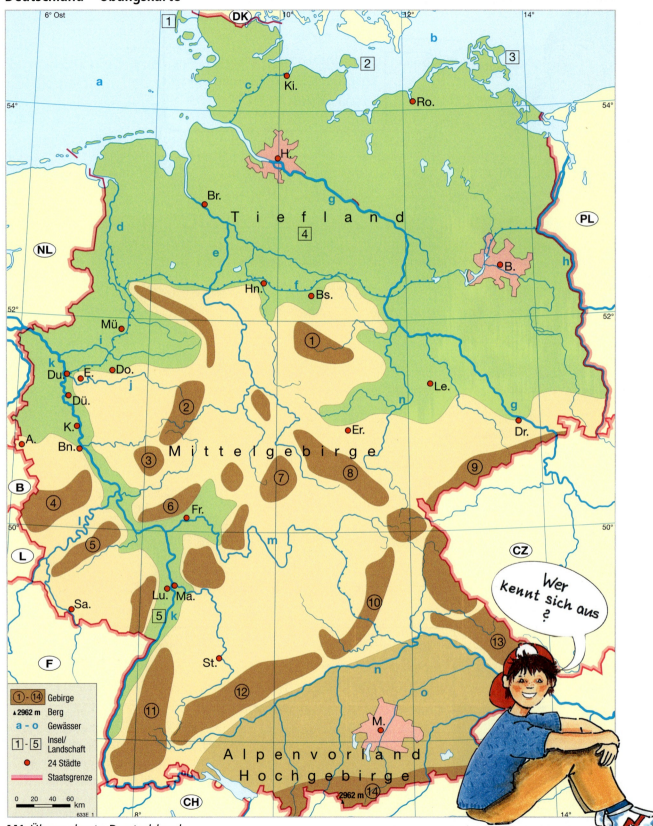

M1 *Übungskarte Deutschland*

Grundwissen

Eine Kartenskizze zeichnen

Sechs Schritte zum Zeichnen einer Kartenskizze

1. Zeichne zuerst den groben Umriss des Raumes, zum Beispiel die Grenzen Deutschlands. Gerade Hilfslinien erleichtern die Arbeit.
2. Lege nun eine Auswahl von Gebirgen, Städten, Flüssen fest. Zeichne sie ein.
3. Beschrifte anschließend alle eingezeichneten Gebirge, Flüsse und Städte mit Zahlen oder mit Buchstaben.
4. Erstelle dann zu den Buchstaben und Zahlen eine Namensliste.
5. Durch Farben lassen sich die Eintragungen hervorheben: zum Beispiel Gebirge braun, Tiefland grün, Alpenvorland hellbraun und übriges Land gelb. Städte werden mithilfe von roten Punkten gekennzeichnet.
6. Lege eine Legende an und gib der Skizze eine Unterschrift.

Das brauchst du zum Zeichnen:
- 6 Buntstifte (in Grün, Gelb, Hellbraun, Dunkelbraun, Rot und Blau)
- ein Bleistift (Härte 2)
- ein Radiergummi
- ein Lineal oder Geodreieck

Karten zeichnen macht richtig Spaß!

M3 *Handwerkszeug für eine schöne Kartenskizze*

INFO
Eine Kartenskizze ist die einfache Darstellung eines Raumes (Ort, Region, Land, Kontinent). Sie beinhaltet nur wenige Informationen.

❶ Finde die Namen in der Übungskarte M1 (Atlas).

❷ Nimm ein DIN-A4-Blatt und zeichne wie in M2 eine Kartenskizze von Deutschland, nur größer. Zeichne in deine Skizze Folgendes ein:
- Flüsse: Rhein, Donau, Elbe;
- Gebirge: Harz, Erzgebirge, Thüringer Wald, Schwarzwald, Alpen;
- Städte: Hamburg, Berlin, Leipzig, Frankfurt/Main, Köln, Bremen, Hannover, München, Stuttgart, Nürnberg.

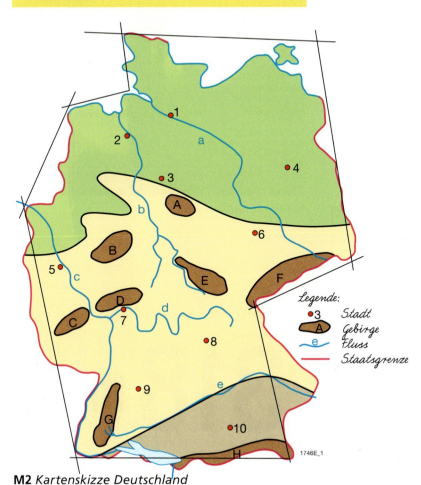

M2 *Kartenskizze Deutschland*

Grundwissen / Übung

METHODE

Wir zeichnen ein Höhenprofil anhand einer Wanderkarte

M1 *Blick auf den Wank vom Olympiastadion in Garmisch-Partenkirchen*

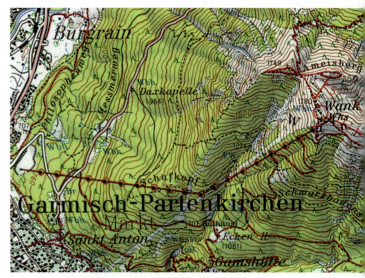

M2 *Topographische Karte*

Hoch hinauf

Garmisch-Partenkirchen ist einer der bekanntesten Urlaubsorte in den Alpen. Der Ort hat etwa 26 000 Einwohner und liegt am Fuß von Deutschlands höchstem Berg, der Zugspitze.

Die Schülerinnen und Schüler der 5. Klasse einer ortsansässigen Schule wollen den Wank, einen Berg in Schulnähe, während eines Wandertages besteigen. Wie steil ist wohl der Anstieg? Dazu nehmen sie eine Wanderkarte und zeichnen ein Höhenprofil, also eine Linie, die Anstieg oder Gefälle entlang der Messstrecke anzeigt.

M3 *Blick vom Wank*

INFO

Profil

In der Geographie versteht man unter einem Profil einen Schnitt durch ein Stück der Erdkruste. Neben den Höhen können weitere Informationen enthalten sein, zum Beispiel Pflanzenwuchs oder Gesteinsschichten.

Normalnull (NN)

Hierunter versteht man die auf die Höhe des Meeresspiegels bezogene Basis für die Höhenmessung in Deutschland; 150 m über NN bedeutet also, dass der Punkt 150 m über dem Niveau des Meeresspiegels liegt (m ü. M.).

M4 *Höhenangabe am Bahnhof*

Höhenverhältnisse

In vielen Karten findest du Angaben über die Höhenverhältnisse der Landschaft. Sie beziehen sich alle auf den Meeresspiegel (0 Meter), der als Normal Null (NN) bezeichnet wird. Für Europa ist das der mittlere Pegel von Amsterdam.

Mit Punkten oder kleinen Dreiecken und Höhenzahlen werden besonders herausragende Stellen, zum Beispiel Berggipfel, gekennzeichnet.

Die Höhenlinien geben dir einen Eindruck von der Form des Geländes. Mit ihrer Hilfe kannst du dir die dreidimensionale Gestalt einer Landschaft – das Relief – besser vorstellen. Anschaulich wird das Relief, wenn du aus den Höhenlinien ein Modell (siehe S. 28/29) oder ein Profil erstellst.

Sechs Schritte zum Erstellen einer Profilskizze

1. Nimm ein Blatt Millimeterpapier und zeichne eine senkrechte Achse für die Höhe der Landschaft ein.
2. Wähle dazu den passenden Maßstab, zum Beispiel 1 cm für 100 m Höhenunterschied.
3. Zeichne eine waagerechte Achse für die Entfernung (in M5 von A nach B).
   Sie muss der Maßstabsleiste der Karte entsprechen. In unserem Beispiel sind es 2 cm für 500 m.
4. Schiebe das Millimeterpapier direkt an die Strecke auf der Wanderkarte. Sie entspricht der Wanderstrecke (A–B).
5. Suche nun die Schnittpunkte der Wanderstrecke mit den Höhenlinien. Trage diese Punkte und die Endpunkte A und B senkrecht darunter in der jeweiligen Höhe auf dem Millimeterpapier ein.
6. Verbinde die einzelnen Punkte mit Linien zum Profil. Es zeigt dir anschaulich den Geländeanstieg.

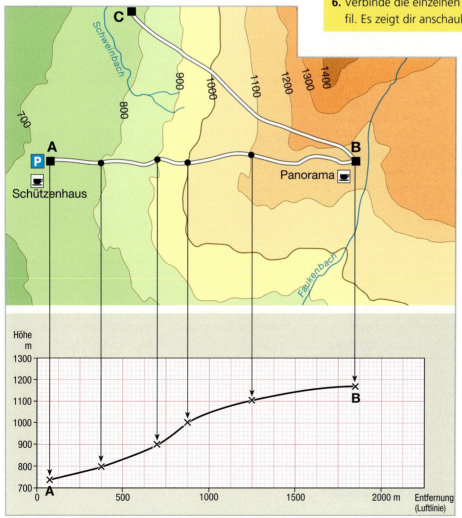

M5 *Ausschnitt aus der Wanderkarte (oben), Profil auf Millimeterpapier (unten)*

❶ Zeichne selbst ein Profil für die Strecke C–B in M5. Welcher Weg ist steiler: A–B oder C–B?

❷ Besorge dir eine Wanderkarte (topographische Karte), auf der der Wildpark Schwarze Berge und der Kiekeberg eingezeichnet sind. Nutze die neugewonnenen Fertigkeiten und erstelle ein Profil, das die beiden Punkte miteinander verbindet.

Grundwissen/Übung

Die Bundesländer Deutschlands

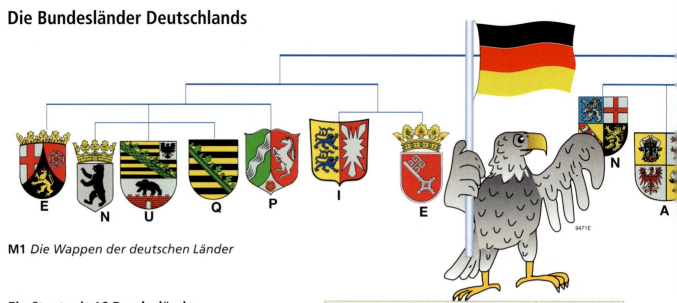

M1 *Die Wappen der deutschen Länder*

Ein Staat mit 16 Bundesländer

Die Bundesrepublik Deutschland ist ein Staat mit einer Staatsfläche von rund 357 000 km². Auf dieser Fläche liegen 16 unterschiedlich große **Bundesländer** (auch Länder genannt).

Die Bundesländer liegen wie große und kleine Puzzlestücke über die Fläche Deutschlands verteilt (M3). Jedes Bundesland hat eine eigene Landeshauptstadt und eine eigene Landesregierung sowie ein Landeswappen.

Hamburg und Bremen sind gleichermaßen Bundesland und Landeshauptstadt. Berlin ist Bundesland, Landeshauptstadt und zugleich Hauptstadt der Bundesrepublik Deutschland.

Die meisten Menschen leben in Nordrhein-Westfalen, obwohl es nach Bayern, Niedersachsen und Baden-Württemberg nur das viertgrößte Bundesland ist. Der kleinste Flächenstaat ist das Saarland.

M2 *Hamburger Rathaus – Sitz der Landesregierung und des Landesparlamentes*

Land (Bundesland)	Fläche in km²	Einwohner
Baden-Württemberg	35 800	10 700 000
Bayern	70 600	12 500 000
Berlin	890	3 400 000
Brandenburg	29 100	2 500 000
Bremen	400	700 000
Hamburg	760	1 800 000
Hessen	21 100	6 100 000
Mecklenburg-Vorpommern	23 600	1 600 000
Niedersachsen	47 400	7 900 000
Nordrhein-Westfalen	34 100	17 800 000
Rheinland-Pfalz	19 800	4 000 000
Saarland	2 600	1 000 000
Sachsen	18 300	4 100 000
Sachsen-Anhalt	20 400	2 300 000
Schleswig-Holstein	15 700	2 800 000
Thüringen	16 300	2 200 000

M3 *Größe und Einwohner der Länder Deutschlands*

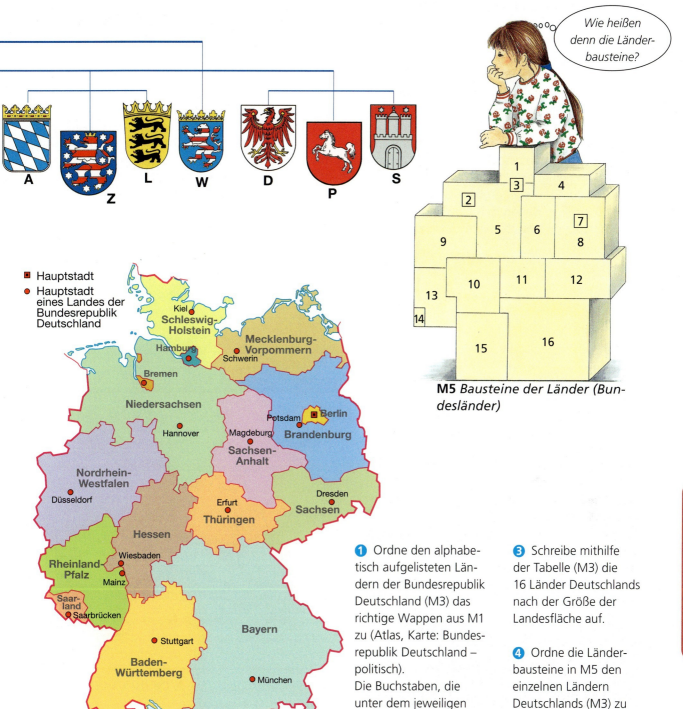

M5 *Bausteine der Länder (Bundesländer)*

M4 *Die Länder (Bundesländer) Deutschlands (politische Karte)*

❶ Ordne den alphabetisch aufgelisteten Ländern der Bundesrepublik Deutschland (M3) das richtige Wappen aus M1 zu (Atlas, Karte: Bundesrepublik Deutschland – politisch).
Die Buchstaben, die unter dem jeweiligen Wappen stehen, ergeben von oben nach unten gelesen ein Lösungswort.

❷ Welche Länder Deutschlands haben ein Wappentier?

❸ Schreibe mithilfe der Tabelle (M3) die 16 Länder Deutschlands nach der Größe der Landesfläche auf.

❹ Ordne die Länderbausteine in M5 den einzelnen Ländern Deutschlands (M3) zu (z. B. 1–Schle…).

❺ Nenne die Bundesländer, die du schon besucht hast und nenne deren Hauptstädte.

Grundwissen / Übung

Orientierung in Deutschland

Bevölkerungsverteilung in Deutschland

M1 zeigt, wie Deutschland bei Nacht vom Weltall betrachtet aussieht. Das Bild wurde von einem Satelliten aufgenommen. Die hellen Punkte sind Lichtquellen auf der Erde. Je mehr davon auf engem Raum vorhanden sind, desto heller erscheint der Bereich auf dem Bild. Besonders viele Lichtquellen leuchten nachts in den Großstädten und Verdichtungsräumen, also dort, wo viele Menschen dicht zusammenleben.

Verdichtungsräume sind größere Gebiete (mindestens 100 km²), in denen sich Einwohner (mindestens 150000) und Arbeitsplätze konzentrieren und die Bevölkerungsdichte sehr hoch ist. Manche Verdichtungsräume haben sich um eine Stadt entwickelt, wie um Berlin. Andere Verdichtungsräume sind durch das Zusammenwachsen mehrerer Städte entstanden, wie der Verdichtungsraum Rhein-Ruhr. Übrigens: Etwa die Hälfte der Einwohner Deutschlands lebt in Verdichtungsräumen.

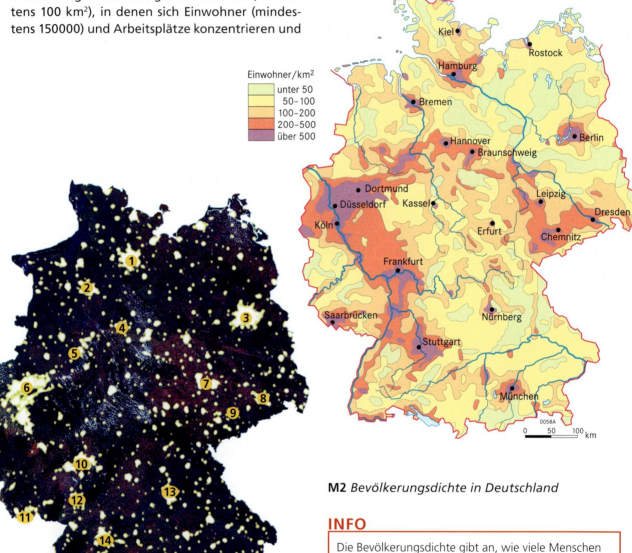

M2 *Bevölkerungsdichte in Deutschland*

INFO

Die Bevölkerungsdichte gibt an, wie viele Menschen durchschnittlich auf einem Quadratkilometer leben. Der Durchschnittswert für Deutschland beträgt 231 Einwohner/km². Diese Zahl ergibt sich, wenn man die Einwohnerzahl Deutschlands durch die Fläche (in km²) teilt.

M1 *Deutschland bei Nacht im Satellitenbild*

Grundwissen

M3 *Lebensräume in Deutschland*

❶ Liste auf, welche Lichtquellen es auf der Erde gibt.

❷ Erkläre, warum manche Gebiete in Deutschland nachts stark leuchten, andere schwach und manche gar nicht. (M1)

❸ a) Ordne den Nummern in M1 folgende Bezeichnungen zu: Rhein-Main, Stuttgart, Augsburg, Hamburg, Saarbrücken, Rhein-Ruhr, Berlin, Dresden, Hannover, Bremen, Nürnberg/Fürth/Erlangen, Halle/Leipzig, Rhein-Neckar, München, Chemnitz/Zwickau, Bielefeld.
b) Nenne für die Verdichtungsräume, die nach Flüssen benannt sind, jeweils drei Städte, die in diesem Raum liegen.
c) Nenne die Bundesländer, in denen die Verdichtungsräume liegen.
d) Gib mithilfe von M2 die Bevölkerungsdichte für die Verdichtungsräume an.

❹ Suche in M1 drei dunkle Bereiche. Finde heraus, um welche Regionen es sich handelt (Atlas). Ermittle anhand von M2 die Bevölkerungsdichte dieser Regionen.

❺ In M3 findest du vier Fotos, die Lebensräume in Deutschland zeigen.
a) Wo bist du auf Situationen getroffen, die denen in M3 ähneln?
b) Erörtere, ob du dich in einer der Situationen wohlfühlen könntest.

Grundwissen/Übung

Miteinander leben in Hamburg

Die Hamburger Innenstadt

Hamburg: Seine Bezirke und Stadtteile

Hamburg – die zweitgrößte Stadt Deutschlands

Hamburg ist mit 755 km² das zweitkleinste Bundesland. Hier leben rund 1 775 000 Menschen. Damit ist Hamburg (nach Berlin) die zweitgrößte Stadt Deutschlands. Regiert wird das Land durch den vom Bürgermeister geführten **Senat**. Dieser wird vom Landesparlament, der Bürgerschaft, gewählt.

M1 *Stadtwappen von Hamburg*

Die Hansestadt Hamburg ist in sieben **Bezirke** mit insgesamt 105 **Stadtteilen** gegliedert. In jedem Bezirk gibt es ein Bezirksamt. Dieses sorgt dafür, dass wichtige Verwaltungsaufgaben unmittelbar vor Ort erledigt werden können. Unterstützt werden die Bezirksämter dabei durch mehrere Ortsämter.

> Die Fotos in M3 sind in Hamburg aufgenommen worden und zeigen bekannte Punkte der Stadt. Wie heißen diese Sehenswürdigkeiten? Nenne auch die Bezirke und Stadtteile in denen sie liegen.

M2 *Hamburgs Bezirke und Stadtteile*

M3 *Sehenswürdigkeiten Hamburgs*

Stadtviertel und ihre Nutzung

M1 *City Hamburg: Einkaufspassage*

M3 *Schwimmende Häuser – das etwas andere Wohnen*

In der City

Wenn jemand „in die Stadt" fährt, so meint er in der Regel die Innenstadt, die sogenannte **City**. Im Zentrum der City liegen meist das Rathaus und zahlreiche Kaufhäuser. Während die Einheimischen in die City kommen, um in Geschäften Besorgungen zu machen, auf Ämtern vorzusprechen oder Arzttermine wahrzunehmen, besichtigen Touristen die Sehenswürdigkeiten der Stadt.

Zur Entlastung des Stadtzentrums vom Autoverkehr hat man in den meisten Städten **Fußgängerzonen** ausgewiesen. Der Lieferverkehr darf nur in den frühen Morgenstunden die Geschäfte anfahren. Tagsüber können die Fußgänger gefahrlos in der Fußgängerzone spazieren gehen, die Auslagen in den Schaufenstern ansehen und in den Restaurants und Straßencafés eine Pause einlegen.

Außerhalb der City

Verlässt man den Bereich der City, so gelangt man in Wohnviertel mit zumeist etwas älteren, mehrstöckigen Häusern (M7). Hier befinden sich oft auch kleinere Industrie- und Gewerbebetriebe (M2). Je weiter man sich vom Stadtzentrum entfernt, desto lockerer wird die Bebauung. Beiderseits der Hauptverkehrsstraßen wurden zunehmend Einkaufszentren angelegt. Viele Menschen kaufen hier ein, weil die Anfahrt mit dem Auto bequem ist. Am Stadtrand haben die städtischen Verwaltungen einige Gebiete ausschließlich für die Ansiedlung von Gewerbebetrieben ausgewiesen. Diese liegen meist in der Nähe von Autobahnausfahrten.

Außerhalb der Innenstadtbereiche finden sich häufig auch Hochhaussiedlungen (M5).

M2 *Gewerbegebiet*

M4 *Erholungsgebiet*

M5 *Hochhaussiedlung*

M7 *Wohnviertel mit älteren Häusern*

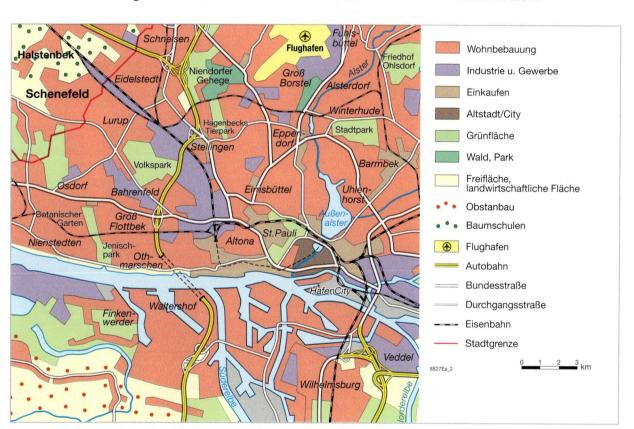

M6 *Flächennutzung in Hamburg (Ausschnitt)*

❶ Nenne Einrichtungen, die vor allem in der City zu finden sind.

❷ Wohnen in der Stadt. Erläutere, wo du am liebsten wohnen würdest.

❸ In dem Text wird über unterschiedliche Viertel berichtet. Nenne Beispiele aus Hamburg, auf die die Textaussagen zutreffen.

Grundwissen / Übung

Ein Wohnviertel vorstellen

Wohnen in unterschiedlichen Wohnvierteln

Die Schülerinnen und Schüler der Klasse 5c kommen aus verschiedenen Stadtteilen Hamburgs. Drei Kinder wohnen in Hamburg-Stellingen. Da nur wenige ihrer Mitschüler Stellingen kennen, stellen sie ihr Wohnviertel vor.

Sie haben zu den Straßen, in denen sie wohnen, Texte geschrieben und Fotos gemacht. Zunächst befestigen sie einen Stadtplan auf einer Pinnwand. Auf dem Stadtplan haben sie die Straßen markiert. Dann heften sie die Fotos an die Pinnwand und lesen die Texte vor.

Die Straße ist ruhig, Autos fahren nur selten. Die Kita, die ich vier Jahre lang besuchte, liegt auf der anderen Straßenseite. Wir können überall spielen. Die öffentliche Bücherhalle ist nicht weit. Zum Poseidon Freibad und zu Hagenbecks Tierpark sind es nur wenige Minuten mit dem Fahrrad. Es gibt in unserer Straße keine Geschäfte.

M1 *Lena aus der Jugendstraße*

Wir wohnen in einem Altbau im dritten Stock. Es gibt keinen Aufzug. Zur Straße hin ist es sehr laut. Regelmäßig alle fünf Minuten hält ein Bus vor dem Haus. Spielen darf ich hier nicht, es ist zu gefährlich. Ich gehe oft einkaufen. Das ist hier kein Problem, da viele Geschäfte in der Nähe sind.

M2 *Cem aus der Kieler Straße*

Das Hochhaus hat 14 Stockwerke, wir wohnen im 11. Stock in einer Drei-Zimmer-Wohnung. Wir haben einen tollen Blick. Das Haus hat einen Aufzug. Supermärkte sind in der Nähe. Spielen können wir in den Grünanlagen auf der anderen Straßenseite. Zur Schule fahre ich mit dem Fahrrad.

M3 *Mia aus dem Eidelstedter Weg*

Grundwissen

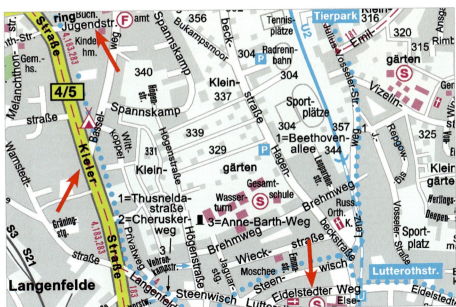

M4 *Jugendstraße in Stellingen*

M5 *Kieler Straße in Stellingen*

M6 *Eidelstedter Weg in Stellingen*

M7 *Stadtplan von Hamburg-Stellingen (Ausschnitt); die Straßen in M4–M6 sind durch die Pfeile gekennzeichnet).*

Besorge dir eine Kopie von einem Stadtplan. Markiere dort die Straße, in der du wohnst (bei langen Straßen reicht auch ein Straßenabschnitt). Fotografiere die Straße.

1. Schritt: Vorbereitung

Verfasse den Text:

1. Beschreibe die Wohnhäuser:
   a) Welche Hausformen gibt es (Mehrfamilienhäuser mit wie vielen Stockwerken, Reihenhäuser, Ein- bis Zweifamilienhäuser)?
   b) Grenzen die Häuser direkt an den Bürgersteig oder gibt es Vorgärten?

2. Beschreibe die Straße oder den Straßenabschnitt:
   a) Ist die Straße eine Anliegerstraße oder eine Straße mit Durchgangsverkehr?
   b) Gibt es alte oder neu gepflanzte Bäume?
   c) Gibt es Geschäfte? Welche?

3. Beschreibe das Wohnumfeld:
   a) Gibt es in der Nähe Grünanlagen oder Parks?
   b) Gibt es in dem Wohnviertel einen Spielplatz?
   c) Gibt es in dem Wohnviertel Handwerksbetriebe?

4. Beschreibe, wie gut bestimmte Häuser/Plätze erreichbar sind:
   a) Wie weit ist es zum nächsten Supermarkt?
   b) Wie weit ist es zur nächsten Grundschule und zur nächsten Stadtteilschule?
   c) Wie erreichst du den nächsten Sportplatz, das nächste Schwimmbad?
   d) Wie erreicht man die City?

2. Schritt: Durchführung

Stelle dein Wohnviertel deinen Mitschülerinnen und Mitschülern vor. Gehe dabei so vor wie die Schülerinnen und der Schüler aus Stellingen.

3. Schritt: Präsentation

PROJEKT

Grundwissen/Übung

Woher kommen deine Nachbarn?

Fotografieren

zum Beispiel
- Türklingeln
- Wohnhäuser
- Geschäfte
- Plätze
- Straßen
- Menschen

Notiert auf einem Blatt, was ihr wo an welchem Tag und zu welcher Uhrzeit fotografiert habt. Dann fällt es euch hinterher leicht, die Fotos richtig zu beschriften.

M1 *Am Eingang eines vierstöckigen Wohnhauses*

Lerne deine Nachbarn kennen!

Wir kommen häufig mit Menschen aus anderen Ländern zusammen. Sie haben eine andere Sprache, essen andere Dinge und kleiden sich teilweise anders.

Oft wissen wir zu wenig über sie, ihre Heimatländer, ihre Religion und andere Bestandteile ihrer **Kultur**. Es kommt zu Missverständnissen oder gar Vorurteilen, die wir abbauen müssen.

- Leute mit einem ausländischen Namen können einen deutschen Pass haben, also deutsche Staatsbürger sein.
- Man weiß nicht, ob in einer Wohnung eine einzelne Person oder eine Familie lebt.
- Man kann nicht sagen, wie viele Zimmer die Wohnung hat.
- Man kann oft nicht feststellen, in welchem Stockwerk die Leute ihre Wohnung haben.

M2 *Die Namensschilder an den Türklingeln „verraten" nicht alles.*

M3 *Bewohner mit ausländischen Wurzeln, die an der Befragung teilnahmen*

Grundwissen

Kartieren

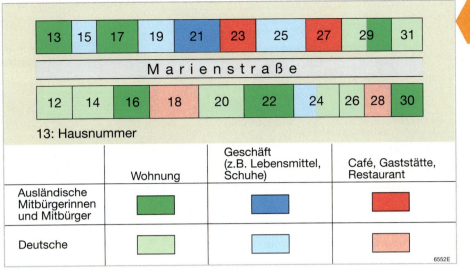

M4 *Nutzungskartierung des Erdgeschosses*

zum Beispiel
- einzelne Straßen
- Stadtviertel

Besorgt euch Karten. Legt gemeinsam eine Legende fest. Fertigt eine Zeichnung an, in der ihr die Ergebnisse der Nutzungskartierung darstellt (M4). Fasst eure Erfahrungen (z.B. Schwierigkeiten) in einem Bericht zusammen.

Befragen

Herr Ismail Aydin ist 42 Jahre alt. Er wurde in Bursa (Türkei) geboren und lebt seit über 20 Jahren in Deutschland. Vor zehn Jahren eröffnete er zusammen mit seiner Frau Keziban, die er in seiner Heimat kennenlernte und dort heiratete, das Restaurant „Istanbul". Sie haben einen Sohn, der Burhan heißt. Er wurde in Deutschland geboren und ist fast 18 Jahre alt.
Die Familie Aydin wohnt in einer Mietwohnung direkt über dem Restaurant. Herr Aydin fährt mit seiner Frau und seinem Sohn einmal im Jahr für fünf bis sechs Wochen nach Bursa. Dort leben die Eltern von Herrn Aydin, seine Schwiegereltern und weitere Verwandte.
Die Familie Aydin will nicht mehr in die Türkei zurückziehen, da sie hier in Deutschland viele Freunde hat und sich auch sehr wohlfühlt. Innerhalb der Familie wird in der Regel Türkisch gesprochen. Mit Zustimmung der Eltern hat sich Burhan entschieden, die deutsche Staatsangehörigkeit anzunehmen.

M5 *Bericht von Tina und Jan zum Interview mit Herrn Aydin*

zum Beispiel
- ausländische Schülerinnen und Schüler
- Berufstätige

Erstellt einen Fragebogen und kopiert diesen, damit jeder von euch mindestens eine Befragung durchführen kann. Schreibt zu jeder Befragung einen Bericht (M5).

M6 *Modellbau eines Teils der Marienstraße. Jedes Haus ist 6 cm lang und 4 cm breit. Ein Stockwerk ist 3 cm hoch. Die Farben stimmen mit denen der Nutzungskartierung (M4) überein.*

❶ a) Welche Familiennamen an den Türklingeln (M1) sind deiner Meinung nach ausländische Namen?
b) Von welchen Kontinenten oder aus welchen Ländern könnten diese Menschen stammen?

❷ Ordne den Modellhäusern in M6 die richtigen Hausnummern aus M4 zu.

❸ Rund 180 verschiedene Nationalitäten sind derzeit in Hamburg vertreten. Überlege, wo du heute bereits mit Menschen Kontakt hattest, die ausländische Wurzeln haben.

Grundwissen/Übung

M1 *U-Bahn-Haltestelle in Hamburg-Lokstedt*

M2 *Lkws werden an einem Supermarkt entladen*

Mobilität

Personenverkehr und Güterverkehr im Nahraum

Viele Güter, die wir benötigen, werden nicht in unserer Nähe hergestellt. So werden zum Beispiel Lebensmittel mit Lastkraftwagen (Lkw) oder fabrikneue Autos mit der Bahn transportiert. Das nennt man Güterverkehr.

Personenverkehr bedeutet, dass Menschen von einem Ort zu einem anderen Ort unterwegs sind. Sehr viele gehen außerhalb ihres Wohnortes einer Arbeit nach. Diese Personen heißen **Pendler**. Für ihre Arbeitswege benutzen sie eigene oder **öffentliche Verkehrsmittel**.

Einkaufsfahrten sind nötig, wenn Supermärkte oder andere Geschäfte nicht in der Nähe der Wohnung liegen. Auch zum Besuch von Freunden und Verwandten oder zum Erreichen von Sportanlagen, Kinos und anderen Freizeiteinrichtungen im Nahraum werden Verkehrsmittel benötigt. Für Freizeitfahrten wird meistens das Auto benutzt. So wählen rund 75 von 100 Deutschen für Urlaubsreisen den Personenkraftwagen (Pkw). Das Auto wird bevorzugt, weil die Menschen mit ihm jederzeit an jeden Ort gelangen können. Dadurch wird die **Mobilität** erhöht.

INTERNET

Informationen und Fahrplanauskunft
www.hvv.de
www.geofox.de

Informationen zum Thema HVV und Umweltschutz
www.hvv.de/umwelthauptstadt/klimaschutz

Unterwegs mit dem HVV

Der Hamburger Verkehrsverbund (HVV) umfasst das Hamburger Stadtgebiet und sieben umliegende Kreise. Zum Streckennetz gehören U- und S-Bahnlinien sowie Regionalbahnen (z. B. AKN = Eisenbahn Altona-Kaltenkirchen-Neumünster). Über 400 Buslinien und sieben Fährlinien auf der Elbe und im Hafen ergänzen das Angebot.
Natürlich können die Verkehrsmittel zum Erreichen der Ziele kombiniert werden. Wer sich auch selbst bewegen möchte, kann sein Fahrrad in vielen Verkehrsmitteln zu bestimmten Tageszeiten auf Teilstrecken mitnehmen.

INFO

Personennahverkehr

Man unterscheidet im Personennahverkehr individuelle und öffentliche Verkehrsmittel.

Individuelle Verkehrsmittel

Bei individuellen Verkehrsmitteln kann man über Ziel, Weg und Zeitpunkt der Fahrten selbst entscheiden. Zu den individuellen Verkehrsmitteln gehören Personenkraftwagen (Pkw), Krafträder (z. B. Motorrad) und Fahrräder.

Öffentliche Verkehrsmittel

Bei öffentlichen Verkehrsmitteln sind Abfahrtzeiten, Wegstrecken und Zielorte festgelegt. Zu den öffentlichen Verkehrsmitteln gehören Bus, Eisenbahn, S-Bahn oder U-Bahn.

M3 *ZOB Hamburg*

M5 *Hamburger S-Bahn*

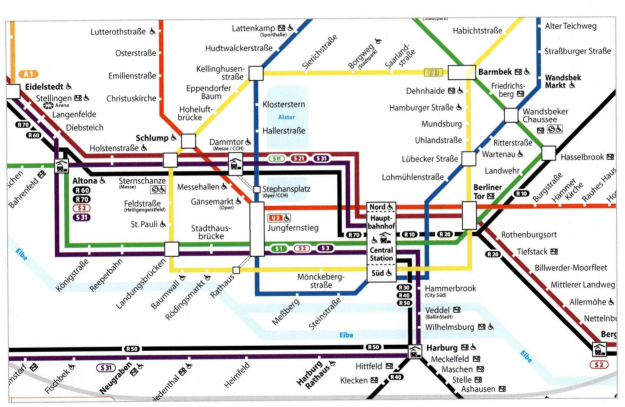

M4 *HVV-Streckennetzplan 2011 (Ausschnitt)*

❶ Stelle in einer Tabelle zusammen, mit welchen Verkehrsmitteln die Kinder deiner Klasse zur Schule kommen.

❷ Stelle für eine Woche zusammen, welche Verkehrsmittel du für Fahrten zur Schule, für Einkaufsfahrten und für Freizeitfahrten benutzt. Vergleiche innerhalb der Klasse.

❸ Wie kommst du mit öffentlichen Verkehrsmitteln von deiner Schule zum Hauptbahnhof? Nenne die Verkehrsmittel und die Umsteigepunkte.

Grundwissen / Übung

Hamburgs Trinkwasserversorgung

Wasser für Hamburg

Trinkwasser ist das wichtigste Lebensmittel. Es kann durch nichts ersetzt werden. Wir brauchen es täglich in guter Qualität. Deshalb sind der Schutz des Wassers und ein sparsamer Umgang mit Wasser so wichtig.

Das Versorgungsgebiet von HAMBURG WASSER (ehemals Hamburger Wasserwerke) wird von insgesamt 17 Grundwasserwerken beliefert. Diese haben eine sehr unterschiedliche Größe. Normalerweise versorgt ein **Wasserwerk** die angrenzenden Stadtteile oder Ortschaften. Eine Ausnahme bildet das Wasserwerk Nordheide, das bis in einige Stadtteile nördlich der Elbe über eine Entfernung von mehr als 40 km Wasser pumpt.

Reine Wohngebiete haben morgens und abends die höchsten Verbräuche. In gewerblichen Gebieten und in der Innenstadt steigt tagsüber der Verbrauch stark an und fällt nachts stark ab.

Wegen der ausschließlichen Förderung von hochwertigem **Grundwasser** unterscheidet sich die Wasserqualität aus den einzelnen Wasserwerken nur geringfügig.

INFO

Unser Wasserverbrauch

In den Haushalten wird im Durchschnitt knapp die Hälfte allen Trinkwassers in Dusche, Bad und Waschbecken verbraucht; ein Drittel des Wassers rauscht durchs WC. Nur zwei Prozent des Trinkwassers (d.h. 2 von 100 Wassertropfen) werden tatsächlich zum Trinken und Kochen verbraucht. Das restliche Wasser wird hauptsächlich zum Wäschewaschen, Geschirrspülen und Rasensprengen genutzt.

INFO

Der Tag des Wassers

Wasser ist in Deutschland das bestkontrollierte Lebensmittel. Jedoch gibt es nach wie vor Länder, in denen viele Menschen keinen Zugang zu einer gesicherten Trinkwasserversorgung haben. Mit dem Tag des Wassers, der jeweils am 22. März stattfindet, soll auf diese Problematik aufmerksam gemacht werden.

Wasserwagen und Wasserträger

Die Anfänge der organisierten Wasserversorgung in Hamburg reichen über 600 Jahre zurück. Damals wurden erste Leitungen, die aus durchbohrten Baumstämmen bestanden, verlegt. Sie versorgten wohlhabende Haushalte mit Quellwasser. Ärmere Bewohner waren weiterhin auf Eigenversorgung angewiesen. Manche ließen sich das Wasser durch umherfahrende Wasserwagen oder Wasserträger ins Haus bringen. Der bekannteste Hamburger Wasserträger ist Hans Hummel, der zum Hamburger Wahrzeichen wurde.

Zunächst wurde ungefiltertes Wasser aus den Fleeten und der Alster entnommen; später nutzte man auch das Wasser der Elbe zur Trinkwasserversorgung. Seit dem Ende des 19. Jahrhunderts wurde das Elbwasser gefiltert, ehe es den Haushalten als Trinkwasser angeboten wurde. Die Verschlechterung der Elbwasserqualität führte zur Suche nach geeignetem Grundwasser. Seit den 1960er-Jahren wird das gesamte Hamburger Trinkwasser nur noch aus Grundwasser gewonnen.

Ein Einblick in die Hamburger Trinkwasserversorgung kann durch einen Besuch des Wasserforums in Rothenburgsort, dem größten Wassermuseum Norddeutschlands, gewonnen werden.

M1 *Trinkwasseraufbereitung*

M2 *Hamburgs Wasserwerke*

M3 *Im Wasserforum Hamburg*

TIPP

Wasserforum

Das Wasserforum ist Norddeutschlands umfassendste und zugleich modernste Informationssammlung über die Wasserversorgung.

Zwei unterschiedliche Informationsebenen ermöglichen einen schnellen Rundgang mit vielen Möglichkeiten zum Anfassen oder Anschauen ebenso wie eine intensive Auseinandersetzung mit den unterschiedlichen Themen.

Plant doch einen Ausflug ins Wasserforum Hamburg (Billhorner Deich 2, 20539 Hamburg). Ihr erreicht das Wasserforum mit den öffentlichen Verkehrsmitteln S 21 (Bahnhof Rothenburgsort) und den Bus-Linien 120, 124 und 130 (Station Billhorner Deich).

❶ Erkundige dich bei deinen Eltern oder Großeltern, welche Geschichte mit dem Ausspruch „Hummel, Hummel – Mors, Mors" verbunden ist.

Grundwissen / Übung

Im Hamburger Hafen

M1 Hamburgs Verkehrsverbindungen

M2 Die „Ever Strong" der Reederei Evergreen

Der Hamburger Hafen – ein Warenumschlagplatz

Eine Kanzel aus Panzerglas 40 m über der Erde, das ist der Arbeitsplatz von Jürgen Alsen. Von hier be- und entlädt er die Containerschiffe am Burchardkai. Er bedient die Katzbrücke, einen riesigen Kran auf Schienen. So entlädt er bis zu 30 **Container** pro Stunde.

Die „Ever Strong", ein Frachtschiff aus Taiwan, ist pünktlich am Kai und sofort beginnen die Entladearbeiten. Die für Hamburg bestimmten 2 500 Container werden auf Kaianlagen gesetzt und gleich mit Carriern abtransportiert. Diese Greifer auf Rädern bringen die Container an den vorausbestimmten Platz. Der Fahrer erfährt den Platz per Computer. Ist das Schiff entladen, beginnt sofort das Beladen. Die Carrier holen die für das Schiff bestimmten 1200 Container vom Lagerplatz. Die Katzbrücke belädt das Schiff so schnell es geht – Zeit ist kostbar. Für den Aufenthalt der „Ever Strong" müssen über 60 000 Euro bezahlt werden. Computer speichern alle Daten der Schiffsladungen. Deshalb kann für jedes Schiff ein Platz in einem passenden **Terminal** reserviert werden. Die Terminals sind ausgerüstet mit Gleisanschluss, Straßen und Schuppen, Tanklagern, Silos oder großen Freiflächen, auf denen man die Container abstellen kann. Die meisten **Stückgüter**, die in Hamburg abgefertigt werden, sind in Containern verpackt. Manche Güter werden auf Stückgutfrachtern mit einer besonderen Ausrüstung zum Be- und Entladen transportiert. Dazu zählen zum Beispiel riesige Motoren, Maschinenteile oder Eisenbahnwaggons. Sie werden in bestimmten Terminals umgeschlagen. Hamburg hat einen Universalhafen, das heißt, neben dem Containern werden auch Saug-, Flüssig-, Greif- und Schüttgüter umgeschlagen.

Auch die **Massengüter** haben ihre Terminals. Dort werden Kohle und Erze zum Beispiel mit großen Schaufelradbaggern und Kränen gelöscht. **Flüssiggüter** wie Mineralöl werden in Tanks gepumpt und Getreide mit sogenannten Getreidehebern in Silos befördert.

INFO

Hamburg Port Authority

Die Hamburg Port Authority (HPA) ist verantwortlich für den Hafen. Sie ist u.a. Ansprechpartner für alle Fragen der Sicherheit des Schiffsverkehrs, der Hafenbahnanlagen und der wirtschaftlichen Bedingungen im Hafen. Dazu stellt die HPA die erforderlichen Flächen bereit.

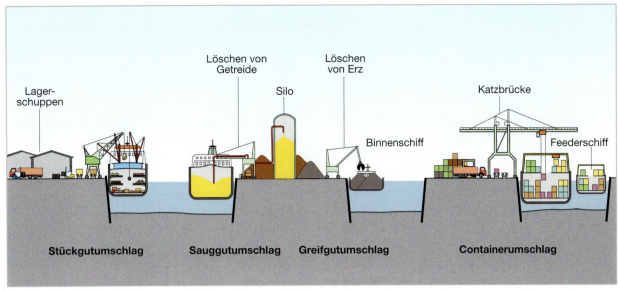

M3 *Verladen von Gütern. Feederschiffe sind spezielle Frachtschiffe, die unter anderem Container oder Autos zwischen großen Seeschiffen oder zu kleinen Küsten-, Kanal- oder Binnenhäfen tranportieren.*

- Hafengebiet: 7155 ha (4198 ha Landflächen und 2957 ha Wasserflächen); 104 km vom Meer entfernt
- 60 Hafenbecken, vier Containerterminals
- Kaimauer für Seeschiffe: 37,5 km
- Liegeplätze für Seeschiffe: ca. 320
- 132 km öffentliche Straßen, 304 km Gleise
- 166 000 direkt oder indirekt vom Hafen abhängige Arbeitsplätze in Hamburg
- ankommende Seeschiffe (2009): 10 200
- zulässiger Schiffstiefgang: 15,1 m
- Gesamtumschlag: 121,2 Mio. t (2010)
- Weitertransport täglich durch ca. 200 Güterzüge, 6000 Lkw, 35 Zulieferschiffe (Feederschiffe)
- Anteil der Container am Stückgut: 96,8 Prozent (2010)
- Wichtigster Außenhandelspartner im Containerverkehr: China

M4 *Der Hamburger Hafen in Zahlen (Mai 2011)*

M5 *Löschen (Entladen von Schiffen) am Burchardkai*

❶ Der Hamburger Hafen liegt nicht unmittelbar an der Küste sondern im Landesinneren. Schreibe Vor- und Nachteile dieser Lage auf.

❷ Beschreibe die Verbindungen Hamburgs ins Hinterland (Atlas, M1).

❸ Durch die Verkehrsverbindung nach Lübeck und Kiel gilt Hamburg als Hafen von zwei Meeren. Erkläre.

❹ a) Notiere drei Güter, die in Containern transportiert werden.

b) Erläutere mithilfe des Textes und M3 das Löschen von Greifgut, Stückgut (einzeln) und Containern.

Grundwissen/Übung

M1 Das Containerschiff „Ever Champion" aus Taiwan wurde 2005 gebaut. Es ist 334 m lang, 43 m breit und hat einen Tiefgang von 14,5 m. Seine Reisegeschwindigkeit beträgt ca. 40 km/h. Im Vordergrund fährt ein Schlepper, der beim „Einparken" hilft. Im Hintergrund ist der Containerterminal Altenwerder zu sehen.

Containerverkehr

Hein Martens arbeitet seit 40 Jahren im Hamburger Hafen. Er hat einen abwechslungsreichen Beruf, denn er ist Kapitän einer Barkasse. Das ist ein Boot, mit dem Touristen durch den Hafen gefahren werden. Während der Tour erzählt er seinen Gästen allerhand Interessantes rund um den Hafen. Dabei schmückt er seine Geschichten gern mit hemmungslosen Übertreibungen oder kleinen Lügen aus. Deshalb haben die Hamburger ihm und seinen Kollegen den Spitznamen „He lücht" (er lügt) gegeben. Aber am besten lassen wir ihn mal selbst erzählen:

„Als ich hier in den 1960er-Jahren anfing, da war vielleicht was los im Hafen! Zum Schichtwechsel an den Kais oder bei der Werft Blohm und Voss sah man Tausende von Männern zu ihren Arbeitsplätzen strömen. Heute sind die Kais ja menschenleer. Da sitzt nur noch einer in der Containerbrücke und holt damit die Blechkisten vom Schiff. Ansonsten läuft das alles automatisch.

Früher mussten unzählige Arbeiter die Frachter entladen, da war noch viel Handarbeit dabei. Für die Seeleute war das prima. Die hatten erst mal ein paar Tage Landgang und ließen sich in den Bars von St. Pauli die Heuer (Gehalt) aus der Tasche ziehen. Das gibt es heute nicht mehr. Ihr wollt wissen warum? Schuld ist die sogenannte Containerrevolution in den 1970er-Jahren.

Seht euch mal den Pott hier an, das ist die „Ever Champion" aus Taiwan, ganz neu (M1). Die kann über 8000 Container transportieren.

Jetzt glaubt mal nicht, die würde lange im Hafen bleiben. Wie die meisten Schiffe liegt auch dieser Ozeanriese nur einen Tag am Kai zum Ent- und Beladen. Die Containerbrücken am neuen Terminal Altenwerder schaffen 50 Container in einer Stunde und arbeiten rund um die Uhr. Zeit ist Geld in der Seefahrt. Denn so ein Schiff ist sehr teuer und Gewinn bringt es nur, wenn es Waren transportiert. Das Liegen im Hafen kostet nur, also geht es so schnell wie möglich rein und wieder raus. Häufig gehen die Seeleute nur mal kurz runter vom Schiff, um sich im Hafen die Beine zu vertreten. Und wenn sie nach fünf Minuten zurückkommen, ist ihr Schiff schon weg. Das fällt dem Kapitän dann erst auf hoher See auf. Das ist dann halt Pech."

Hein „He lücht" Martens grinst und augenzwinkernd steuert er seine kleine Barkasse an den Containerriesen vorbei.

M2 Standardcontainer

M3 *Hafenrundfahrt im Hamburger Hafen*

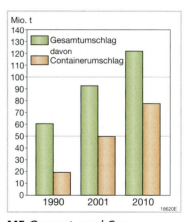

M5 *Gesamt- und Containerumschlag im Hamburger Hafen*

INTERNET

www.hafen-hamburg.de

① Hamburg ist der größte Kaffeehafen der Welt. Ich glaube, das wichtigste Handelsland dafür ist Japan.

② Die Seeleute haben viel Zeit, um sich in den Hafenstädten umzusehen. Darum nennt man sie auch Sehleute.

③ Man glaubt es kaum, aber St. Petersburg ist für den Hamburger Hafen näher als Venedig.

④ Häufig arbeiten vier Containerbrücken an einem Schiff. Die schaffen dann 1000 Container in fünf Stunden.

⑤ Bald gibt's hier nur noch Container. Heute werden schon zwei Drittel aller Waren in den Blechkisten transportiert.

⑥ China transportiert mehr Güter nach Hamburg als die europäischen Staaten zusammen.

⑦ Von Singapur nach Hamburg benötigt ein Schiff nicht einmal drei Wochen.

⑧ Länger als einen Tag liegen die Schiffe heute nicht mehr im Hafen.

⑨ Aus einem Container kamen einmal zehn Elefanten raus. Jedes Tier wog fünf Tonnen.

⑩ Ein Containerschiff ist länger als zwei Fußballfelder hintereinander.

⑪ Der Hamburger Hafen wird immer bedeutender. Der Güterumschlag hat sich in den letzten 15 Jahren mehr als   verdoppelt.

⑫ Durch die Containerrevolution wurden sehr viele Arbeitsplätze im Hafen geschaffen.

M4 *Was man bei einer Hafenrundfahrt so alles erfährt*

❶ Beschreibe die Entwicklung des Gesamt- und Containerumschlags im Hamburger Hafen (M5).

❷ Hein „He lücht" Martens erzählt so einiges auf seiner Hafenrundfahrt. Mit manchen Informationen will er uns wohl einen Seebären aufbinden. Finde mithilfe des Materials im Buch, des Internets und des Atlas heraus, welche Aussagen stimmen und welche nicht (M4).

❸ Plane eine kleine Hafenrundfahrt, mit der du deine Freunde, die nicht in Hamburg wohnen, für den Hafen begeistern kannst.

Grundwissen/Übung

Wir arbeiten mit einer thematischen Karte

M1 *Bei der Arbeit mit dem Atlas*

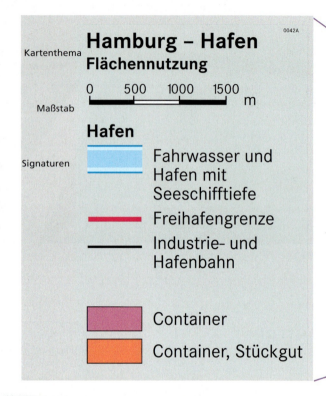

M2 *Ausschnitt aus der Legende zur Karte „Hamburg – Hafen"*

Fünf Schritte zur Auswertung einer thematischen Karte

1. Beschreibe die Legende:
   a) das Thema: Die Karte zeigt …
   b) den Maßstab: 1 cm auf der Karte entspricht … in der Wirklichkeit.
   c) die Signaturen: Einzeln dargestellt werden … Kläre dabei Begriffe, die du nicht kennst (z. B. Freihafen) durch Nachschlagen im Minilexikon im Anhang oder durch Nachfragen.
2. Bestimme die Fläche des dargestellten Raumes oder die größte Nord-Süd- und Ost-West-Ausdehnung mithilfe der Maßstabsleiste.
3. Beschreibe die Lage der einzelnen Signaturen:
   Es gibt … Stellen für den Containerumschlag, sie befinden sich …
   Es gibt … Stellen für den Massengutumschlag, sie befinden sich …, usw.
4. Verknüpfe das Thema der Karte mit dem Wissen, das du bereits hast.
5. Stelle Fragen. Was möchtest du gerne noch zu dem Thema erfahren?

METHODE

❶ Beschreibe die einzelnen Bilder in M3. Nenne jeweils die Signatur, die sich auf das Bild bezieht.

❷ Übe den Umgang mit der thematischen Karte, indem du sie nach der Anleitung beschreibst (nur Schritt 1–3).

❸ Verknüpfe dein Wissen über den Hamburger Hafen mit der Karte, indem du folgende Fragen beantwortest:
a) Woran kannst du erkennen, dass der Containerumschlag von besonderer Bedeutung ist?
b) Welche Verkehrsanbindungen sind für den Hafen besonders wichtig?
c) Hamburg liegt nicht am Meer. Warum ist es trotzdem möglich, dass große Containerschiffe den Hafen anlaufen können?
d) Welche Bedeutung hat der Hafen als Standort für die Industrie?

Grundwissen

Stückgutumschlag

Containerterminal

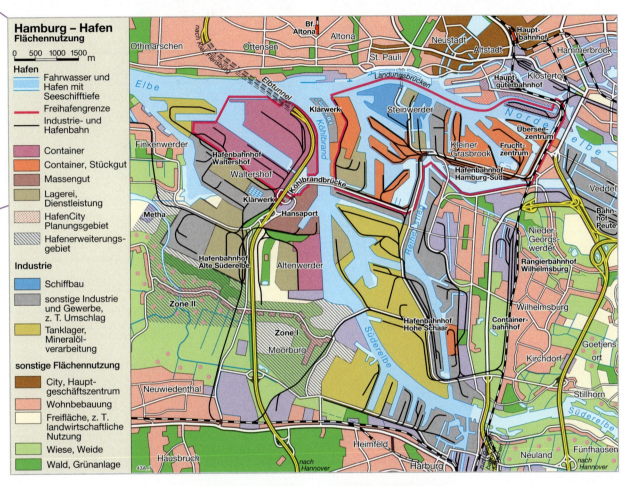

Hamburg – Hafen
Flächennutzung

0 500 1000 1500 m

Hafen
- Fahrwasser und Hafen mit Seeschifftiefe
- Freihafengrenze
- Industrie- und Hafenbahn
- Container
- Container, Stückgut
- Massengut
- Lagerei, Dienstleistung
- HafenCity Planungsgebiet
- Hafenerweiterungsgebiet

Industrie
- Schiffbau
- sonstige Industrie und Gewerbe, z. T. Umschlag
- Tanklager, Mineralölverarbeitung

sonstige Flächennutzung
- City, Hauptgeschäftszentrum
- Wohnbebauung
- Freifläche, z. T. landwirtschaftliche Nutzung
- Wiese, Weide
- Wald, Grünanlage

Erzumschlag

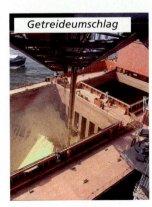
Getreideumschlag

Lagerhalle für Stückgut

Trockendock

M3 *Thematische Karte „Hamburg – Hafen"*

Grundwissen / Übung

Versorgung durch die Landwirtschaft

Auf einem Wochenmarkt

Schneller Bananenquark:
250 Gramm Speisequark (20%),
1 Becher Naturjoghurt,
1 bis 2 Löffel Zucker, den Saft einer halben Zitrone und etwas Milch dazugeben; dann eine große Banane in kleine Stücke schneiden und alles verrühren – fertig!

M1 *Vor der Schule ein gutes Frühstück – Was gehört für dich dazu?*

Lebensmittel in unseren Geschäften

Wie ernährt uns die Landwirtschaft?

Wir essen jeden Tag ganz unterschiedliche Dinge, zum Beispiel morgens Müsli mit Bananenquark, mittags eine Pizza und Salat, abends Brotscheiben mit Wurst oder Käse.

Doch woher kommen die einzelnen Nahrungsmittel? Woher stammt die Salami auf der Pizza? Wo wachsen die Möhren und Tomaten für den Salat?

Erzeugt werden sie in der **Landwirtschaft**. Landwirte (Bauern) besitzen Felder. Darauf betreiben sie **Ackerbau**. Daher stammen unter anderem Getreide, Gemüse und Kartoffeln.

Landwirte halten auch Nutztiere (Vieh). Zu den Produkten aus der **Viehwirtschaft** zählen Milch, Käse, Fleisch und Wurst.

Wir alle sind Käufer von Nahrungsmitteln. Manchmal wird in einem Jahr ein bestimmtes Produkt, zum Beispiel grüner Spargel oder eine neue Kartoffelsorte, viel gekauft. Dann achten die Landwirte im Folgejahr darauf, dass davon größere Mengen angebaut werden.

Woher kommen die Nahrungsmittel?

Überall in Deutschland gibt es Bauernhöfe. Einige Gebiete sind jedoch bekannt für bestimmte landwirtschaftliche Erzeugnisse. Hier einige Beispiele: Das „Alte Land" westlich von Hamburg und das „Havelland" westlich von Berlin sind große Anbaugebiete von Äpfeln. Aus der „Lüneburger Heide" stammen unter anderem Kartoffeln. In der „Zülpicher Börde" werden Zuckerrüben erzeugt. Aus der „Altmark" in Sachsen-Anhalt und aus dem Gebiet um die Stadt Vechta in Niedersachsen kommen Fleisch und Eier.

Viele unserer Nahrungsmittel werden aber auch aus anderen Ländern eingeführt. Bei uns wachsen ja keine Bananen und im Winter auch keine Erdbeeren! Wir können aber in den Geschäften zu jeder Jahreszeit alle gewünschten Nahrungsmittel kaufen. So werden dort zum Beispiel Apfelsinen und Paprika aus Spanien oder Italien angeboten. Man kann Bananen aus Costa Rica oder Ecuador kaufen. Die Herkunftsländer der Produkte sind im Supermarkt angegeben.

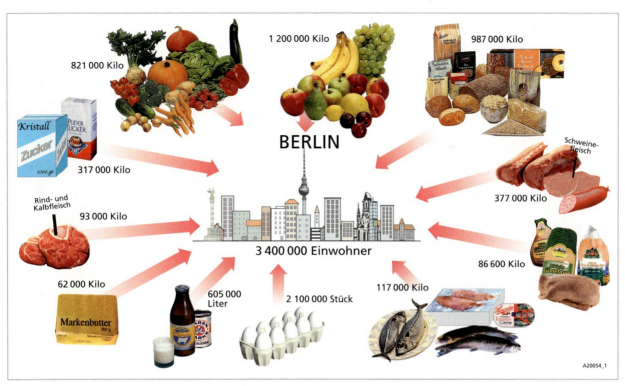

M2 *So viel essen die Einwohner der größten deutschen Stadt an einem Tag.*

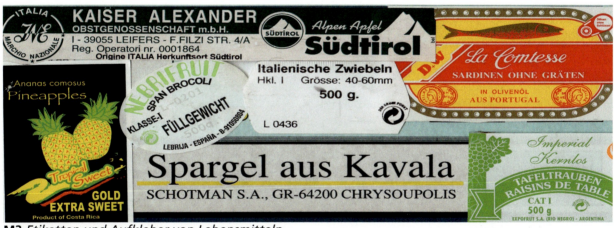

M3 *Etiketten und Aufkleber von Lebensmitteln*

Tageszeit	Speisen	Herkunft (Land/Ort)	Ackerbau oder Viehwirtschaft
Frühstück			
Pause			
Mittagessen			
Nachmittags			
Abendbrot			

M4 *Muster: Speiseplan für Montag, den ... .*

❶ Protokolliere an zwei Tagen Nahrungsmittel, die du isst und trinkst (M4).

❷ Übertrage die Tabelle und ergänze sie nach M3:

Herkunfts-land	Lebens-mittel
Argentinien	Tafeltrauben
Italien	...
...	...

❸ Suche im Atlas die im Text genannten fünf deutschen Landwirtschaftsgebiete (Karte: Deutschland – Landwirtschaft). Lege eine Tabelle mit drei Spalten an. Schreibe in jeweils eine Spalte das Gebiet, die Produkte und eine Stadt in dem Gebiet.

Grundwissen/Übung

Versorgung durch die Landwirtschaft

Die Landwirtschaft verändert sich

M1 *Ernteeinsatz 1950 und heute*

Vieles hat sich in der Landwirtschaft geändert

Um 1950 gab es in Deutschland deutlich mehr Bauernhöfe als heute. Sie waren nur fünf bis zehn Hektar groß. Jeder Landwirt baute auf seinen Äckern mehrere Feldfrüchte an. Das waren zum Beispiel Kartoffeln, Weizen und Futterrüben. Viele Bauern verdienten außerdem durch den Verkauf von Eiern, Milch und Fleisch. Die Arbeiten auf dem Feld und im Stall erledigte die Familie zusammen mit ihren Hilfskräften: den Mägden und Knechten. Es gab kaum Maschinen. Auch schwere Arbeiten, zum Beispiel bei der Heuernte, mussten von Hand getan werden. Seitdem haben viele Landwirte ihre Betriebe aufgegeben. Die Höfe waren zu klein und die Erträge zu gering.

Andere Bauern vergrößerten ihre Höfe. Sie kauften oder pachteten (mieteten) Land dazu. 2011 war ein Hof im Durchschnitt 56 ha groß (1950: 6 ha). Auf den großen Flächen setzen die Landwirte große Maschinen ein. Zum Beispiel ziehen schwere Traktoren breite Pflüge hinter sich her. Mähdrescher erleichtern die Ernte von Getreide. Melkmaschinen und automatische Fütterungsanlagen nehmen den Bauern zeitraubende Arbeit ab. Auf diese Weise werden Arbeitskräfte eingespart.

Die **Mechanisierung** in der Landwirtschaft hat ständig zugenommen. Das hat Folgen für die produzierte Menge an Nahrungsmitteln. Heute kann ein Landwirt im Durchschnitt Nahrungsmittel für 133 Menschen erzeugen. 1950 konnte er nur zehn Personen versorgen.

Auch beschränken sich die Bauern heute auf wenige Anbauprodukte oder Vieharten. So bauen manche Landwirte nur Gemüse an; andere halten nur Milchkühe. Es hat eine **Spezialisierung** stattgefunden.

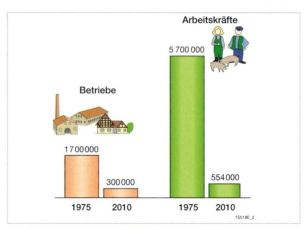

M2 *Entwicklungen in der Landwirtschaft*

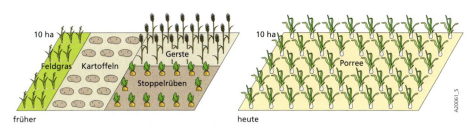

M3 Spezialisierung im Ackerbau auf einer Fläche von 10 ha (Hof Kranekamp)

	Früher (um 1950)	Heute (2011)
Fläche	16 ha; davon 10 ha gepachtet	90 ha; davon 68 ha gepachtet
Nutzung	8 ha Grünland, 8 ha Ackerland	90 ha Ackerland (davon 30 ha Porree, 10 ha Spinat, 20 ha Mais; 20 ha Getreide, 10 ha Sonstiges)
Vieh	12 Kühe, 6 Sauen, 4 Pferde 80 Schweine, 100 Hühner	600 Schweine
Maschinen/ Geräte	Traktor, Mähbinder, Heuwender, Egge, Sämaschine, Knollenpflücker	6 Traktoren verschiedener Stärke, 2 Beregnungsanlagen, Porree-Roder, Porree-Waschanlage, Pflanzenschutzspritze, Fütterungsanlage, Kühlanlagen
Arbeitskräfte	Bauer, Bäuerin, Großeltern, Kinder, Magd, Knechte	Bauer, Bäuerin, ein Auszubildender, 6 Erntehelfer

M4 Der Hof Kranekamp bei Borken früher und heute

M6 Die Lage von Borken

„Was hat sich in den letzten 60 Jahren auf Ihrem Hof verändert?"

„1950 wurden viele Arbeiten in Handarbeit erledigt. Jeder auf dem Hof musste mit anpacken, auch die Kinder und Großeltern. Eine große Hilfe waren die Pferde. Sie konnten zum Beispiel bei der Frühjahrsbestellung die Sämaschine ziehen oder im Sommer den Heuwagen. Nach und nach kauften wir mehr Maschinen. Am wichtigsten war der Traktor. Die Kühe verursachten die meiste Arbeit. 1967 haben wir mit dem Porreeanbau begonnen. Seitdem hat sich viel getan."

Als erstes haben wir die Kühe abgeschafft. Dann haben wir Land dazugepachtet und uns auf Gemüseanbau und Mastschweine spezialisiert. Das hieß: den Kuhstall umwandeln, ein Kühlhaus bauen und Spezialmaschinen anschaffen."

„Warum haben Sie sich auf Gemüseanbau und Schweinemast spezialisiert?"

„In beiden Bereichen können wir gut Spezialmaschinen und automatische Anlagen einsetzen. Das erspart uns Arbeit und Zeit."

M5 Gespräch mit Landwirt Kranekamp

❶ Nenne fünf Änderungen im Betrieb Kranekamp seit 1950 (M3, M4, M5).

❷ Die Landwirtschaft in Deutschland hat sich stark gewandelt. Nenne fünf Beispiele dafür.

❸ Suche das Münsterland im Atlas (Karte: Deutschland (mittlerer Teil) – physisch).
a) Nenne fünf Städte.
b) Im Ruhrgebiet finden sich viele Käufer der Nahrungsmittel. Miss mithilfe der Maßstabsleiste die Entfernung Borken – Essen.

❹ Liste Vorteile und Nachteile der Spezialisierung in der Landwirtschaft auf. Begründe sie jeweils mit einem Stichwort.

Grundwissen / Übung

Obst für Hamburg

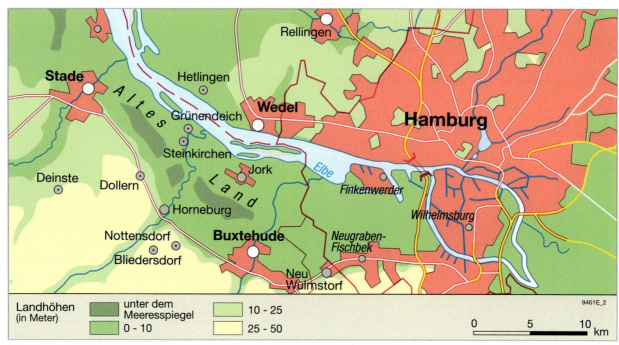

M1 *Lage des Alten Landes*

Obst aus dem Alten Land

Das **Alte Land** ist das größte zusammenhängende Obstbaugebiet Deutschlands. Es hat eine Anbaufläche von ungefähr 10 800 ha (21 600 Fußballfelder). Der Obstbau hat hier eine lange Tradition, er wurde erstmals 1321 in einer Urkunde erwähnt.
Der Marschboden und die besonderen klimatischen Verhältnisse lassen schmackhaftes Obst heranwachsen, das heute deutschland- und europaweit verkauft wird. Das Obst wird in etwa 1 200 Betrieben angebaut.
Immer im April beginnt die Obstbaumblüte. Zuerst blühen die Kirsch-, Birnen- und Zwetschgenbäume. Anfang Mai beginnt dann die herrliche Apfelblüte, ein Anziehungspunkt für zahlreiche Touristen. Während der Blütezeit müssen die Obstbauern darauf achten, dass Nachtfröste die feinen Blüten nicht zerstören.
Aber auch andere Wettergefahren können den Anbau erschweren. Durch lange Regenperioden im Frühjahr werden die Bienen, die für die Befruchtung der Blüten zuständig sind, an ihrer Arbeit gehindert. Lange Trockenperioden können das Wachstum des Obstes einschränken. In zu langen Schlechtwetterperioden mit stark bedecktem Himmel reift das Obst nicht wie gewünscht aus. Außerdem können Schädlinge die Ernte verringern. Dies führt dann zu Verdiensteinbußen bei den Obstbauern.

M2 *Im Alten Land*

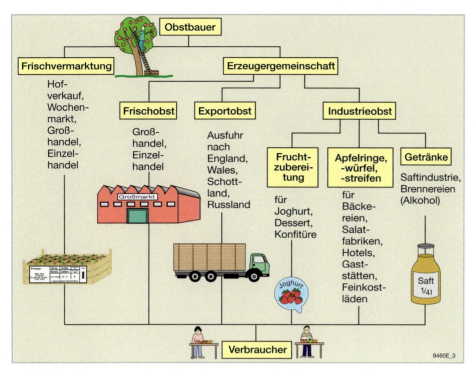

M3 *Obstanbau – vom Apfelbaum zum Verbraucher*

INFO
Erzeugergemeinschaft

Eine Erzeugergemeinschaft ist ein Zusammenschluss von Bauern zur Vermarktung ihrer Produkte. Das Obst wird an Sammelstellen sortiert, gelagert, abgepackt und an den Handel oder die Industrie geliefert. Das erspart den Obstbauern viel Arbeit, denn sie brauchen das Obst nicht selbst zu verkaufen. Sie verdienen dabei allerdings weniger als beim Direktverkauf an den Verbraucher.

Vitamine und viele wertvolle Mineralstoffe trägt ein Apfel in und unter seiner Schale. 17 kg Äpfel isst jeder Deutsche durchschnittlich im Jahr. Vor dem Verzehr sollten die Äpfel allerdings mit Wasser abgewaschen werden, um Ablagerungen von Umweltschadstoffen und Rückstände aus der Schädlingsbekämpfung zu beseitigen. Etwa jeder dritte in Deutschland geerntete Apfel stammt aus dem Alten Land.

M4 *Wissenswertes über den Apfel*

M5 *Eine Obstbäuerin bei der Apfelernte im Alten Land*

❶ Beschreibe die Lage des Alten Landes (M1, Atlas).

❷ Erkundige dich auf dem Wochen- oder im Supermarkt nach der Herkunft von verschiedenen Obstsorten.

❸ Verfolge den Weg eines Apfels vom Obstbaum a) bis zu dir nach Hause, b) bis zur Apfelschorle.

Versorgung durch die Landwirtschaft

Grundwissen / Übung

M1 *Massentierhaltung – So kann der Landwirt viele Schweine auf wenig Fläche mästen*

Massentierhaltung – zu welchem Preis?

Tiere in Massen

Jeder Deutsche verzehrt durchschnittlich 61 kg Fleisch im Jahr. Doch wie wird so viel Fleisch erzeugt? Und warum ist es nicht so teuer wie früher? Die Antwort ist: Die Landwirte haben die Menge ihrer Erzeugnisse gesteigert.

Ein Beispiel ist die **Massentierhaltung**. Sie gibt es bei Geflügel, Rindern und Schweinen. Die Tiere werden in großer Zahl auf engem Raum gehalten. Sogar Ställe mit bis zu 50 000 Schweinen gibt es an einigen Orten. Diese großen Betriebe haben computergesteuerte Fütterungsanlagen: Schweine oder Rinder tragen einen Chip im Ohr. Damit wird ihnen an der Futterstation automatisch die richtige Menge an Futter ausgeschüttet. Auf diese arbeitssparende Weise kann der Bauer sehr viele Tiere halten und nach kurzer Mastzeit verkaufen.

Für den Verbraucher kann das Fleisch preiswert und in großer Menge angeboten werden. Ist das Angebot sehr groß, fallen die Preise.

Kritiker bemängeln die Massentierhaltung. Sie sei nicht artgerecht. Auch belastet sie die Umwelt durch stinkende Abluft. Das Grundwasser kann durch die Gülle verunreinigt werden.

INFO

Intensivierung in der Landwirtschaft

Bei einer Intensivierung der Landwirtschaft werden auf gleicher Fläche mehr Tiere gehalten und Nahrungsmittel erzeugt als vorher.

Das heißt auf gleich großer Ackerfläche erzeugt der Landwirt eine größere Menge. Das gelingt ihm mit Dünger, besseren Maschinen oder dichterer Bepflanzung.

Bei der Viehhaltung heißt das, dass die Ställe stärker ausgenutzt sind. Mehr Tiere können von einer Person versorgt werden.

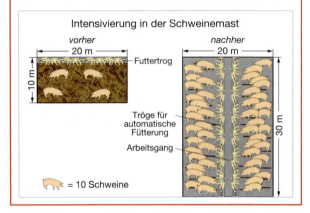

Versorgung durch die Landwirtschaft

Eigentümer: Gebrüder Nooren aus den Niederlanden
Beschäftigte: 60 Mitarbeiterinnen und Mitarbeiter
Betriebsgelände: Ehemaliger Flugplatz in Allstedt
Tiere: 7 500 Sauen, 26 000 Ferkel, 20 000 Mastschweine
Maststall: Fast zwei Hektar groß, gleichmäßig 20 °C Innentemperatur, gedämpftes Neonlicht, automatische Fütterung und Entmistung
Umwelt/Tierhaltung: Selten Erkrankungen dank guter Belüftung, ausreichendem Platz für Sauen und Masttiere; Verbrennen der Gülle in der Biogasanlage zur Stromerzeugung – dadurch weniger Geld für Strom und Gülle-Entsorgung

M2 *Steckbrief eines Großbetriebes bei Allstedt in Sachsen-Anhalt*

1. – 21. Tag
Bei Geburt wiegt das Ferkel 1 kg. Im *Abferkelstall* erhält es Sauenmilch und Ferkelfutter.

22. – 73. Tag
Mit 8 kg kommt das Ferkel in den *Aufzuchtstall*. Hier bleibt es bis zu einem Gewicht von 20 kg.

74. – 196. Tag
Das Schwein wechselt in den *Maststall*. Bei 100 kg Endgewicht wird es zum Schlachthof gebracht.

M4 *Lebenslauf der Mastschweine in Allstedt*

M5 *Die Lage von Allstedt*

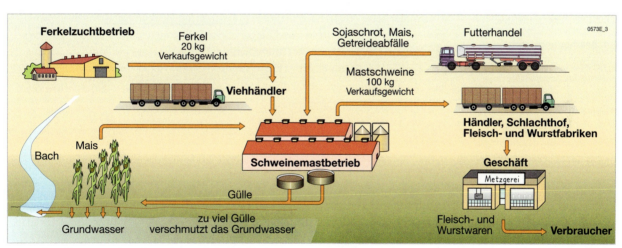

M3 *Schweinemast in Allstedt – vom Ferkel zum Verbraucher*

❶ Beschreibe das Leben von Schweinen in der Massentierhaltung.

❷ Erläutere, mit welchen anderen Betrieben ein Schweinemastbetrieb wie in Allstedt in Verbindung steht (M3).

❸ Untersuche, ob die folgenden drei Merkmale auf den Betrieb in M2 zutreffen. Begründe deine Antwort:
a) hohe Kosten,
b) Spezialisierung,
c) intensive Landwirtschaft.

❹ Intensivierung in der Landwirtschaft kostet Geld und bringt Geld. Erkläre das am Beispiel der Massentierhaltung.

❺ „Massentierhaltung – eine große Schweinerei!" Äußere deine Meinung.

INTERNET

Informationen zur Massentierhaltung:

www.helles-koepfchen.de/massentierhaltung

Grundwissen / Übung

Fachtexte auswerten

1. Bearbeitungsschritt
(Beispiel:
erster Textabschnitt):
unbekannte Wörter
existieren: vorhanden sein, bestehen
Viehdichte: Zahl der Tiere bezogen auf die Fläche

2. Bearbeitungsschritt
(Beispiel:
zweiter Textabschnitt):
Zwischenüberschrift
Unnatürliche Art der Tierhaltung in Ställen mit Massentierhaltung

3. Bearbeitungsschritt
(Beispiel:
dritter Textabschnitt):
Schlüsselwörter
Beißender Geruch, Wohn- und Freizeitqualität, Gesundheitsprobleme

4. Bearbeitungsschritt
(Beispiel:
vierter Textabschnitt):
Inhaltsangabe
Immer mehr Verbraucher kritisieren die Fleischqualität, weil im Fleisch verbleibende Reste von Dünger und Medikamenten für die Menschen gesundheitsschädlich sein können.

5. Bearbeitungsschritt
(ganzer Text):
Absicht des Autors
Der Autor will über die schädlichen Folgen der Massentierhaltung informieren und fordert dazu auf, lieber teureres, aber dafür gutes Fleisch zu kaufen.

Es stinkt zum Himmel – Dicke Luft aus Tierfabriken

1 In der Umgebung der Städte Oldenburg, Vechta und Cloppenburg werden mehr
2 als drei Millionen Schweine und außerdem noch 30 Millionen Geflügeltiere
3 gehalten. Dort in Niedersachsen existiert die größte Viehdichte Europas. Im soge-
4 nannten „Gülledreieck" stinkt es zum Himmel und das liegt nur zeitweise an der
5 Gülle.
6 Auf den Höfen mit Massentierhaltung leben die Nutztiere zusammengepfercht in
7 ihren Ställen. Die unnatürliche Art der Tierhaltung bereitet ihnen großen Stress.
8 Immer wieder kommt es zu gegenseitigen Verletzungen: Hühner picken sich,
9 Schweine beißen einander in die Ohren. Die Tiere werden anfällig für Krank-
10 heiten. Die Ansteckungsgefahr ist hoch. Eine Seuche im Stall kann den ganzen
11 Betrieb ruinieren. Aus diesem Grund erhalten die Tiere zur Vorbeugung gegen
12 Krankheiten Medikamente, zum Beispiel Antibiotika.
13 Aber es stinkt nicht allein in den Ställen. Manche Anwohner dieser „Agrarfa-
14 briken" können den beißenden Geruch aus den Stalllüftungen nicht mehr ertra-
15 gen. Durch den dauernden Gestank sinkt die Wohn- und Freizeitqualität in der
16 Umgebung. Die Abluft enthält Bakterien. Sie gelangt meist ungefiltert nach
17 außen. Dadurch haben hier viele Menschen, vor allem Kinder, Gesundheitspro-
18 bleme. Laut Auskunft eines Landarztes leiden sie unter Kopfschmerzen, Augen-
19 brennen und Husten. Sehr viele Landwirte aus der Massentierhaltung haben
20 sogar chronischen Husten.
21 Immer mehr Verbraucher dagegen kritisieren die Fleischqualität aus der Massen-
22 tierhaltung. Denn Reste von Dünger oder Medikamenten bleiben im Fleisch ver-
23 borgen. Das kann unserer Gesundheit schaden. Dazu sagt ein Mäster: „So lange
24 die Verbraucher zwei halbe Hähnchen für fünf Euro kaufen wollen, wird die Mas-
25 sentierhaltung bleiben. Und wir Mäster wären ohne die Massenproduktion auch
26 nicht konkurrenzfähig."

(Nach Martin Welp: Dicke Luft vom Bauernhof. Reportage im Fernsehsender Phoenix vom 2.1.2001)

❶ Untersuche: Welche Folgen hat die Massentierhaltung für Menschen, Tiere und Umwelt?

Bearbeite dazu den Text „Es stinkt zum Himmel – Dicke Luft aus Tierfabriken" so, wie in den Schritten 1 bis 5 angegeben.

Beachte auch die Lösungsbeispiele neben dem Text.

◁ **M1** *Kleingruppenkäfig mit Dämmerbeleuchtung und Staubbad auf halber Käfighöhe*

Grundwissen/Übung

Fünf Schritte bei der Bearbeitung eines Textes

1. Lest den Text aufmerksam durch. Schlagt im Lexikon die euch unbekannten Wörter nach.
2. Gliedert den Text in Abschnitte, indem ihr euch jeweils das Ende eines Sinnabschnittes merkt oder notiert. Formuliert dann für jeden Abschnitt eine zum Thema der Aufgabe passende Zwischenüberschrift.
3. Schreibt aus jedem der Abschnitte einige wenige Begriffe heraus, die euch für den Inhalt wichtig erscheinen oder ihn leicht erschließen lassen (Schlüsselwörter).
4. Fasst nun mithilfe der Schlüsselwörter und Zwischenüberschriften den Text Abschnitt für Abschnitt in vollständigen Sätzen zusammen. So erhaltet ihr eine Inhaltsangabe des gesamten Textes.
5. Überlegt euch nun, welche Absichten der Autorin oder des Autors dem Text zugrunde liegen: Will der Text hauptsächlich über etwas informieren oder hauptsächlich eine Meinung äußern oder hauptsächlich zu etwas auffordern?

M3 *Ökologisch produziertes Schweinefleisch kostet etwa doppelt so viel wie Schweinefleisch aus Massentierhaltung*

Masse muss sein! Diskussion über Tierhaltung

1 Zur Massentierhaltung gibt es in der Bevölkerung unterschiedliche Vorstellungen.
2 Viele Mitbürger sind der Meinung, dass die Tiere heute weniger artgerecht gehal-
3 ten werden als früher. Laut Verordnung gilt der Begriff Massentierhaltung ab
4 einem Bestand von 1250 Tieren! Viele Nicht-Landwirte verwenden den Begriff
5 aber bereits bei 100 Tieren. Doch allein die Zahl der Tiere in einem Stall sagt
6 nichts über die Art der Haltung und die Umweltgerechtigkeit aus.
7 Wichtig für das einzelne Tier sind saubere Ställe, eine gute Fütterung, gesundes
8 Stallklima, eine sorgfältige Tierbeobachtung und eine gute Betreuung. Nur dann
9 fühlen sie sich wohl, wachsen gesund auf und liefern große Mengen an Milch oder
10 Eiern. Nur dann hat der Landwirt einen finanziellen Erfolg.
11 Die Tierhaltung ist das wichtigste Standbein der deutschen Landwirtschaft. Die
12 deutschen Landwirte halten sich an die europaweiten Verordnungen und übertref-
13 fen sie sogar. Um im Wettbewerb mit Landwirten aus anderen Ländern Europas
14 mithalten zu können, müssen deutsche Landwirte große Tierbestände haben.
15 Letztlich ist das auch im Interesse der Verbraucher. So können den Käufern hoch-
16 wertige Nahrungsmittel zu einem angemessenen Preis angeboten werden.
17 Vergleicht man die Größe der Betriebe mit anderen Ländern, halten die deut-
18 schen Landwirte nur eine mittelgroße Menge an Tieren.

(Vereinfacht nach „information.medien.agrar" (i.m.a.): Massentierhaltung – was ist das?
3 Minuten Info. www.ima-agar.de, 2009)

◁ **M2** *Fleisch ist unter anderem beim Grillen sehr beliebt. Strittig ist, ob zur Erzeugung von günstigem Fleisch die Massentierhaltung gerechtfertigt ist.*

❷ Auch der Text „Masse muss sein! Diskussion über Tierhaltung" zeigt Meinungen und Erklärungen zur Massentierhaltung auf. Werte diesen Text mithilfe der fünf Schritte oben aus.

❸ Stell dir vor, dass das Fleisch grundsätzlich doppelt so viel kosten würde wie bisher. Welche Folgen hätte dies?

Grundwissen / Übung

Bio? Aber logisch! – Die ökologische Wirtschaftsweise

M1 *Öko-Landwirtschaft macht viel Arbeit: Täglich werden die Kühe von der Weide in den Melkstall getrieben.*

M3 *Hofeigene Nachzucht – kleines Kalb im Kälber-Iglu*

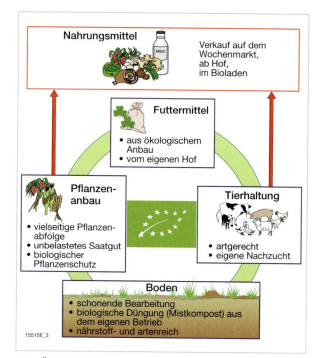

M2 *Ökologische Landwirtschaft – Wirtschaften im natürlichen Kreislauf*

INFO

Biosiegel
Öko-Betriebe werden jährlich kontrolliert. Das Biosiegel garantiert dem Verbraucher, dass das Produkt nach ökologischen Regeln hergestellt wurde.

Öko-Landwirtschaft – was bedeutet das?

In der **ökologischen Landwirtschaft** arbeitet ein typischer Hof in einem natürlichen Kreislauf. Das Futter für die Tiere wird auf eigenen Feldern angebaut. Mit dem anfallenden Mist werden die Ackerflächen gedüngt. Dadurch wird der Boden fruchtbar und bringt neues, gutes Futter. So braucht man weniger künstlichen Dünger. Das ist eine sogenannte „nachhaltige Wirtschaftsweise". Man kann sie viele Jahre betreiben, ohne dass der Boden belastet wird.

Kühe, Schweine und Hühner erhalten bei einer ökologischen Landwirtschaft viel Platz im Stall und auch draußen. Es wird eine **artgerechte Tierhaltung** angestrebt. Die Zahl der Tiere richtet sich danach, ob ausreichend Viehfutter auf dem eigenen Hof angebaut wird. Der Boden wird schonend bearbeitet. Er darf nicht zu fest werden, wenn die Pflanzen gut wachsen sollen. Ein abwechslungsreicher Fruchtwechsel verhindert, dass dem Boden einseitig Nährstoffe entzogen werden.

In der Öko-Landwirtschaft braucht man viele Arbeitskräfte. Das macht die erzeugten Nahrungsmittel teuer. Sie werden meist im Hofladen, auf dem Wochenmarkt oder in Bioläden verkauft.

Die Öko-Landwirtschaft wird in Deutschland zwar immer wichtiger, aber es gibt sie nur in 19 000 von insgesamt 300 000 Betrieben.

M4 *Frau Maas verkauft ökologisch gezogene Gemüsesetzlinge*

M7 *Die Lage von Velbert (bei Essen)*

M5 *Konstantin beim Sortieren der Eier*

„1990 haben meine Frau und ich den Betrieb schuldenfrei geerbt. Wie andere Landwirte auch mussten wir überlegen, wie wir mit dem Hof das Familieneinkommen sichern können. Damals waren die Getreidepreise noch sehr hoch und es gab gerade die erste staatliche Unterstützung für Biobauern. Dieses Geld wollten wir gern bekommen.

Darüber hinaus hat es uns interessiert, im ökologischen Kreislauf zu wirtschaften. Dazu passte es gut, dass der Hof ein Mischbetrieb mit Hühnern, Kühen, Schweinen und Getreideanbau war. Das haben wir bis heute beibehalten. Wir bewirtschaften 70 ha Land, davon sind 25 ha Grünland. Auf 15 ha bauen wir nur Gemüse an. Wir halten 2 000 Legehennen, 30 Schweine, 35 Milchkühe und 50 Schafe. Die Jungtiere stammen aus eigener Aufzucht; das Futter bauen wir selbst an. Für all diese Arbeiten brauchen wir viele Arbeitskräfte: außer meiner Frau und mir sind das noch zwei Festangestellte, ein Azubi, eine Praktikantin, drei Aushilfen; zeitweise helfen die Kinder.

Unser Erfolgsrezept ist der Direktverkauf im Hofladen, auf zwei Wochenmärkten und im Bioladen in Essen. Weil wir vielseitig sind, haben die Kunden mehr Auswahl. In der Nähe einer Großstadt lohnt sich das. Viele Produkte sind zudem von Vorteil, wenn eines mal nicht gut läuft oder es eine Missernte gibt."

M6 *Wie der Öko-Betrieb funktioniert – Bericht von Herrn Maas aus Velbert*

❶ Erkläre wichtige Begriffe der ökologischen Wirtschaftsweise (M2):
a) schonende Bodenbearbeitung;
b) biologische Düngung;
c) biologischer Pflanzenschutz;
d) artgerechte Tierhaltung.

❷ Erkläre, inwiefern der Hof Maas typisch für die ökologische Landwirtschaft ist (M4–M6).

❸ Notiere Vorteile, die mit der „nachhaltigen Wirtschaftsweise" verbunden sind.

❹ Bio-Produkte sind meist teurer als die von normalen Bauernhöfen. Sollte man sie trotzdem kaufen?
Finde Argumente dafür und dagegen und nimm Stellung.

INTERNET

Informationen zum Ökolandbau:
www.oekolandbau.de

Grundwissen / Übung

Landwirtschaftliche Nutzung in Deutschland – Überblick

Das Tiefland, die Mittelgebirge (z. B. Harz, Westerwald) und das Hochgebirge Alpen werden sehr unterschiedlich genutzt:

Dort, wo der Boden fruchtbar genug ist, betreiben die Landwirte Ackerbau. Sie bauen in den besonders fruchtbaren Regionen zum Beispiel Zuckerrüben und Weizen an. Das sieht man in den norddeutschen Börden und in einigen Teilen Süddeutschlands.

In den Flusstälern und in anderen Gebieten mit warmem und regenarmem Klima werden Wein und auch Obst angebaut. Sie würden in kühlen und feuchten Regionen nur schlecht gedeihen.

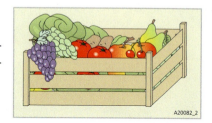

Wo die Niederschläge hoch sind und der Boden nährstoffarm ist, findet man Wiesen und Weiden. Auf den Weiden grasen Rinder oder Schafe. Das ist zum Beispiel an der Küste, in den Tälern der Mittelgebirge oder an den Hängen der Hochgebirge der Fall.

Viele Gebiete lassen sich weder durch Ackerbau noch durch Weidewirtschaft nutzen. Größtenteils wächst hier Wald. Auch er kann wirtschaftlich genutzt werden: Das Holz von gefällten Bäumen wird verkauft. Auf den freien Flächen werden wieder junge Bäume gepflanzt.

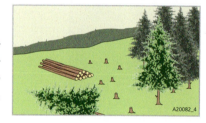

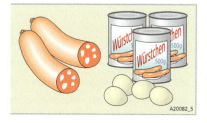

Massentierhaltung von Schweinen und Hühnern kann überall in Deutschland betrieben werden. Sie ist vom Boden und vom Klima unabhängig. Große Ställe kann man fast überall errichten. Das Futter für die Tiere wird oft von weit her angeliefert. Dennoch gibt es Regionen mit besonders viel Massentierhaltung, zum Beispiel in Niedersachsen.

Obst und Gemüse werden häufig auch in der Nähe großer Städte angebaut. So können die Menschen jeden Tag frische Ware kaufen. In Gewächshäusern ist der Anbau überall möglich. Die Glashäuser werden künstlich beheizt und auch bewässert.

Auch die ökologische Landwirtschaft ist an keine bestimmte Landschaft gebunden. So kann man zum Beispiel überall Biobauern finden. Sie bauen Obst, Gemüse und Getreide ökologisch an. Sie verzichten auf künstlichen Dünger und chemische Pflanzenschutzmittel. Andere Biobauern mästen artgerecht Schweine oder halten Milchkühe.

Grundwissen

M1 *Landwirtschaftliche Nutzung in Deutschland*

Löse die folgenden Aufgaben 1–3 mithilfe von M1 und der Karte „Deutschland – physisch" im Atlas.

1 Weizen und Zuckerrüben werden auf fruchtbaren Böden angebaut. Finde die Namen von vier Städten in diesen Regionen.

2 Nenne
a) drei Flüsse, an denen Weinbau betrieben wird;
b) fünf Großstädte, bei denen im Umkreis von 40 km Hauptanbaugebiete für Obst und Gemüse liegen;
c) sechs Mittelgebirge, die zu großen Teilen von Wald bedeckt sind (Atlas).

3 Rinder und Schweine werden sowohl im Norddeutschen Tiefland als auch in den Mittelgebirgen und dem Alpenvorland gehalten. Nenne aus jeder der drei genannten Großlandschaften zwei Flüsse.

4 „Tosb und Eniw werden oft in Tullfässern angebaut."
a) Hoppla! Da ist etwas durcheinandergeraten. Schreibe den Satz richtig auf.
b) Nenne für die Aussage zwei Beispiele aus der Karte.

Grundwissen/Übung

Werbung der Firma englischen Firma Cadbury für Kakao (Farblithographie, Ende des 19. Jahrhunderts)

Projekt: Schokolade – vom Rohstoff zum Endprodukt

Kakaoernte an der Elfenbeinküste (oben rechts), eine geöffnete Kakaofrucht (unten rechts)

Wir untersuchen ein Thema an Stationen – Kakao

M1

Mit dieser Form des Lernens kannst du dir Themen selbstständig erarbeiten.
Dabei bestimmst du die Reihenfolge der Stationen im Lernzirkel selbst. Deine Fachlehrerin oder dein Fachlehrer geben dir nur den erforderlichen Zeitrahmen vor und stellen Lexika und weiteres Material bereit.
In einem Schulbuch sind die Möglichkeiten für diese Form des Lernens begrenzt und als Anregung gedacht. Sie sollten mit weiteren Materialien ergänzt werden, die du dir selbst beschaffst oder von deinem Lehrer bekommst.

M2 *So funktioniert das Lernen an Stationen*

Station 1: Die Verbreitung des Kakaos

Etwa seit dem 4. Jahrhundert n. Chr. wurden in Mittelamerika Kakaopflanzen angebaut. Aus ihren Früchten stellten die Azteken ein Kakaogetränk und Schokolade her. Um 1500 war die Nachfrage nach Kakao so groß und die Frucht so wertvoll, dass sich die Azteken die Steuern der unterworfenen Nachbarvölker mit Kakaobohnen bezahlen ließen. So fanden der Spanier Hernan Cortez und seine Soldaten nach der blutigen Eroberung des Aztekenreiches (M3) 12 500 t Kakaobohnen im Staatsschatz der Azteken vor. Sie brachten den Kakao und das Schokoladegetränk mit nach Europa.
Nach der Eroberung des Aztekenreiches durch die Spanier sorgten die Europäer dafür, dass diese Frucht auch in Afrika und Asien angebaut wurde, denn immer mehr Menschen in Europa verlangten nach Kakao und Schokolade.
Die Kakaobauern Afrikas und Asiens wurden gezwungen, die wertvolle Frucht billig weiterzuverkaufen. Nur in den Staaten Europas durfte der Kakao weiterverarbeitet und als Schokolade teuer verkauft werden. Dieses System besteht im Grundsatz auch in der Gegenwart fort. Deshalb leben viele Kakaobauern in den Erzeugerländern noch heute an der Armutsgrenze.

> **INFO**
>
> **Kolonie**
> Eine Kolonie ist eine auswärtige Besitzung eines Staates, der sogenannten Kolonialmacht. Viele Länder in Afrika, Asien und Amerika waren in ihrer Vergangenheit Kolonien europäischer Staaten.

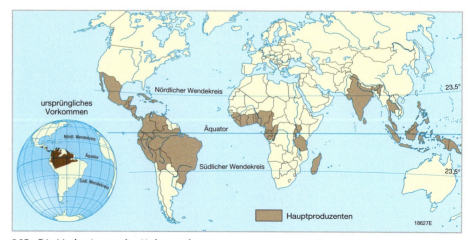

M3 *Die Verbreitung des Kakaoanbaus*

M4 *Überfall spanischer Soldaten auf amerikanische Ureinwohner*

INTERNET

www.theobroma-cacao.de

www.infozentrum-schoko.de

www.chocoland.ch

www.schokoladen-museum.de

M5 *Die Morgenschokolade (Gemälde von P. Longhi, um 1770)*

Im 18. Jh. gab es in vielen großen Städten Englands, Frankreichs, Italiens und Deutschlands Kakaohäuser, in denen reiche Leute das exotische und teure Getränk genießen konnten. Heute gehören Kakao und Schokolade zu den allgemeinen Genussmitteln der Menschen in den Industriestaaten.

M6 *Kakaohauskultur – in einem Kakaohaus in England im 18. Jh.*

❶ Stelle in einer Tabelle zusammen, welche europäischen Staaten welche Gebiete in Afrika zu welcher Zeit besetzt hatten (Atlas, Internet).

❷ Beschreibe das System der Ausbeutung der Kolonien am Beispiel des Kakaos und der Schokolade (Text).

❸ Erstelle mithilfe von M2 und eines Atlas eine Übersicht, in welchen heutigen Staaten
a) der Kakaobaum ursprünglich beheimatet war,
b) heute Kakao angebaut wird.

❹ Nenne Produkte, die aus Kakao hergestellt werden.

❺ Beschreibe M4, M5 und M6.

Grundwissen/Übung

M1 *Ernte der Kakaofrüchte*

Station 2: Anbau und Verarbeitung von Kakao

Die Staaten, in denen Kakao angebaut wird, zählen überwiegend zu den sogenannten Entwicklungsländern. Sie verfügen kaum über gewinnbringende Industrie. Deshalb sind sie vom Export des Rohstoffs Kakao und den damit erzielten Gewinnen abhängig. Nur wenige Erzeugerländer können die Kakaobohnen in Fabriken weiterverarbeiten. Meistens findet die Weiterverarbeitung in den Industriestaaten Europas und Nordamerikas statt.

Weil zu viel Kakao produziert wurde, kam es nach 1985 häufiger zu einem Überangebot von Kakao auf dem Weltmarkt. Die Gewinne der Erzeugerländer gingen zurück. Sie konnten die Mittel für dringend benötigte Aufbaumaßnahmen (Krankenhäuser, Schulen, Straßen) nicht mehr aufbringen und die Kakaobauern verarmten.

Deshalb wurde 1993 ein Internationales Kakaoübereinkommen geschlossen. In diesem Vertrag garantierten die Kakao verarbeitenden Länder den Erzeugern feste Mindestpreise für Kakao.

M2 *Herstellung von Kakaopulver und Schokolade*

M3 *Öffnen der Früchte und Entnahme der Kakaobohnen*

M5 *Gärung der Kakaobohnen*

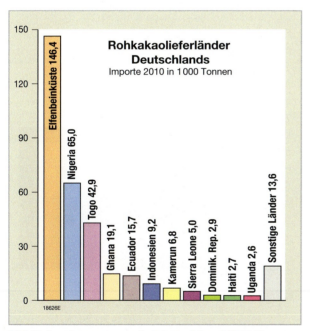

M4 *Kakaoimporte nach Deutschland (2010)*

M6 *Trocknung und Abfüllung*

① Bringe folgende Begriffe in eine logische Reihenfolge: Kakaoüberproduktion, Abhängigkeit, Notlage, sinkende Kakaopreise, einziger Rohstoff, sinkende Gewinne

② Erstelle eine Zeichnung, in der du die Phasen der Kakaoernte einträgst (M1, M3, M5 und M6). Beschreibe anschließend den Ablauf der Kakaoernte.

③ Beschreibe die Herstellung von Kakaopulver und Schokolade (M2).

④ Nenne die elf wichtigsten Kakaolieferländer Deutschlands (M4). Ordne sie Kontinenten zu (Atlas).

⑤ Feste Mindestpreise für Kakao – Nenne Vorteile für die Erzeugerländer.

Grundwissen / Übung

M1 *Verladung von Kakao im Hafen von Abidjan (Côte d'Ivoire/Elfenbeinküste)*

Station 3: Globalisierung – Kakao weltweit

Fast die Hälfte der Kinder war noch nie in einer Schule. Die Elfenbeinküste ist arm. Internationale Organisationen schätzen, dass mehr als 600 000 Kinder auf Kakaoplantagen arbeiten. Weitere 12 000 aus den Nachbarstaaten schuften hier ebenfalls. Ihre Eltern haben sie an Menschenhändler verkauft, nun müssen sie ohne Bezahlung für ihre Besitzer arbeiten.

Koussi, 12 Jahre

„Ich muss mich so oft bücken, wenn ich die Früchte aufhebe, das tut mir im Rücken weh. Von der vielen Arbeit hab ich also immer Schmerzen und ich werde sehr müde von der anstrengenden Arbeit."
(MONITOR-Reportage vom 13.09.2007)

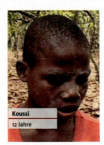

M2 *Koussi berichtet*

Noussou, 12 Jahre

Eigentlich wollte Noussou mal Mechaniker werden. Aber der Zwölfjährige ist nie zur Schule gegangen. Stattdessen arbeitet er zusammen mit anderen Kindern elf Stunden täglich auf der Kakaoplantage. Und das für 20 Cent am Tag. Kinder unter 14 Jahren dürfen offiziell an der Elfenbeinküste nicht arbeiten.

„Ich möchte allen Eltern sagen, sie sollen ihre Kinder nicht auf Kakaoplantagen schicken. Sie sollen wissen, wohin ihre Kinder gehen. Sonst erleben sie das gleiche wie ich. Die Kinder werden hier gequält. Und das kann sich niemand vorstellen."
(MONITOR-Reportage vom 13.09.2007)

M4 *Noussou berichtet*

Barbara Küppers, Terre des Hommes (ein Verein, der sich besonders für notleidende Kinder einsetzt):

„Sie schuften, so lange der Arbeitgeber es will, nicht so lange wie sie können, und sie arbeiten sehr schwer. Es ist völlig dem Arbeitgeber überlassen, ob sie was zu essen kriegen, wann sie was zu essen kriegen, wo sie untergebracht werden. Es sind oft sehr kleine Verschläge, wo 'ne Decke liegt oder eine Plastikplane und wo diese Kinder dann hausen."
(MONITOR-Reportage vom 13.09.2007)

M3 *Eine Helferin berichtet*

Experten fürchten, dass der Kakao wegen der schnell steigenden Nachfrage aus China knapp wird. Während ein Europäer durchschnittlich rund zwei Kilogramm reinen Kakao jährlich verspeist, isst ein Konsument in China bisher nicht einmal 20 Gramm. Sollten die Chinesen tatsächlich eine Schwäche für Kakaoprodukte entwickeln, dürfte dies den Preis des Rohstoffes steil nach oben treiben. Die Angebotsseite kann nicht schnell genug auf die steigende Nachfrage reagieren. Es dauert einfach zu lange, bis neu gepflanzte Bäume Früchte tragen.
(Nach: Spiegel online vom 20.02.2006)

Schokoladenwerbung in Peking

M5 *Hungrige Chinesen – Angst vor dem Schoko-Schock*

Land	1980	1984	1988	1992	1996	2000	2004	2008	2009
Afrika gesamt	1,025	1,073	1,527	1,557	2,145	2,349	2,795	2,839	2,639
Welt gesamt	1,670	1,810	2,563	2,677	3,246	3,372	4,019	4,234	4,082

M6 *Kakaoproduktion in Afrika und weltweit in Mio. t (Quelle: FAO-Stat)*

Kritisieren muss man auch, dass immer mehr Pflanzen wie Kaffee, Tee, Kakao, Erdnüsse, Blumen und dergleichen für den Export angebaut werden und dafür immer weniger Pflanzen, die direkt für die Ernährung der Bevölkerung gebraucht werden. Diese Politik erhöht noch die Hungergefahr in Afrika und die dabei erwirtschafteten Devisen (Geldeinnahmen) dienen gar nicht der Bevölkerung, sondern werden gebraucht, um die Sonderwünsche ihrer führenden Klasse für die Produkte aus dem Ausland zu befriedigen.
(Nach: N. Bizimana „Müssen die Afrikaner den Weißen alles nachmachen?")

Kaffeebauer in Südamerika

M7 *Hunger durch Exporte*

❶ Verfasse mithilfe der Interviewausschnitte einen Bericht über die Lebens- und Arbeitsbedingungen von Kindern auf Kakaoplantagen.

❷ „Schokolade macht glücklich – vor allem Kinder". Nimm Stellung zu dieser Aussage.

❸ Berechne mithilfe von M6, wie viel Kakao
a) in den Ländern Afrikas und
b) außerhalb Afrikas pro Jahr produziert wurde und beschreibe die Entwicklung.
c) Veranschauliche die Ergebnisse in einem Säulendiagramm.

❹ Stelle dar, wie sich der wachsende Wohlstand in China, Indien und Indonesien auf die Schokoladenpreise in Deutschland auswirken kann (M5).

❺ Erkläre mit eigenen Worten, warum die Hungergefahr in Afrika zunimmt und wofür die Erträge aus den Kakao-, Kaffee- und Teeexporten verwendet werden.

Grundwissen/Übung

M1 *Fair Trade-Kakaobauer bei der Ernte (Peru)*

Station 4: Fairer Handel

Der faire Handel (Fairtrade) unterstützt die Bauern in den Erzeugerländern, um ihnen eine menschenwürdige Existenz aus eigener Kraft zu ermöglichen. Durch gerechtere Handelsbeziehungen sollen die Lebensbedingungen der Menschen in diesen Ländern verbessert werden.

Die Organisation TransFair will benachteiligte Bauern und ihre **Genossenschaften** sowie die Pflückerinnen und Tagelöhner auf Plantagen erreichen.

TransFair zahlt für die Produkte garantierte Mindestpreise. So werden die Produktionskosten gedeckt und es bleibt Geld für Gemeinschaftsprojekte übrig, wie zum Beispiel den Bau von Schulen. Mit umfangreicher Öffentlichkeitsarbeit will Trans-Fair die Konsumenten in Deutschland auf die Bedeutung von fairen Handelsbedingungen für die Kleinbauern in den Entwicklungsländern hinweisen. Der faire Handel soll ausgeweitet werden.

M2 *Wer verdient wie viel an einer Tafel Schokolade?*

- Fairtrade-Produzenten sind Familienbetriebe, die sich in Kooperativen zusammenschließen oder Organisationen, die den Bauern und Bäuerinnen gehören und die demokratisch geführt werden.
- Der Fairtrade-Mindestpreis wird direkt an die Produzenten-Organisationen ausgezahlt. Wenn der Weltmarktpreis über dem Fairtrade-Preis liegt, muss den Bauern der höhere Preis ausgezahlt werden.
- Eine Fairtrade-Prämie muss den Produzenten zusätzlich zum Mindestpreis gezahlt werden. Diese Prämie wird von den Produzentenorganisationen dazu verwendet, Gemeinschaftsprojekte zu finanzieren – zum Beispiel den Bau einer Schule.
- Begrenzter Einsatz von Chemikalien.
- Verbot von Zwangsarbeit und illegaler Kinderarbeit.

(Nach: www.fairtrade-deutschland.de, 19.07.2011)

M3 *Fairtrade-Richtlinien*

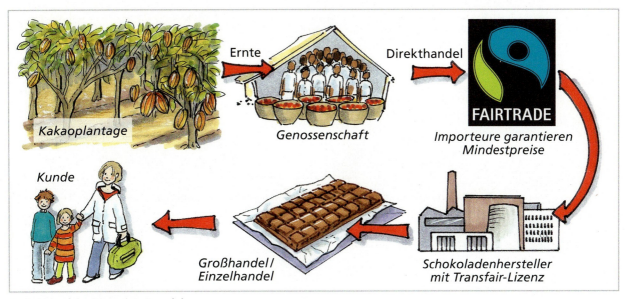

M4 Ablauf des TransFair-Handels

M5 Fair gehandelte Produkte

Etwa 90 Prozent des weltweit produzierten Kakaos stammen von Familienbetrieben, die oft nur kleine Felder bewirtschaften. Nur fünf Prozent der Kakaoproduktion findet hingegen auf Plantagen statt, die größer sind als 40 Hektar. Viele Kleinbauern wissen gar nicht, was ihre Produkte wert sind. Zwischenhändler nutzen das aus und bezahlen ihnen deshalb oft viel zu niedrige Preise.
Die schwierige Situation am Kakao-Markt und das sehr geringe Einkommen der Produzenten haben dazu geführt, dass der Anteil an Kinderarbeit und Sklavenarbeit in Westafrika gestiegen ist. Die ILO (Internationale Arbeits Organisation) berichtet von Kinder- und Sklavenarbeit auf vielen Kakaofarmen an der Elfenbeinküste. Von dort stammt etwa 30 Prozent der weltweiten Kakaoproduktion (2009).
(Nach: www.fairtrade-deutschland.de, 19.07.2011)

M6 Die Schattenseiten der Kakaoproduktion

INTERNET

www.transfair.org
www.weltladen.de
www.fairtrade.de
www.forum-fairer-handel.de

❶ a) Fertige selbst eine Grafik wie M2 mit den Daten des fairen Handels an:
Schokoladenfirma: 16 Stücke, Verpackung: 9,5 Stücke; Handel: 12 Stücke; Bauer: 2,5 Stücke.
b) Vergleiche den Verdienstanteil der Bauern in M2.

❷ Erkläre die Ziele des TransFair-Handels.

❸ Stelle möglichst viele Argumente zusammen, mit denen du deine Freunde zum Kauf von fair gehandelter Schokolade überzeugen kannst.

❹ Besuche eine der Internetadressen und berichte über diese Organisation.

❺ Führe in Supermärkten eine Erkundung durch! Erkundungsschwerpunkte: Gibt es „faire Produkte", z. B. Schokolade oder Kaffee? Wo sind sie im Markt aufgestellt? Wie wird für diese Produkte geworben? Führe auch einen Preisvergleich zu herkömmlichen Produkten gleicher Art durch.

Grundwissen / Übung

Projekt: So leben Kinder auf der Welt

M1 *In den USA ist American Football, neben Basketball und Baseball, die beliebteste Sportart.*

M2 *In Peru leben viele indigene (alteingesessene) Indianervölker. Diese Kinder sind vom Volk der Quechua, die vor allem im Hochland leben.*

◁ **M3** *Diese Kinder in Marokko kommen am ersten Schultag nach den Sommerferien stolz mit den neuen Schulbüchern und Heften nach Hause.*

M4 *Das Bildungswesen ist in Kambodscha vor allem auf dem Land noch stark unterentwickelt. Häufig fehlt es an Klassenräumen, gut ausgebildeten Lehrern und Unterrichtsmaterialien.*

M5 *Die beiden Kinder in Australien vergnügen sich am Strand. Die Küste Australiens hat eine Länge von etwa 25 760 km (Deutschland 2 389 km).*

Kinder spielen überall

Nagelfußball
Das Spiel kommt aus Brasilien.
Zahl der Spielerinnen und Spieler: zwei
Spielregeln: Auf einem kleinen Spielfeld wird mit einer Murmel „Fußball" gespielt. Zwei Kinder spielen gegeneinander. Mit einem Holzstäbchen schießen sie die Murmel (Ball) ins gegnerische Tor. Sie dürfen sie nicht mit der Hand berühren, sonst gibt es einen Elfmeter. Zu Beginn wird festgelegt, bis zu welcher Punktzahl (Tore) gespielt wird.

So könnt ihr das Spiel herstellen:
Ihr braucht: Ein Brett 105 cm x 70 cm, Leisten, Kleber, zwei Stöcke, eine Murmel, 22 Nägel (etwa zehn Zentimeter lang), einen schwarzen Stift.
Das Spielfeld wird aus einem Brett (Grundfläche) und Leisten (als Umrandung) gezimmert. An den Schmalseiten werden die „Tore" aus Leisten angebracht. In jede Hälfte werden elf Nägel eingeschlagen, die wie eine Fußballmannschaft verteilt sind. Mit dem schwarzen Stift wird das Spielfeld markiert (Mittellinie, Strafraum, Elf-Meter-Punkt).

Ende
Das Spiel kommt aus Kenia und wird dort mit Kaffeebohnen gespielt.
Zahl der Spieler: zwei
Spielregeln: Das Spielfeld besteht aus fünf ineinanderliegenden Kreisen, dem Mittelpunkt und zwei Startfeldern. Beide Kinder legen einen Spielstein vor ihr Startfeld. Das beginnende Kind versteckt einen zweiten Stein in der linken oder rechten Hand. Das andere Kind muss erraten, in welcher Hand sich der versteckte Spielstein befindet. Hat es richtig geraten, darf es seinen Stein vor den äußeren Ring legen und noch einmal raten. Es darf so lange weiterspielen, bis es falsch rät. Dann ist das andere Kind an der Reihe. Rät ein Kind richtig, darf es seinen Stein vor den nächsten, kleineren Kreis legen. Wer zuerst mit seinem Spielstein den Mittelpunkt erreicht, hat gewonnen.

So könnt ihr das Spiel herstellen:
Ihr benötigt: Ein Blatt Papier, einen schwarzen Stift und vier Spielsteine. Ihr malt fünf ineinanderliegende Kreise, den Mittelpunkt und zwei Startfelder auf das Papier (Abbildung).

Korken werfen

Das Spiel kommt aus Polen.
Zahl der Spielerinnen und Spieler: zwei bis vier
Spielregeln: Jedes Kind erhält zu Beginn des Spiels vier gleichfarbige Korken. Alle Kinder werfen abwechselnd ihre Korken auf die Eierpalette. Jede Vertiefung hat einen bestimmten Punktewert. Am Ende werden die Punkte addiert. Wer die höchste Punktzahl erreicht, gewinnt.

So könnt ihr das Spiel herstellen:

Ihr benötigt: Eine Eierpalette, 16 Korken, Wasserfarben, einen schwarzen Stift.
Die Eierpalette wird bunt bemalt und in die Vertiefungen werden die Zahlen 0, 5, 10, 20 geschrieben. Alle Zahlen kommen mehrfach vor. Für die Spielerinnen und Spieler werden je vier Korken in der gleichen Farbe bemalt.

Obst aufheben

Das Spiel kommt aus Indien und wird dort mit roten und grünen Mangos gespielt.
Zahl der Spielerinnen und Spieler: vier
Spielregeln: Das Spiel wird auf dem Schulhof gespielt. Auf den Boden wird ein großer Kreis (ungefähr 1m Durchmesser) mit Kreide gezeichnet. In dem Kreis liegen viele rote und grüne Steine. Die roten Steine sind die reifen Früchte. Diese müssen in eine Tüte gesammelt werden. Die grünen Steine sind Giftsteine. Wer sie berührt, muss einen roten Stein wieder hinwerfen und der Nächste ist dran. Einer beginnt auf das Startzeichen mit dem Einsammeln der roten Steine. Er hat höchstens zehn Sekunden Zeit. Gewonnen hat, wer die meisten „reifen Früchte" gesammelt hat.

So könnt ihr das Spiel herstellen:

Ihr benötigt: etwa 100 Kieselsteine, grüne und rote wasserfeste Farbe, vier Tüten, Kreide, eine Uhr mit Sekundenzeiger. Die Hälfte der Kieselsteine wird rot, die andere grün bemalt.

Alle Kinder auf der Welt spielen gern. Jedes Kind kennt Puppen, Bälle, Würfel, Steine und Karten, Versteckspiele, Nachlaufspiele, Singspiele und Wettspiele. Probiert diese Spiele doch mal in einem Spiele-Projekt aus. Thema des Projekts kann sein: „Kinder spielen überall".

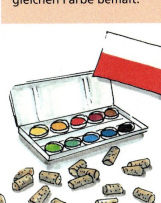

PROJEKT

M1 *US-amerikanische Kleinstadt*

M2 *Bryan auf dem Schulweg*

Bryan in den USA – Leben in der Kleinstadt

Auf den Seiten 200–209 lernt ihr die Lebensweise von fünf Kindern kennen.
Ihr könnt die Doppelseiten in fünf Gruppen erarbeiten und anschließend eure Ergebnisse in der Klasse vorstellen.

Leben in Milton

Bryan ist 12 Jahre alt. Er wohnt in der Kleinstadt Milton. Sein Wohnhaus liegt in Schulnähe, sodass er den Schulweg zu Fuß zurücklegen kann. Viele seiner Klassenkameraden benutzen den Schulbus.

Die Schule beginnt für alle um 8 Uhr und endet um 16 Uhr. Um 12.15 Uhr gibt es Mittagessen.

Bryan hat jeden Tag die gleichen Fächer. Wichtig sind Politik und Geschichte. Als Fremdsprache hat er Spanisch belegt. Nach der Schule muss er noch Hausaufgaben machen. In seiner Freizeit spielt er am liebsten Football. Er hat ein eigenes Zimmer mit Fernseher, Stereoanlage und PC. Seine Mutter ist Grundschullehrerin, sein Vater leitet eine Bankfiliale. Beide haben ein Auto.

Sonntags isst die Familie gemeinsam zu Mittag. Bryan mag am liebsten gegrilltes Fleisch mit Gemüse und Maisbrot. An den anderen Tagen gibt es morgens Toast mit Marmelade oder Cornflakes und abends oft Fertiggerichte. Zu besonderen Ereignissen wie beim Thanksgiving-Fest trifft sich die Familie mit Verwandten zum Truthahnessen. Weihnachten feiern sie bei den Großeltern in Janesville. Dann liegen viele Geschenke unter einem reich geschmückten Tannenbaum aus Plastik.

Milton – eine Kleinstadt im US-Staat Wisconsin

Milton ist eine Stadt mit etwa 5000 Einwohnern. Der Grundriss sieht aus wie ein Schachbrettmuster. Die Menschen leben vorwiegend in Einfamilienhäusern oder zweigeschossigen Bungalows. Fast jedes Haus hat eine Garage für zwei Autos und einen großen Rasen. Der Schuldistrikt ist etwa 260 km² groß. In sieben Schulen werden etwa 3000 Kinder betreut. Für jedes Kind, das außerhalb der Stadt Milton im Schuldistrikt wohnt, stellt die Schulbehörde einen Platz im Schulbus zur Verfügung.

Über die Hälfte der arbeitenden Bevölkerung pendelt täglich in das zwölf Kilometer entfernte Janesville. Das ist die nächstgrößere Stadt mit etwa 100 000 Einwohnern. Alle fahren mit dem eigenen Auto. Öffentliche Verkehrsmittel gibt es kaum.

Zum größeren Einkauf fährt man in die **Shopping Mall**. Sie liegt an einer Schnellstraße außerhalb der Stadt Janesville. In 75 Läden auf 75 000 m² Fläche werden viele verschiedene Waren angeboten.

INFO

Shopping Mall
Eine Shopping Mall in den USA ist ein großes Gebäude mit Kaufhäusern, vielen Einzelgeschäften, Restaurants, Cafés und Freizeiteinrichtungen. Sie liegt meist verkehrsgünstig an einer großen Straße, hat viele Parkplätze und ist zumeist voll klimatisiert.

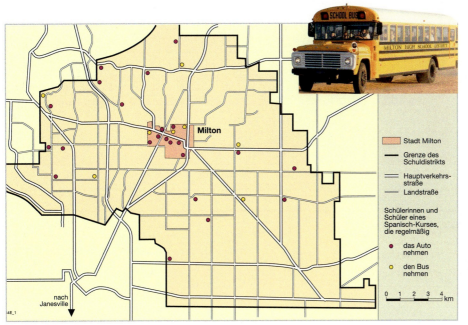

M3 *Milton und der Schuldistrikt (Gebiet, in dem die Kinder und Jugendlichen zu einer Schule in Milton fahren)*

M6 *Die Lage von Milton*

Schülerinnen und Schüler haben von Montag bis Freitag jeden Tag etwa sechs Stunden Unterricht. Der Unterricht einer Schule beginnt und endet für alle Kinder zur selben Zeit. In der langen Mittagspause werden ein Mittagessen und die Teilnahme an Sport-, Theater- und Diskussionsgruppen, Chor und Schulorchester angeboten.

Ihre Freizeit verbringen die Amerikaner oft vor dem Fernseher; sie hören Musik oder machen Computerspiele. Zahlreiche Jugendliche arbeiten nach der Schule oder an Wochenenden. Neun von zehn Teenagern haben entweder einen Job oder hätten gern einen. Jobmöglichkeiten gibt es in Schnell-Restaurants, in Geschäften, als Babysitter oder als Auslieferungsfahrer.

M4 *Alltag der Schülerinnen und Schüler*

INFO

USA

Fläche: 9,8 Mio. km² (Deutschland: 357 000 km²)

Einwohner: 308 Mio. (Deutschland: 82 Mio.)

Hauptstadt: Washington D.C. mit 600 000 Einwohnern

Größte Stadt: New York mit 8,5 Mio. Einwohnern

Lesen und Schreiben können: 94 von 100 Menschen

INTERNET

Informationen zur USA:
www.usembassy.de

Shopping Malls in den USA
www.mallofamerica.com
www.janesvillemall.com

Einkaufszentrum in Hamburg
www.europa-passage.de

M5 *Shopping Mall in den USA*

❶ Vergleiche das Leben als Schülerin oder Schüler in Deutschland mit dem in den USA.

❷ Nenne Unterschiede zwischen einer Kleinstadt in Deutschland und der Kleinstadt Milton.

❸ a) Erläutere die Bedeutung der Shopping Mall bei Janesville für Milton.
b) Vergleiche die Europa-Passage in der Hamburger Innenstadt mit einer US-amerikanischen Shopping Mall (Internet).

Grundwissen / Übung

PROJEKT

INFO
Indien

Fläche: 3,3 Mio. km² (Deutschland: 357 000 km²)

Einwohner: 1,2 Mrd. (Deutschland: 82 Mio.)

Hauptstadt: Neu-Delhi mit 323 000 Einwohnern

Größte Stadt: Bombay (Mumbai) mit 13 Mio. Einwohnern

Lesen und Schreiben können: 60 von 100 Menschen

M2 *Pandisvari bei der Arbeit*

Arbeit statt Schule

„Streichholzkinder" im indischen Bundesstaat Tamil Nadu

Pandisvari hat die Hände eines Roboters. Blitzschnell tauchen sie in den großen Haufen kleiner Holzstäbchen. Sie greifen eine Handvoll Stäbchen heraus und verteilen sie in fünf Sekunden auf die 52 Rillen einer Holzlatte. Dann füllen sie die nächste Latte – solange bis 50 Latten mit Hölzchen übereinander geschichtet und festgeschraubt sind.

Dann kommt der nächste Rahmen. Jeder Handgriff sitzt. Die Elfjährige arbeitet schnell, still und fast wie eine Maschine. Sie arbeitet von sechs Uhr morgens bis sechs Uhr abends und das sechs Tage in der Woche. Etwa 20 Mädchen kauern in dem halbdunklen Raum vor ihren Streichholzrahmen, das jüngste ist 9, das älteste 14 Jahre alt.

Durch die Reihen geht Herr Murgan, der Besitzer dieser Fabrik. In der Hand hält er einen Stock, den er regelmäßig benutzt. Reden ist nicht erlaubt. Die Schläge sind aber nicht das Schlimmste für Pandisvari. Schlimmer ist der stinkende Bottich in einer Ecke des Raumes. Hier wird Schwefel erhitzt, aus dem die Hölzer ihre rote Kuppe bekommen. Ein etwa 14-jähriger Junge taucht die fertigen Rahmen mit den Spitzen der Hölzchen in die Flüssigkeit. Dann löscht er sie kurz in einem Wasserbad ab. Jedes Mal zischt es wie bei einem Feuerwerk und ätzende Dämpfe ziehen durch den Raum. Sie brennen in den Augen und reizen die Lungen.

(Nach: Frank Herrmann: Bei den Streichholzkindern in Indien. In: Bal-Samsara 1/95 DWH Bonn 1995)

M1 *Pandisvari – ein Streichholzkind*

Ursachen und Folgen der Kinderarbeit

Indische Eltern sind oftmals froh über jede Rupie, die ihre Kinder nach Hause bringen. Viele haben Schulden, weil sie nur wenig verdienen.

So mussten Pandisvaris Eltern zur Hochzeit der älteren Tochter 50 000 Rupien (umgerechnet 750 Euro) aufbringen. Das Geld besorgten sie sich von einem Geldverleiher. Dieser verlangt sehr hohe Zinsen. Pandisvari verdient umgerechnet 40 Cent am Tag. Ohne ihre Mithilfe und die ihrer Geschwister könnten die Eltern die Schulden nie abbezahlen. Dafür nehmen sie es in Kauf, dass ihre Tochter wahrscheinlich mit 40 oder 45 Jahren stirbt; das ist die Lebenserwartung der „Streichholzkinder". Sie erkranken im Schwefelqualm und Staub der Fabrik. Vorher werden ihre Körper krumm, weil sie den ganzen Tag im Schneidersitz auf dem nackten Steinfußboden hocken. Diese Kinder können nie zur Schule gehen und nicht lesen und schreiben lernen.

In Indien haben sich ganze Industrien auf Kinderarbeit eingestellt, wie auch Herr Murgan, der Streichholzfabrik-Besitzer. Er sagt: „Ich beschäftige die Mädchen nur, weil ich ein weiches Herz habe. Eigentlich ist Kinderarbeit verboten, aber was soll ich machen? Die Eltern flehen mich an, dass ihre Töchter bei mir arbeiten dürfen. Sie heiraten ja sowieso. Sie brauchen keine Schule!"

1. Das Recht auf Gleichheit, unabhängig von Rasse, Religion, Herkunft oder Geschlecht.
2. Das Recht auf eine gesunde körperliche und geistige Entwicklung.
3. Das Recht auf einen Namen und eine Staatsangehörigkeit.
4. Das Recht auf ausreichende Ernährung, menschenwürdige Wohnverhältnisse und medizinische Versorgung.
5. Das Recht auf besondere Betreuung im Falle geistiger oder körperlicher Behinderung.
6. Das Recht auf Liebe, Verständnis und Geborgenheit.
7. Das Recht auf unentgeltlichen Unterricht, auf Spiel und Erholung.
8. Das Recht auf Beteiligung an der Gestaltung der eigenen Umwelt.
9. Das Recht auf Schutz vor Grausamkeit, Vernachlässigung und Ausbeutung.
10. Das Recht auf Schutz vor allen Formen der Demütigung und Erniedrigung und auf eine Erziehung des Friedens und der Rücksichtnahme.

M3 *Diese Kinderrechte gelten in vielen Ländern der Erde. Sie werden aber nicht überall eingehalten.*

M4 *Ein „Teufelskreis"*

M6 *Die Lage Indiens und des indischen Bundesstaates Tamil Nadu*

INTERNET

Informationen zu Indien:
www.indienembassy.de

Viele indische Kinder knüpfen in Fabriken auch Teppiche. Indien ist das Land, das die meisten Teppiche auf der Erde herstellt. Von hier aus werden jedes Jahr über drei Millionen Quadratmeter Teppiche in andere Staaten der Welt verkauft. Das ist etwa die Fläche von 300 Fußballfeldern. Die Hälfte der Teppiche aus Indien geht nach Deutschland. Die meisten indischen Teppiche werden in den Gebieten um Jaipur und Varanasi geknüpft. Dort arbeiten etwa 100 000 Kinder. In der Regel erhalten sie etwa 36 Cent Lohn pro Tag. Ein Kilo Reis kostet 72 Cent. Viele Erwachsene finden keine Arbeit, da die Knüpfstuhlbesitzer lieber Kinder beschäftigen.

M5 *Kinder als Teppichknüpfer*

M7 *„Rug": engl. „Teppich"*

❶ Ermittle, wie lange Pandisvari arbeiten müsste, um das Geld für ihre Hochzeit selbst zu verdienen (Text).

❷ Beurteile Herrn Murgans Rechtfertigung zur Kinderarbeit (Text).

❸ Überprüfe, welche Kinderrechte bei Pandisvari verletzt werden (M1, M3).

❹ Erkläre den Kreislauf in M4.

❺ Das RUGMARK-Warenzeichen (M7) tragen Teppiche aus Fabriken, die keine Kinder unter 14 Jahren beschäftigen und den gesetzlichen Mindestlohn zahlen. Zwei Prozent des eingenommenen Geldes aus dem Teppichverkauf müssen die Fabrikbesitzer für die Bezahlung von Lehrerinnen und Lehrern und den Bau von Schulen und Kindergärten abgegeben. Bewerte diese Maßnahme.

Grundwissen/Übung

INFO

Côte d'Ivoire (Elfenbeinküste)

Fläche: 322 462 km² (Deutschland: 357 000 km²)

Einwohner: 22 Mio. (Deutschland: 82 Mio.)

Hauptstadt: Yamoussoukro mit 300 000 Einwohnern

Lesen und Schreiben: 54 von 100 Menschen

M2 *In der Côte d'Ivoire: Schwerstarbeit auf einer Kakaoplantage*

Mariam in Westafrika – gerettet im letzten Augenblick

Einer Menschenhändlerin entkommen

Die Bushaltestelle im afrikanischen Land Mali nahe der Grenze zur Côte d'Ivoire ist ein trauriger Ort: Die Kinder, die hier warten, stehen barfuß auf staubigem Boden. Ein Mädchen steht dicht neben einer Frau. Aber die beiden scheinen sich nicht zu kennen, sie blicken sich nicht einmal an. Plötzlich ist die Frau verschwunden und ein Mann steht an ihrer Stelle. Er ist ein Sozialarbeiter. Er fragt das Mädchen, wie es heißt und woher es kommt. „Ich heiße Mariam Marico, bin 12 Jahre alt und komme aus Ségou." Das ist der Name eines Dorfs, das mehr als 450 km von der Bushaltestelle entfernt ist.

Mariam ist von zu Hause weggelockt worden. Die fremde Frau hatte ihr Arbeit und Geld auf einer Kakaoplantage im Land Côte d'Ivoire versprochen. In Mali gibt es große Armut. Deswegen ist Mariam der fremden Frau gefolgt. Die Eltern wissen nicht, wo ihre Tochter jetzt ist. Der Sozialarbeiter bringt sie zurück in ihr Dorf.

Mariam hat großes Glück gehabt: Die Menschenhändlerin hat wohl den Sozialarbeiter an der Bushaltestelle entdeckt und ist geflohen. In der Côte d'Ivoire hätte das Mädchen auf einer Kakaoplantage arbeiten sollen, ohne Bezahlung und ohne Schutz – so wie Tausende anderer Kinder.

(Nach: Dein Spiegel, 12/2010, S. 28)

M1 *Gerettet kurz vor der Grenze*

Schwarz und bitter

Jeder Deutsche isst im Durchschnitt elf Kilo Schokolade pro Jahr. Ein großer Teil des Kakaos stammt aus der Côte d'Ivoire (Elfenbeinküste). Die Kakaobäume werden dort in großen Plantagen angebaut. Der Preis, den die Plantagenbesitzer für den Kakao bekommen, ist jedoch so niedrig, dass sie es sich nicht leisten können, ihren Arbeitern gute Löhne zu bezahlen. Sie beschäftigen zunächst ihre eigenen Kinder und dann ihre Verwandten und deren Kinder. Wenn das nicht reicht, beschäftigen sie fremde Kinder. Sie zahlen ihnen wenig oder sie kaufen sie einfach. Der Kinderhandel ist weit verbreitet.

Auf einer Plantage im Südosten der Côte d'Ivoire arbeiten vier Jungen: Sie sind zwischen 10 und 12 Jahre alt, sie tragen schmutzige T-Shirts. Mit scharfen Messern schlagen sie Kakaofrüchte von den Bäumen und füllen sie in Plastiksäcke. Allein oder zu zweit schleppen die Jungen die schweren Säcke durch das Unterholz. Zwei erwachsene Männer beaufsichtigen sie dabei.

Die Hütte, in der die Jungen leben, hat ein Dach aus Ästen und Blättern, Wände gibt es nicht. Keiner der Jungen geht zur Schule oder spricht die Sprache der Region. Sie wurden aus ihrem Heimatland hierher zur Côte d'Ivoire gebracht.

(Nach: Dein Spiegel, 12/2010, S. 28)

M3 *Kinder müssen hart arbeiten.*

M4 *In Deutschland*

„Ein Kind kostet 230 Euro. Wenn ihr meinem Bruder sagt, wie viele ihr braucht, dann besorgt er sie euch." Der Mann aus der Côte d'Ivoire spricht über Kinder zwischen 10 und 14 Jahren, die aus den Nachbarstaaten entführt werden, um auf den Plantagen der Côte d'Ivoire zu arbeiten.
(Nach: Christian Teevs: Bittere Ernte. in: Spiegel online vom 6.10.2010)

M6 *So viel kostet ein Kind*

M7 *Die Lage von Mali und der Côte d'Ivoire (Elfenbeinküste)*

Land	Deutschland	Côte d'Ivoire
Bruttonationaleinkommen/Kopf in US-$ (2010)	43 330	1 700
Lebenserwartung bei Geburt (2010)	80	52
Säuglingssterblichkeit je 1000 Geburten (2010)	3,5	97
Alphabetisierungsrate in Prozent (2010)	99	57
Zugang zu Trinkwasser in Prozent (2008)	100	80
Zugang zu Sanitäranlagen in Prozent (2008)	100	23
Internetnutzer in Prozent (2010)	75	3
Kfz je 1000 Einwohner	503	16

M5 *Lebensbedingungen im Vergleich*

M8 *Aktion von Unicef und der Organisation TransFair gegen Kinderarbeit*

❶ a) Beschreibe die Situation des Jungen in M2.
b) Beurteile seine Situation vor dem Hintergrund der Kinderrechte (Seite 203, M3).

❷ Vergleiche die Lebensbedingungen der Kinder in Westafrika mit denen von Kindern in Deutschland (M1–M5).

❸ Recherchiere und beurteile Aktionen von Hilfsorganisationen gegen Kinderarbeit (M8, Internet).

❹ a) Erläutere, wie du dazu beitragen kannst, die Situation der Kinder in der Côte d'Ivoire zu verbessern (S. 194/195, Internet).
b) Erörtert in der Klasse, ob ihr für eine Tafel Schokolade mehr bezahlen würdet, wenn sie das Fairtrade-Siegel trägt.

❺ Schaut euch auf „You Tube" den Film „Schmutzige Schokolade" von Miki Mistrati an und erörtert, was ihr tun könnt, um die Situation der Kinder zu verbessern.

INTERNET

www.welthungerhilfe.de/kinderarbeit-schokolade.html

www.aktiv-gegen-kinderarbeit.de

PROJEKT

Grundwissen/Übung

M1 *Fischer am Nil (Wandmalerei um 1500 v.Chr.)*

Huy – ein Junge im alten Ägypten um 1500 v. Chr.

Der Sohn eines Fischers

Solange er denken kann, folgt Huy seinem Vater schon zum Fischen. Mit zehn Jahren weiß er, wie man Netze flickt. Diese Arbeit erledigt er zu Hause in der Nähe des Sumpfes, wo Seerosen und Schilf wachsen, aber vor allem Papyrus, den man nur an den Ufern des Nils findet. Sobald der Morgen graut, springt er in sein Boot aus Papyrus, das er mit einer Stange lenkt.

Sein Vater wirft die Reuse, das ist eine Art spitzer Korb, ins flache Wasser. Darin befindet sich der Köder für die Fische. Die beiden entfernen sich und warten. Huy fürchtet sich vor Krokodilen. Einige Unvorsichtige wurden schon verschlungen. Auch Nilpferde machen ihm Angst. Sie können das Boot zum Kentern bringen. Sobald Huy zu Hause ist, säubert er die Fische, kocht und trocknet sie. Manchmal schneidet Huy auch die fünf Meter hohen Papyrusstängel. Er bündelt sie und trägt sie nach Hause. Die Familie verarbeitet den Papyrus zu Seilen, Matten, Käfigen oder Körben und tauscht diese Waren im Dorf gegen Getreide, Bier und Krüge. Huy weiß jetzt schon, dass sein ganzes Leben so verlaufen wird wie das seines Vaters; es ist das gute Leben eines Fischers.

(Nach: Viviane Koenig: Das Leben der Kinder im alten Ägypten. München 2006)

Nilpferd (Tonfigur um 1500 v. Chr.)

M2 *Huy hilft seinem Vater.*

Kinder im alten Ägypten

Viele Ägypter waren Bauern, und somit lebten die Kinder auf dem Land. Dort spielten sie mit Wasser, Sand, Tonschlamm, Stroh und Tieren. Einzelne hatten sogar Affen, die man zum Pflücken der Kokosnüsse benötigte, als Spielgefährten. Daneben besaßen die ägyptischen Kinder Puppen aus Ton oder Stroh, geschnitzte Holztiere, Spielzeugboote, Holzbälle und Kreisel.

Kleine Kinder blieben in den ersten vier Jahren nah bei der Mutter. Sie liefen nackt herum und waren kahl geschoren. Die Mädchen trugen oft eine Art Haarsträhne, die auch Jugendlocke oder Seitenlocke genannt wird. Später trugen die Jungen einen Lendenschurz und die Mädchen ein Kleid.

Schon früh mussten Kinder ihren Eltern helfen, zum Beispiel bei der Arbeit auf den Feldern, beim Fischen, in der Werkstatt des Vaters, im Haushalt oder bei der Betreuung der jüngeren Geschwister. Nur wenige Kinder durften zur Schule gehen.

M3 *Mädchen mit Seitenlocke (Ausschnitt aus einer Grabdarstellung um 1350 v. Chr.)*

M4 *Jungen beim Jagen (Relief, 3. Jahrtausend v. Chr.)*

INFO

Das alte Ägypten um 1500 v. Chr.

Fläche geschätzt:
1 Mio. km² (Deutschland: 357 000 km²)

Einwohner geschätzt:
3 Mio. (Deutschland: 82 Mio.)

Hauptstadt: Theben (heute Luxor)

Lesen und Schreiben können:
nur ganz wenige Menschen

INTERNET

Informationen zum alten Ägypten:
www.selket.de

Kinder wie Huy, dessen Vater Fischer war, besuchten keine Schule. Es war üblich, dass die Jungen den Beruf des Vaters übernahmen.

Der Schulbesuch war allerdings eine Voraussetzung, um später zum Beispiel als Handwerker zu arbeiten. Auch konnte man mit einer guten Schulbildung Schreiber, Priester oder Beamter werden. Die Ausbildung zu diesen Berufen war aber nur den Jungen der Oberschicht möglich.

Der Lehrplan umfasste Lesen, Schreiben, Mathematik, ägyptische Geschichte, Erdkunde, Astronomie, Bildhauerei, Malerei und Sport.

Geschrieben wurde in der Schule zuerst auf kleinen Tonscherben. Wenn die Schüler schon recht gut schreiben konnten, durften sie mit Tinte aus Ruß oder Tonerde auf dem wertvollen Papyrus schreiben.

Nur wenige Mädchen erhielten Schulunterricht, so zum Beispiel die Töchter des Pharaos. Im Alter von sechs Jahren lernten sie in der Palastschule Lesen, Schreiben und Rechnen. Auch wurden sie über die Geschichte der Götter unterrichtet.

Die weitaus meisten Mädchen arbeiteten im Haushalt. Sie schöpften Wasser aus dem Fluss, halfen beim Kochen und brachten den Bauern auf dem Feld das Essen.

M5 *Schule – nur für wenige Kinder*

- Wie viele Ziegel werden zum Bau einer Rampe benötigt?
- Wie viele Arbeiter werden zum Bau einer Säule benötigt?
- Was weißt du über die Städte Byblos, Beirut und Sidon?
- Wie verlaufen die Marschwege und Straßen in Palästina?
- Wie viele Kilometer sind bis nach Gaza zu marschieren?
- An welcher Stelle lässt sich der Jordan überqueren?

M6 *Aufgaben des Lehrers Hori an seine Schüler*

- das Auslassen einer Zeile beim Kopieren von Texten
- das Herumgaffen auf der Straße
- unaufgefordertes Reden im Unterricht
- unerlaubtes Aufstehen
- unerlaubter Gang zur Toilette
- unerlaubtes Trinken von Bier
- eine schlechte Handschrift

M7 *Liste der Fälle, in denen die Prügelstrafe bei jungen Schreiberlehrlingen angewendet wurde*

---

❶ a) Berichte über das Leben von Huy (M2).
b) Erläutere, wie es sich von dem eines Jungen aus der Oberschicht unterscheidet (M5).
c) Beschreibe die Unterschiede in der Schulausbildung zwischen Jungen und Mädchen (M5).

❷ Erläutere, welchem Zweck die Aufgabenstellungen dienten (M6).

❸ a) Vergleiche das Schulleben im alten Ägypten mit deinem, indem du Dinge aufzeigst, die heute so nicht mehr möglich sind.
b) Finde eine Erklärung dafür, warum sie damals durchgeführt wurden.

Grundwissen/Übung

PROJEKT

INFO

Das Römische Reich um 100 n. Chr.

Fläche geschätzt:
8 300 000 km² (Deutschland: 357 000 km²)

Einwohner geschätzt:
62 Mio. (Deutschland: 82 Mio.)

Hauptstadt: Rom

Lesen und Schreiben können:
nur wenige Menschen

M2 *Ein Vater und seine kleine Tochter. Die Frisur des Mädchens besteht wie bei Carilla aus einem schönen Haarknoten. (Relief, 2. Jh.)*

Carilla – ein Mädchen im alten Rom um 100 n. Chr.

Carilla ist gerade aufgestanden. Jetzt kommt ihre Dienerin Servilla, um ihr die Haare zu kämmen. Das dauert und dauert. Endlich ist der Haarknoten fertig. Aber Carillas Mutter ist unnachgiebig: Ihre Tochter, die sie trotz ihrer elf Jahre noch immer wie ein Baby behandelt, soll untadelig frisiert sein. Man muss auf seine Stellung achten, wenn man das Glück hat, einen Weinhändler zum Vater zu haben. Er hat sich zu einem reichen und einflussreichen Mann in der Stadt emporgearbeitet. Wenn seine Tochter mit aufgelöstem Haarknoten herumliefe, würde das Folgen haben. Man würde darüber reden in den Thermen, den gut geheizten römischen Badehäusern. Und auch auf dem Forum, dem Hauptplatz mit Tempeln, Versammlungshäusern und dem Gerichtsgebäude, würde man darüber sprechen.
Carilla lernt Flötespielen und das Haus zu führen. Sie braucht keine lange Schulausbildung. Sie muss eine untadelige Ehefrau werden, ihre Kinder ordentlich erziehen, die Dienerschaft leiten und Wolle spinnen. In ein bis zwei Jahren wird Carillas Vater einen Ehemann für sie auswählen, der sich über die gute Erziehung seiner Frau freuen wird.
(Nach: Gérard Coulon: Das Leben der Kinder im alten Rom. München, 2006)

M1 *Carilla – Tochter eines Weinhändlers*

Kinder im Römischen Reich

Im alten Rom gab es als Spielzeug für Kleinkinder Puppen, Puppengeschirr, Tiere und Wagen aus Holz, Kreisel, Jojos, Reifen, Puzzles und Brettspiele. Kinder von Sklaven oder armen Familien durften nicht zur Schule gehen, weil sie bei der Arbeit helfen mussten. Kinder aus reichen Familien erhielten manchmal Unterricht von Hauslehrern, die oft gebildete griechische Sklaven waren. Die meisten besuchten jedoch mit sieben Jahren Privatschulen.
Die Lehrer behandelten die Schüler streng. Bei Fehlern oder falschem Verhalten bekamen sie mit der Zuchtrute Schläge. Der Unterricht in der Elementarschule (Grundschule) fand normalerweise in einem halboffenen Raum statt. Sitzend, ohne Tische, lernten die Schüler mit einem Griffel auf einer Wachstafel zu schreiben. Das Auswendiglernen spielte eine große Rolle. Rechenunterricht erteilte ein Fachlehrer, „Calculator" genannt.
Mit ungefähr 13 Jahren konnten die Jungen in die weiterführende Grammatikschule gehen. Dort lernten sie die Grammatik der lateinischen Sprache, lasen die Werke römischer Dichter und schrieben Aufsätze. Mädchen wurden nach der Grundschulzeit im Musizieren, Spinnen und Weben unterrichtet.

M3 *Der Lehrer lässt einen Schüler lesen. Ein anderer Schüler hebt die Hand, um sich für seine Verspätung zu entschuldigen. Er trägt seine Schreibgeräte in der Hand. (Relief, 3. Jh.)*

INTERNET

Informationen zum Römischen Reich:
www.kinder-zeitmaschine.de

Bei Tagesanbruch wache ich auf. Ich richte mich auf und bitte um Socken und Schuhe. Man bringt mir Wasser in einem Topf zum Waschen. Ich ziehe mein Nachthemd aus, ich nehme meine Tunika und binde einen Gürtel um. Ich binde meinen weißen Umhang darüber fest. Ich verlasse das Zimmer mit meinem Sklaven und meiner Amme, um Papa und Mama zu begrüßen. Ich suche mein Schreibzeug und gebe es dem Sklaven.
Dann mache ich mich, von meinem Sklaven gefolgt, auf den Weg in die Schule.

Meine Kameraden kommen mir entgegen. Ich begrüße sie.
Ich trete in das Zimmer ein und sage: „Ich grüße euch, mein Lehrer." Er umarmt mich und grüßt mich wieder. Der Sklave reicht mir Täfelchen, Schreibzeug und Lineal. Ich setze mich hin und mache mich an die Arbeit. Ich bin mit dem Lernen fertig und bitte den Lehrer, mich nach Hause gehen zu lassen, um zu essen. Er lässt mich gehen. Ich sage ihm „Lebewohl". Ich kehre nach Hause zurück. Nachdem ich gegessen habe, gehe ich wieder in die Schule.

M4 *Bericht eines römischen Schülers (um 100 n. Chr.)*

◁ **M5** *Zum Schreiben dienten oft eiserne Stifte und Wachstafeln. (Mosaik, 3. Jh.)*

M6 *Sklave geleitet einen Schüler zur Schule.* ▷

❶ Beschreibe, wie Carilla lebte (M1).

❷ Lege eine Tabelle zur Schullaufbahn eines Jungen im alten Rom an. Nimm die Überschriften: Alter, Schulform, Unterrichtsstoff.

❸ Überlege, warum die Schullaufbahn der Jungen nicht für Mädchen galt.

❹ a) Zeige auf, mit welchen Hilfsmitteln und Methoden die Schüler lernten (M4–M6).
b) Vergleiche mit den heutigen Hilfsmitteln und Methoden.

❺ Stelle Gemeinsamkeiten und Unterschiede zwischen dem Schultag des römischen Schülers in M4 und deinem eigenen dar.

PROJEKT

Grundwissen / Übung

Die Kindheit der Großeltern war anders – unsere Gesellschaft im Wandel

Kinder im Sommer 1955

Die Familie früher

Von der Großfamilie zur Kleinfamilie

Bis in das 19. Jahrhundert hinein lebten die meisten Menschen auf dem Land. Es war üblich, dass drei Generationen (Menschen eines Lebensabschnitts) unter einem Dach wohnten: Großeltern, Eltern und Kinder.

Am Ende des 19. Jahrhunderts breitete sich in den Städten die Industrie aus. Fabriken entstanden. Deshalb verließen viele Menschen ihre Bauernhöfe und zogen vom Land zu den neuen Arbeitsplätzen in der Stadt. Die Zahl der **Großfamilien** nahm ab.

In den Wohnungen auf dem Land und in der Stadt lebten jetzt meist nur noch zwei Generationen zusammen: die Eltern und ihre Kinder. Die Zahl der **Kleinfamilien** nahm zu.

Die Ehepaare blieben in der Regel ein Leben lang zusammen. Sie schlossen „den Bund fürs Leben". Mit der Geburt von zwei oder drei Kindern war die Familie komplett.

Die Rollen in der Familie waren eindeutig verteilt. Die Ehefrau und Mutter hatte den Haushalt zu führen und die Kinder zu erziehen.

Der Ehemann und Vater war derjenige, der die wichtigsten Dinge bestimmte. Er war für den „Broterwerb" und die Außenbeziehungen der Familie zuständig.

Ein langer Weg zur Gleichberechtigung

„Männer und Frauen sind gleichberechtigt." Das steht in Artikel 3, Absatz 2 im **Grundgesetz**, das am 23. Mai 1949 in Kraft trat.

Doch die Wirklichkeit damals sah anders aus. Dafür sorgte schon das **Bürgerliche Gesetzbuch (BGB)**. Im BGB war damals die Autorität des Mannes in Familie und Beruf festgeschrieben. Der Mann hatte das „Letztentscheidungsrecht". Zum Beispiel konnte eine Ehefrau nur dann arbeiten, wenn ihr Mann einverstanden war. Auch konnte der Mann den Arbeitsvertrag seiner Frau jederzeit kündigen.

Erst 1958 trat das „Gesetz über die Gleichberechtigung von Mann und Frau" in Kraft. Allerdings behielt der Vater bei der Kindererziehung noch bis 1979 das letzte Wort.

M1 *Der Vater entschied (1958)*

M2 *Kleinfamilie vor dem neuen Fernseher (1960)*

INFO

Das Grundgesetz

Das Grundgesetz ist das oberste Gesetzeswerk der Bundesrepublik Deutschland; es ist unsere Verfassung. Es enthält die wichtigen Regeln für das Zusammenleben der Menschen.

Der erste Abschnitt des Grundgesetzes enthält die Grundrechte. Sie lauten beispielsweise:
- Die Würde des Menschen ist unantastbar.
- Alle Menschen sind vor dem Gesetz gleich.
- Die Freiheit des Glaubens ist unverletzlich.
- Jeder hat das Recht, seine Meinung frei zu äußern.

M3 *Familie in Frankfurt (1961)*

Wie kann man die Frage der Berufsarbeit der Ehefrau so lösen, dass Konflikte nach Möglichkeit vermieden werden? Nichts einzuwenden ist gegen die Berufsarbeit der Ehefrau, solange keine Kinder da sind.
Anders sieht die Lage aus, wenn Kinder kommen. Die moderne Kinderpsychologie weiß sehr genau um die Notwendigkeit der „Nestwärme" gerade für das Kleinkind. Deshalb sollte, solange die Kinder noch klein sind, die Mutter im Hause bleiben, falls nicht aus wirtschaftlichen Gründen ihre Mitarbeit unbedingt erforderlich ist. Über die Notwendigkeit der Mitarbeit gehen die Ansichten natürlich weit auseinander. Sehr oft treibt nicht die finanzielle Notlage die Ehefrau zur Berufsarbeit, sondern der Dämon „hoher Lebensstandard".

(Nach: „Die gute Ehe" von 1959. In: Spiegel Special 4/2007, Seite 103)

M4 *Berufstätigkeit der Frau*

Eine Hausfrau soll ihrem Mann ein Heim schaffen, in dem er wirklich zu Hause ist, in das er nach des Tages Arbeit gern zurückkehrt. Dabei muss immer das im Vordergrund stehen, was ihm besonders am Herzen liegt, und das kann verschieden sein.
Der eine verlangt unbedingte Ordnung. Er liebt es, wenn alle Gegenstände immer am gleichen Platz liegen, damit er zum Beispiel eine bestimmte Krawatte auch im Dunkeln finden kann. Wenn diese Wünsche nicht in Schikane ausarten, sollte man sie ruhig erfüllen, man erspart sich viel Ärger. Einem anderen Ehemann ist es wichtig, dass seine Frau immer gepflegt aussieht und hübsch angezogen ist.
Ein dritter legt großen Wert darauf, dass ihm nicht nur Allerweltsessen auf den Tisch gestellt wird, sondern Dinge, die seinem Gaumen immer von neuem schmeicheln.
Es gilt also, das Wesentliche herauszufinden und sich darauf einzustellen, auch wenn es den eigenen Neigungen nicht ganz entspricht.

(Nach: „Die gute Ehe" von 1959. In: Spiegel Special 4/2007)

M5 *Ratgeber für eine gute Ehe*

❶ Betrachte M1–M3 und beschreibe die Mitglieder der Familie:
a) Was tun sie?
b) Wie sind sie gekleidet?
c) Beschreibe die Einrichtung des Raumes/die Ausstattung des Gartens.
d) Bewerte die Tätigkeiten der einzelnen Mitglieder der Familie unter dem Gesichtspunkt der Gleichberechtigung.

❷ Beschreibe die Entwicklung von der Großfamilie zur Kleinfamilie.

❸ Nimm Stellung: Eine Frau darf ohne die Zustimmung ihres Mannes nicht berufstätig sein.

❹ Nimm Stellung zu M4.

❺ a) Schreibe einen Ratgeber für eine gute Partnerschaft aus deiner Sicht.
b) Vergleiche deine Aufzeichnungen mit den Ratschlägen in M5.

INTERNET

www.elternimnetz.de
www.bundesforum-familie.de

Die Kindheit der Großeltern war anders

Grundwissen/Übung

M1 *Schulunterricht – getrennt für Jungen und Mädchen (Ende der 1950er-Jahre)*

Hauswirtschaft für Mädchen – Werken für Jungen

„Du heiratest ja doch!"

Um 1960 wurden Mädchen und Jungen in der Schule und zu Hause auf unterschiedliche **Rollen** in der Gesellschaft vorbereitet. Mädchen sollten Frau und Mutter werden und den Haushalt führen. Jungen sollten einen möglichst gut bezahlen Beruf ergreifen und die Familie ernähren.

Mädchen und Jungen wurden damals meist in verschiedenen Schulen unterrichtet. In den Jungenschulen gab es zum Beispiel in der 8. und 9. Klasse vier Stunden Werken in der Woche, die Mädchen hatten stattdessen „Hauswirtschaft" und „Nadelarbeit". Physik und Chemie gab es manchmal nur für Jungen. Von zehn Abiturienten waren nur vier Mädchen.

Sind Frauen dümmer? Eine junge Frau gibt sich so weiblich wie möglich. Sie benutzt ihre Intelligenz, um ihre anderen Qualitäten einzusetzen, denen die männliche Intelligenz selten gewachsen ist. Aber sie versucht nicht, in Bereichen Karriere zu machen, in denen ein Mann mit seiner Veranlagung besser dran ist. Dort vermännlicht eine Frau fast immer.

Eine Frau sollte ihr Glück in der Familie suchen und sich nicht in den beruflichen Wettstreit mit ihren Kollegen begeben.

(Nach: Freundin/Filmrevue Nr. 13, 1964)

M3 *Wann vermännlicht eine Frau?*

INFO

Rolle

In unserem Leben werden uns viele Rollen zugewiesen. Wir sind zum Beispiel gleichzeitig Schülerin, Tochter, Mitglied eines Sportvereins und Freundin; oder wir sind Schüler, Sohn, Gitarrespieler und Freund.

Alle Rollen sind mit bestimmten Erwartungen an unser Verhalten geknüpft. Diese Erwartungen müssen wir erfüllen. Ansonsten setzen wir uns der Missbilligung der Mitmenschen aus und erhalten keine Anerkennung.

Vor 50 Jahren waren ganz andere Erwartungen an die Rollen von Jungen und Mädchen geknüpft als heute.

M2 *Karikatur (von Marie Marcks)*

M4 Zeugnis eines Jungen

M6 Zeugnis eines Mädchens

Wir lernten Lesen, Schreiben und Rechnen in der Volksschule, die die meisten von uns acht Jahre besuchten. Auf den Dörfern gab es Zwergschulen, in denen Kinder mehrerer Altersjahrgänge in einem Klassenraum unterrichtet wurden.
Die Lehrer oder Lehrerinnen der vierjährigen Grundschule waren meist streng, achteten vor allem auf Betragen, Aufmerksamkeit und „Schönschreiben". Damit verstanden sie es, uns die Freude am Lernen gehörig zu erschweren.

(Nach: Peter Renz: Wir vom Jahrgang 1946. Kindheit und Jugend. Gudensberg-Gleiche 2006, Seite 36)

M5 Was den Lehrkräften wichtig war

Der gemeinsame Unterricht von Jungen und Mädchen in einer Klasse heißt Koedukation.
Gleich nach dem Zweiten Weltkrieg wurde die Koedukation in der damaligen DDR eingeführt. In der Bundesrepublik Deutschland begann sie erst Ende der 1960er-Jahre. Ziel war, mit dem gemeinsamen Unterricht gleiche Chancen für Jungen und Mädchen herzustellen und ein gutes Miteinander zu ermöglichen.
Heute gibt es einige Kritiker der Koedukation. Allerdings wollen sie in der Regel nicht getrennte Mädchen- und Jungenschulen einführen. Sie meinen, dass die Lerninhalte bei der Koedukation die Interessen der Mädchen oft zu wenig berücksichtigen. Sie befürworten eine teilweise Trennung von Jungen und Mädchen in bestimmten Fächern.

M7 Koedukation

❶ Nenne drei Rollen, in denen du lebst, und ordne ihnen Erwartungen zu, die du erfüllen musst.

❷ Schreibe die Erwartungen an einen Jungen und an ein Mädchen um 1960 auf (M1, Text).

❸ Antworte dem Verkäufer in der Karikatur (M2).

❹ Beschreibe, wie Jungen und Mädchen in der Schule früher auf ihre späteren Rollen vorbereitet wurden.

❺ Vergleiche die Zeugnisse M4 und M6. Woran erkennt man, dass es sich um das Zeugnis eines Jungen und eines Mädchen handelt?

❻ Stelle Argumente auf, die für eine Koedukation sprechen, und solche, die dagegen sprechen (M7). Nimm anschließend Stellung.

❼ Lies den Text in M5. Schreibe einen Bericht darüber, worauf heute in der Schule Wert gelegt wird.

❽ Veranstaltet eine Ausstellung über Kindheit und Jugend um 1960: Interviewt dazu ältere Menschen über Schule, Wohnen, Einkaufen und die Verkehrsverhältnisse in ihrer Jugend. Schreibt euch Notizen auf.
Bittet die älteren Leute um Fotos oder Gegenstände aus ihrer Jugend.

Grundwissen/Übung

Die Kindheit der Großeltern war anders

Leben in einer Diktatur

M1 *Propaganda-Veranstaltung der NSDAP (1935)*

Der Nationalsozialismus

Im November 1932 gewann die NSDAP (Nationalsozialistische Arbeiterpartei) die Reichstagswahl. Ihr Parteiführer Adolf Hitler wurde daraufhin am 30. Januar 1933 zum Reichskanzler ernannt.
Damit war in Deutschland ein Mann Regierungschef geworden, dessen Anhänger in der Vergangenheit bereits häufig durch das Anzetteln von gewalttätigen Straßenkämpfen aufgefallen waren. Zeitweise war deshalb die SA, eine besonders brutale Gruppierung der Partei, verboten worden.
Nach der Ernennung Hitlers wurden politische Gegner von seinen Anhängern bedroht, verprügelt und verfolgt. Diese Gewalt schüchterte die demokratischen Parteien ein.
Die von Hitler verfolgte **Ideologie** nannte sich **Nationalsozialismus**.

Alle Menschen mussten sich nach den Vorgaben der NSDAP richten. Das galt für das öffentliche und auch für das private Leben in Familie und Freundeskreisen. Die Gesellschaft wurde „gleichgeschaltet". Die Nationalsozialisten verboten alle anderen Parteien und auch die freien Gewerkschaften. Sie kontrollierten, was Zeitungen schrieben, und stellten das kulturelle Leben unter die Aufsicht des Staates.
Kinder, Jugendliche sowie Männer und Frauen wurden zwangsweise in nationalsozialistischen Verbänden organisiert (M2, M3, M6). Besonders wichtig war der Regierung, dass sie Einfluss auf die Erziehung der Jugend hatte. Deshalb zwang sie Kinder und Jugendliche von 10 bis 18 Jahren zum Eintritt in die sogenannte „Hitlerjugend". Andere Jugendorganisationen wurden verboten.

INFO

Diktatur
Die Diktatur ist eine Regierungsform. An der Spitze der Regierung steht eine Person (Diktator) oder eine Gruppe von Personen (Junta). Die Diktatur ist auf Selbsterhalt ausgerichtet und geht brutal gegen ihre Gegner vor. Es gibt keine freien Wahlen, auch andere Bürgerrechte sind eingeschränkt.
Um sich zu behaupten, kontrollieren der Diktator und seine Helfer die Gesetzgebung. Die Polizei, das Militär, die Justiz und der Beamtenapparat sind direkt dem Diktator unterstellt. Auch die Medien (Presse, Funk, Fernsehen), die Kunst und das Erziehungswesen stehen im Dienst der Diktatur und sind nicht frei.

INFO

Hitlerjugend (HJ)
Bezeichnung für die Jugendorganisation der Nationalsozialisten. Ziel war, bei Kindern und Jugendlichen den Einfluss des Elternhauses zurückzudrängen, um sie im Sinne der Nationalsozialisten zu erziehen. Während die Jungen in „Jungvolk" (10–14 Jahre) und „Hitlerjugend" (bis 18 Jahre) organisiert waren, gab es für die 10- bis 14-jährigen Mädchen den „Jungmädelbund" sowie für die älteren den „Bund Deutscher Mädel" (BDM).
Gemeinsame Ausflüge, Fackelzügen und Lagerfeuer sowie das Tragen einer HJ-Uniform förderten bei vielen ein Gemeinschaftsgefühl.

M2 *Das Jungvolk tritt zum Appell an (1935)*

M5 *Plakat von 1938*

Diese Jugend, (...) lernt nichts anderes als deutsch denken, deutsch handeln. Und wenn (...) diese Knaben und Mädchen mit ihren zehn Jahren in unsere Organisationen hineinkommen (...), dann kommen sie vier Jahre zum Jungvolk und dann in die Hitlerjugend und da behalten wir sie wieder vier Jahre. Und wenn sie dort noch nicht ganze Nationalsozialisten geworden sein sollten, dann kommen sie in den Arbeitsdienst und werden da weitere drei Jahre geschliffen (...).
Und dann geben wir sie erst recht nicht zurück (...), sondern dann nehmen wir sie sofort in die Partei und in die Arbeitsfront, in die SA und SS, in das NSKK usw.
Und was dann noch an Klassenbewusstsein oder Standesdünkel da oder da vorhanden sein sollte, das übernimmt dann die Wehrmacht zur weiteren Behandlung. Und wenn sie dann (...) zurückkehren, dann nehmen wir sie, damit sie auf keinen Fall rückfällig werden, sofort wieder in SA, SS usw. – und sie werden nicht mehr frei ihr ganzes Leben.

(Nach: Die Reden des Führers nach der Machtübernahme. Berlin 1940, S. 176)

M3 *Rede Hitlers zur Gleichschaltung der Bevölkerung*

M6 *So organisierte der nationalsozialistische Staat die Bürgerinnen und Bürger.*

M4 *„Ich habe in der Schule gesagt, dass ihr immer über den Führer schimpft"*

❶ Beschreibe die Rolle der nationalsozialistischen Organisationen für die Sicherung der Macht Hitlers.

❷ a) Erläutere, warum die Nationalsozialisten die Gesellschaft gleichschalteten (Text).
b) Benenne die Organisationen und die entsprechende Altersgruppen, in denen die Bevölkerung organisiert wurde (M3, M6).

❸ Werte die Karikatur aus (M4). Beschreibe die Stimmung, die in weiten Teilen der Gesellschaft geherrscht haben muss.

Grundwissen / Übung

Die Kindheit der Großeltern war anders

M1 *Aufmarsch der Freien Deutschen Jugend (1983)*

Die deutsche Teilung

Nach seiner Niederlage im Zweiten Weltkrieg (1945) teilten die Siegermächte Deutschland in vier Sektoren auf. Frankreich, die USA und Großbritannien kontrollierten den westlichen Teil Deutschlands und Westberlin. Die **Sowjetunion** kontrollierte den östlichen Teil und Ostberlin.

Im Jahr 1949 wurden die BRD (Bundesrepublik Deutschland) und die DDR (Deutsche Demokratische Republik) gegründet. Von nun an war Deutschland 40 Jahre geteilt. Beide deutsche Staaten standen sich ablehnend gegenüber. Während die BRD sich zu einem demokratischen Land entwickelte, begann in der DDR der „Aufbau eines sozialistischen Staates", der aber von der Mehrheit seiner Bewohner abgelehnt wurde.

Die DDR begann in der 1950er-Jahren, ihre Grenzen zu schließen. Mit dem Bau der Mauer durch Berlin schloss sich 1961 das letzte Schlupfloch.

Der **Sozialismus** sollte alle Bereiche der Gesellschaft durchdringen. Deshalb schuf man staatliche Organisationen, in denen die Bevölkerung organisiert und geschult wurde. Schülerinnen und Schüler waren bis zur siebenten Klasse Mitglieder der Pionierorganisation und danach der Freien Deutschen Jugend (FDJ). Die Mitgliedschaft war zwar freiwillig, doch wurden Nichtmitglieder ausgegrenzt. Sie durften an verschiedenen Aktivitäten nicht teilnehmen. Insofern ist verständlich, dass die Zahl der Nichtmitglieder gering war.

Leben in der DDR

Die Freiheit der DDR-Bürger war stark beschnitten. Es gab kein Recht auf freie Meinungsäußerung und DDR-Bürger durften in der Regel nicht in das westliche Ausland reisen. In der DDR gab es keine freie Presse, keine unabhängige Justiz und keine freien Wahlen. Die SED (Sozialistische Einheitspartei Deutschlands) war faktisch die einzige Partei und gestaltete das Land nach ihren Vorstellungen.

Die Überwachung der Bürger war allgegenwärtig. Die Stasi (Staatssicherheit) war ein Geheimdienst, der landesweit organisiert war. Die Stasi baute sich ein Überwachungsnetz auf, das mithilfe von inoffiziellen Mitarbeitern (IM) alle Bereiche der Gesellschaft durchdrang. Sich kritisch zu äußern, war gefährlich und konnte zur Verhaftung durch die Stasi führen.

In den 1980er-Jahren verschlechterte sich die wirtschaftliche Lage der DDR (M5). Zwar litten die Menschen keine Not, doch das Warenangebot wurde immer knapper. Die Unzufriedenheit mit dem sozialistischen System wuchs.

1989 begannen die Bürgerinnen und Bürger der DDR, sich offen gegen ihre Führung aufzulehnen. Es gab landesweite Demonstrationen. Am 9. November 1989 fiel die Mauer, und in der Folge brach die DDR zusammen. Am 3. Oktober 1990 wurde Deutschland wiedervereinigt.

Die Zeit bei den Pionieren hat mir eigentlich gut gefallen, denn wir haben viel unternommen. An den regelmäßigen Pioniernachmittagen sind wir oft ins Kindertheater oder in den Tierpark gegangen. Dabei mussten wir immer unser Halstuch und unser weißes Pionierhemd tragen. Jeder Pionier musste Flaschen und Altpapier sammeln und in der Schule abgeben. Die besten Sammler wurden ausgezeichnet. Die Vorschriften und ständigen Fahnenappelle, bei denen wir auf dem Schulhof dem Hissen von Fahnen beiwohnen mussten, haben mich allerdings gestört. Da sie aber dazu gehörten, hatte ich mich irgendwann daran gewöhnt.

M2 *Ein ehemaliger Pionier aus Leipzig berichtet*

M4 *Die Lehrerin wird mit dem Pioniergruß begrüßt*

Täglich fuhren 1960 etwa 50 000 Menschen aus dem Osten Berlins in den Westteil der Stadt zur Arbeit und sahen dort andere Lebenswelten. Westberlin, das zusammen mit Ostberlin mitten im DDR-Gebiet lag, zeigte als Schaufenster des Westens die Vorzüge von Freiheit und Konsum, die es im Ostteil nicht gab. Seit Kriegsende riss der Flüchtlingsstrom von Ost nach West nicht ab. Die meisten Menschen verließen die DDR über die Berliner Sektorengrenzen. Oft waren es junge, gut ausgebildete Frauen und Männer, die die DDR dringend als Arbeitskräfte brauchte. Um die Menschen an der Flucht zu hindern, befahl die DDR-Regierung am 13. August 1961 den Bau einer Mauer mitten durch Berlin. Jeder, der die Mauer überwinden wollte, musste damit rechnen, getötet zu werden, denn die DDR-Regierung hatte ihren Soldaten befohlen, auf Flüchtende zu schießen.

M3 *Gründe für den Bau der Berliner Mauer*

M5 *Schlange stehen für den Einkauf, Ostberlin 1984 (HO hieß die staatliche Handelsorganisation)*

❶ a) Beschreibe, wie sich das Leben in den beiden deutschen Teilstaaten nach 1949 entwickelte.
b) Nenne Gründe, die die DDR-Regierung zum Bau der Mauer veranlassten.

❷ a) Beschreibe den Verlauf der Grenze, die zwischen 1949 und 1989 die Bundesrepublik und die damalige DDR trennte (Atlas).

b) Nenne die heutigen Bundesländer, die bis zur Vereinigung zur DDR gehörten.

❸ Viele Menschen waren unzufrieden mit dem Leben in der DDR. Nenne Forderungen, die schließlich 1989 zum Ende der DDR führten. (M6).

M6 *Demonstranten auf dem Alexanderplatz am 4. November 1989 in Ostberlin*

Grundwissen/Übung

Kinder als Konsumenten

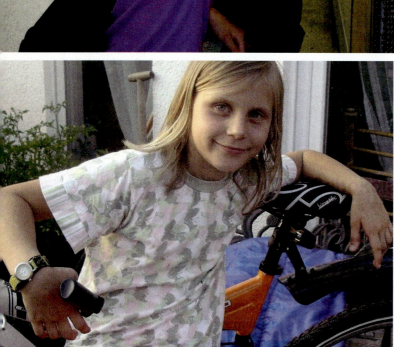
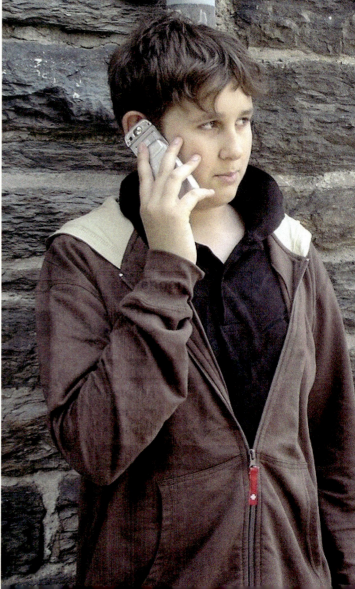

Taschengeld – muss das sein?

Tina braucht mehr Taschengeld

Tina hat gerade Taschengeld bekommen. Sie wurde von ihren Eltern ermahnt, nicht gleich alles auszugeben. Nun überlegt sie, was sie sich von dem Geld alles kaufen könnte.

Im Kino läuft gerade ein toller Film, den sie sich unbedingt ansehen möchte. Eis und Süßigkeiten isst sie auch sehr gern. Ein bestimmtes Computerspiel hat sie seit Längerem im Auge. Da fällt ihr ein, dass sie ihre Handy-Rechnung ja noch bezahlen muss. Außerdem wünscht sie sich schon lange ein neues Fahrrad. Am besten wäre es also, wenn sie das ganze restliche Taschengeld sparen würde. Tina wird bei ihren Überlegungen eines deutlich: Sie braucht mehr Taschengeld!

Kinder sollen regelmäßig Taschengeld erhalten

Es gibt keinen gesetzlichen Anspruch auf Taschengeld, und manche Kinder sind nicht mit dem zufrieden sein, was sie bekommen.

Einige Kinder glauben, dass sie insgesamt mehr Geld von ihren Eltern bekommen, wenn sie auf ein festes Taschengeld verzichten. Manche Eltern sind der Meinung, dass ihre Kinder sich das Taschengeld erst verdienen müssen.

Fachleute sind davon überzeugt, dass es wichtig ist, Kindern regelmäßig Taschengeld zu geben. Sie sollen lernen, mit Geld sorgfältig umzugehen. Als Gründe für ein Taschengeld werden genannt:

- Kinder fühlen sich ernst genommen, wenn ihnen zugetraut wird, dass sie das Geld für sinnvolle Dinge verwenden.
- Kinder lernen, was Geld wert ist.
- Kinder lernen, sich zu entscheiden, was sie haben möchten und worauf sie verzichten können.
- Kinder lernen, ihre Ausgaben selbst zu planen.

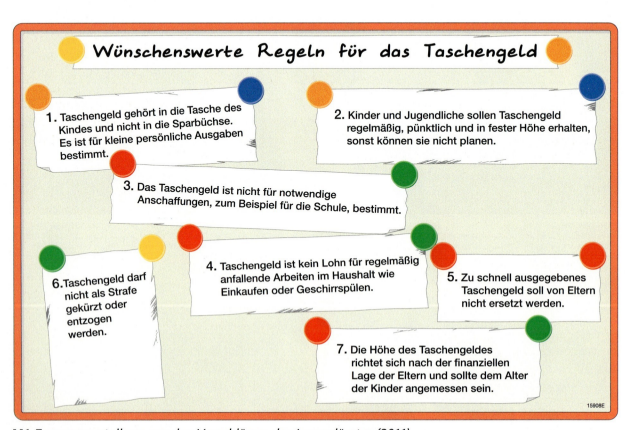

M1 *Zusammenstellung aus den Vorschlägen der Jugendämter (2011)*

Eigentlich bekomme ich nur 30 € Taschengeld monatlich; an das andere Geld komme ich ohnehin nicht ran.

Manchmal komme ich zwei Wochen mit meinem Taschengeld aus, manchmal noch länger.

Ich muss mir das Geld gut einteilen, damit es bis zum Monatsende reicht. Für größere Anschaffungen muss ich lange sparen.

Wenn ich oft beim Putzen und Abwaschen helfe, komme ich gut zurecht.

Leon erhält 50 € Taschengeld im Monat. Davon gehen 20 € direkt auf sein Sparbuch.

Laura erhält 20 € Taschengeld. Wenn sie das Geld ausgegeben hat, bekommt sie neues Taschengeld.

Ann-Sophie erhält 30 € Taschengeld pro Monat. Damit muss sie auskommen.

Nik bekommt im Monat 15 € Taschengeld. Wenn er im Haushalt hilft, erhält er jedes Mal noch 2 bis 3 €.

M2 *Erfahrungen mit Taschengeld*

Empfehlungen des Deutschen Sparkassen- und Giroverbandes für das Taschengeld

Die Höhe des Taschengeldes ist in erster Linie davon abhängig, über welches Einkommen die Eltern verfügen. Wird zum Beispiel ein Elternteil arbeitslos, müssen unter Umständen auch die Kinder zurückstecken.
Natürlich richtet sich die Höhe des Taschengeldes auch danach, was die Kinder und Jugendlichen davon bezahlen sollen. Es gibt aber Aussagen zu Taschengeld, nach denen man sich richten kann. Hier ein Beispiel (von den Jugendämtern):

Kinder unter 6 Jahre	0,50 €/Woche
Kinder von 6 bis 7 Jahre	1,50 € – 2,00 €/Woche
Kinder von 8 bis 9 Jahren	2,00 € – 2,50 €/Woche

Weil Kinder bis zum zehnten Lebensjahr selten einen ganzen Monat finanziell planen können, ist zunächst eine wöchentliche Auszahlung sinnvoll. Später sollten Kinder und Jugendliche lernen, auch längere Zeiträume finanziell zu überschauen.

Kinder von 10 bis 11 Jahren	12 € – 15 €/Monat
Kinder von 12 bis 13 Jahren	15 € – 25 €/Monat
Jugendliche, 14 bis 15 Jahre	25 € – 30 €/Monat
Jugendliche, 16 bis 17 Jahre	30 € – 45 €/Monat
Jugendliche, 18 Jahre	60 €/Monat

M3 *Orientierungswerte für das Taschengeld 2009*

Grundwissen/Übung

❶ Nenne den wichtigsten Grund für dich, dass Kinder Taschengeld bekommen sollen.

❷ Sollte Tina mehr Taschengeld bekommen? Begründe deine Entscheidung.

❸ Die Taschengeldhöhe bei Schülerinnen und Schülern, die gleich alt sind, kann unterschiedlich sein. Stelle Gründe dafür zusammen.

❹ Beurteile die Situationen in M2 mithilfe der Regeln, die in M1 genannt werden.

❺ Führt in eurer Klasse eine Befragung zur finanziellen Situation eurer Mitschülerinnen und Mitschüler durch. Die Befragung muss völlig anonym sein: Keiner darf wissen, was der andere angibt. Nur dann sind alle ehrlich. Benutzt deshalb alle einen Bleistift. Entwerft einen Fragebogen, auf dem man nur ankreuzen muss. Vielleicht könnt ihr nach dem Geschlecht (Junge / Mädchen) fragen. Dann könnt ihr die Ergebnisse danach sortieren. Die Auswertung der Fragebögen solltet ihr in Gruppen machen und besprechen. Überlegt gemeinsam, wie man die Ergebnisse in einem Schaubild darstellen kann.

Kinder als Konsumenten

Kinder als Kunden

Lukas hat viele Wünsche

Lukas wünscht sich ein Skateboard, eine Zwei in der nächsten Mathearbeit, ein Mountainbike mit 24 Gängen, ein neues Handy – die Liste seiner Wünsche ist lang. Jetzt möchte er erst einmal ein Eis essen. Das wird er sich von seinem Taschengeld kaufen. Beim Eisessen spürt er seinen Backenzahn links unten. Er wird nun wohl auch dem Wunsch seiner Mutter entsprechen und sich noch heute beim Zahnarzt zu einem Besuch anmelden.

Platz	Ware	Platz	Ware
1.	Süßigkeiten	6.	Spielzeug
2.	Zeitschriften, Comics	7.	Sticker, Sammelkarten
3.	Eis	8.	Kino-Eintritt
4.	Getränke	9.	Handy-Kosten
5.	Fast Food / Essen unterwegs	10.	Musik CDs

M1 *Was sich Kinder von ihrem Taschengeld kaufen*

Werbung beeinflusst das Kaufverhalten

Kinder sind für die Wirtschaft eine interessante Zielgruppe, weil mit ihnen viel Geld zu verdienen ist. Sie verfügen insgesamt über große Einnahmen durch Taschengeld und Geldgeschenke.
Die Werbung wendet sich oft direkt an Kinder. Sie versucht bei ihnen schon früh, den Wunsch nach Markenprodukten zu wecken. Das gelingt ihr besonders bei Kleidung, Schulsachen und dem Handy.
Diese Dinge werden zwar in erster Linie von den Eltern bezahlt, aber die Kinder entscheiden mit, was gekauft werden soll. Ihre Wünsche werden beim Kauf berücksichtigt.
Die Kinder entscheiden auch mit, was zu Hause gegessen wird. Es gibt daher eine besondere Fernseh- und Zeitschriftenwerbung für Kinder. Früher wurden vor allem Süßigkeiten und Joghurt beworben, heute sind es auch Wurst und Käse. Besonders wirkungsvoll ist es, wenn für ein Produkt bunte, lustige Werbung für Kinder gemacht wird und für die Eltern noch Gesundheitsargumente genannt werden.

> **INFO**
>
> **Konsum**
> Unter Konsum versteht man den Verbrauch von Gütern.
> Dazu gehören zum einen Güter, die lange halten wie Autos, Möbel oder Handys. Zum anderen gehören dazu Güter, die schnell verbraucht werden wie Lebensmittel, Benzin, Kleidung und Schuhe.
> Wir konsumieren auch Dienstleistungen, wenn wir zum Beispiel zum Frisör oder zum Zahnarzt gehen, ein Konzert besuchen oder ins Kino gehen.

Kinder in Deutschland werden immer reicher

Eltern greifen für das Taschengeld ihrer Kinder tief in die Tasche. Zum Geburtstag und zu den Feiertagen kommen oft noch Geldgeschenke dazu. Damit konnten im Jahr 2009 die 5,7 Millionen jungen Verbraucher etwa 2,4 Milliarden Euro für den **Konsum** ausgeben. Dazu kamen noch 3,6 Milliarden Euro, die auf ihren Sparkonten lagen; das sind durchschnittlich 626 € pro Kind.
Das ist aber nur ein Durchschnittswert. Vor allem in den wohlhabenden Familien wird viel mehr für die Kinder ausgegeben.

Nicht alle Kinder sind reich

Im Durchschnitt stehen den Mädchen und Jungen heute mehr Mittel zur Verfügung als vor fünf Jahren. Das darf aber nicht darüber hinwegtäuschen, dass in diesem gemittelten Wert auch die Taschengeldsummen der Kinder und Jugendlichen enthalten sind, die wenig Geld von Zuhause bekommen. Ihr Anteil hat sich vergrößert.
In dem „Bericht der Bundesregierung zu Armut und Reichtum" (2008) steht, dass besonders viele Kinder von „Einkommensarmut" betroffen sind. Der Anteil der armen Kinder hat sich in den vergangenen Jahren vergrößert.
Viele Kinder müssen daher mit wenig Geld auskommen. Gründe dafür können sein, dass Mutter oder Vater die Kinder alleine erziehen müssen oder die Eltern arbeitslos sind oder einfach wenig verdienen. Auch Krankheit und Schicksalsschläge spielen hier oft eine Rolle.
In einer Umgebung aufzuwachsen, in der viele um einen herum viel mehr Geld haben als man selbst, ist besonders schwer.

Wie wichtig ist Markenkleidung?

„Mir ist die Marke völlig egal. Wichtig ist, dass mir die Kleidungsstücke gefallen."

„Markenkleidung ist oft viel zu teuer."

„Mit manchen Markensachen sieht man aus wie ein Werbeplakat."

„Nur Markensachen sehen cool aus. Ich trage nur Schuhe von …"

„Man wird oft gemobbt, wenn man keine teuren Sachen anhat."

„Wenn ich keine Markenkleidung trage, denken die anderen, ich kann mir das nicht leisten."

M2 *Verschiedene Ansichten*

„Markenmacke" nervt die Eltern

Manche Eltern treibt es zur Verzweiflung, dagegen macht es dem Einzelhandel Freude: Wenn Teenager einkaufen, dann darf es nicht jede x-beliebige Jeans sein. Es ist Markenware gefragt! Ist die Jugend von heute dem Konsumrausch verfallen?

Ganz normal ist etwa, dass Jugendliche sich sowohl von den Kleineren als auch von den Erwachsenen abgrenzen wollen. Eine große Rolle spielt es darüber hinaus, dass sie sich in der Gruppe der Gleichaltrigen behaupten möchten. Wissenschaftler, die Forschungen über Kinder und Jugendliche betreiben, sagen dazu: „Wer nicht mithalten kann, wird schnell zum Außenseiter."

Viele Eltern können die Kleidungsstücke, die ihre Kinder gern haben möchten, nicht bezahlen. Hier raten die Wissenschaftler: „Nicht jeder Wunsch muss kritiklos erfüllt werden. In solchen Fällen sollte geklärt werden, ob der Kauf tatsächlich notwendig ist."

(ap vom 04.03.2010)

M4 *Markenkleidung – muss das sein?*

INTERNET

Informationen zum Taschengeld:
www.hanisauland.de/taschengeld.html

Als Taschengeldparagraf wird der Paragraf 110 des Bürgerlichen Gesetzbuches bezeichnet. Das BGB enthält Regeln und Gesetze, nach denen sich alle in Deutschland richten müssen. Der § 110 BGB lautet sinngemäß: Ein Jugendlicher unter 18 Jahren kann nur dann ohne Zustimmung der Eltern selbstständig einkaufen, wenn der Preis der Ware sich in den Grenzen des Taschengeldes bewegt, das in seinem Alter üblich ist.

M3 *Der Taschengeldparagraf*

❶ Notiere Beispiele für die Waren, die sich Kinder für ihr Taschengeld kaufen (M1).

❷ Viele Kinder haben wenig Taschengeld zur Verfügung. Gib Gründe dafür an und berichte über die Situation dieser Kinder.

❸ Der Taschengeldparagraf (M3) sorgt dafür, dass Kinder und Jugendliche nur kleinere Dinge allein kaufen können. Erläutere den Sinn dieser Regelung.

❹ a) Gib an, wie wichtig dir persönlich Markenkleidungsstücke sind.
b) Welche der Aussagen in M2 kommt deiner Meinung am nächsten? Begründe.

❺ Mit einer einheitlichen Schulkleidung wäre es mit der „Markenmacke" in der Schule vorbei.
a) Notiere Gründe für eine einheitliche Schulkleidung und Gründe, die dagegen sprechen.
b) Diskutiert in einer Gruppe eure Ansichten zu diesem Thema.
c) Stellt das Ergebnis anschließend der Klasse vor.

❻ Suche die Ergebnisse der aktuellen „Kids-Verbraucheranalyse" (und die der vorangehenden Jahre) im Internet.
a) Suche heraus, was die Studie sagt:
– über Mediennutzung,
– über Handykosten,
– über das Interesse von Kindern an Markenprodukten.
b) Finde heraus, wie die Studie zu ihren Ergebnissen gekommen ist.
c) Prüfe, ob du in deiner Umgebung ähnliche Beobachtungen machen kannst.

Grundwissen / Übung

Kinder als Konsumenten

Kann man mit Geld alles kaufen?

M1 *Kinder haben viele verschiedene Wünsche*

Verschiedene Arten von Bedürfnissen

Wünsche, die man sich erfüllen möchte, werden mit dem Fachbegriff **Bedürfnisse** bezeichnet.

Alle Menschen haben einige wichtige Bedürfnisse, damit sie überleben können: Sie brauchen ausreichend Nahrung, Flüssigkeit, Kleidung, Wohnraum und Sicherheit. Diese notwendigen Bedürfnisse nennt man **Grundbedürfnisse**.

Darüber hinaus gibt es Bedürfnisse, die dazu dienen, das Leben angenehmer zu machen. Man bezeichnet sie als **Luxusbedürfnisse**. Beispiele dafür sind die Tafel Schokolade, die Markenjeans, das schicke Handy und das Computerspiel.

Es gibt auch Bedürfnisse, die mit Geld nicht zu erfüllen sind, zum Beispiel Zuneigung, Freundschaft, Liebe, Erfolg, Glück, Anerkennung. Diese Bedürfnisse bezeichnet man als **soziale Bedürfnisse**. Sozial heißt übersetzt: Das Zusammenleben der Menschen in der Gesellschaft betreffend.

Viele von euch haben auch häufig das Bedürfnis, Musik zu hören, einen Film anzusehen oder ein bestimmtes Buch zu lesen. Dies sind Bedürfnisse nach Unterhaltung und Bildung. Man nennt sie **Kulturbedürfnisse**.

M2 *Bedürfnisbefriedigung in reichen Ländern*

M3 *Bedürfnisbefriedigung in armen Ländern*

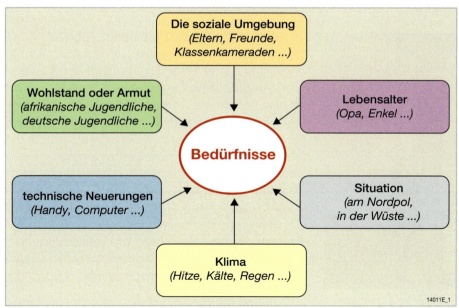

Ein erfüllter Wunsch

Wonach du sehnlichst ausgeschaut,

es wurde dir beschieden.

Du triumphierst und jubelst laut:

Jetzt hab ich endlich Frieden.

Ach Freundchen, werde nicht so wild,

bezähme deine Zunge.

Ein jeder Wunsch,

wenn er erfüllt,

kriegt augenblicklich Junge.

M6 *Gedicht von Wilhelm Busch*

M4 *Dadurch werden Bedürfnisse beeinflusst*

Um neue Produkte zu verkaufen, versuchen die Hersteller, besonders bei Kindern und Jugendlichen neue Bedürfnisse zu schaffen.
Die Werbebranche produziert speziell für Kinder besonders eingängige und lustige Werbespots und Zeitungsanzeigen. Sie sollen die Kinder so beeinflussen, dass sie glauben, wenn sie bestimmte Süßigkeiten essen oder Medienprodukte oder Spielzeug besitzen, werden sie besonders anerkannt und beliebt sein. Schon bei kleinen Kindern wird so das Bedürfnis nach Markenprodukten geweckt.

M7 *Zu große Wünsche? (Karikatur)*

M5 *Werbung für Kinder*

❶ Stell dir Folgendes vor: Im Fernsehen ist eine neue Staffel des „Robinsonspiels" geplant. Du hast dich beworben und musst bereits vorher entscheiden, welche zehn Dinge du für den vierwöchigen Aufenthalt auf einer einsamen Insel mitnimmst. Nur für Essen und Trinken ist gesorgt, um alles andere musst du dich selber kümmern.

a) Schreibe auf, welche Gegenstände du mitnehmen würdest. Begründe deine Entscheidungen.
b) Bilde eine Rangfolge und begründe sie: Was ist dir am wichtigsten, was weniger wichtig und warum?

❷ Stelle dar, wodurch die Bedürfnisse in M2 und M3 beeinflusst werden.

❸ Im Text auf S. 226 sind verschiedene Arten von Bedürfnissen angegeben.
a) Sortiere sie nach ihrer Dringlichkeit.
b) Stelle sie in einem Schaubild dar.

❹ Gib bei den Bedürfnissen in M1 an, zu welcher Art sie gehören.

❺ Interpretiere das Gedicht von Wilhelm Busch (M6).

❻ a) Viele Gründe beeinflussen Bedürfnisse (M4). Notiere Beispiele für jeden Grund.
b) Gibt es weitere Gründe? Liste sie auf.

❼ Suche in Zeitschriften Werbeanzeigen speziell für Kinder.
a) Erläutere, welche Bedürfnisse jeweils angesprochen werden.
b) Stelle eine Werbeanzeige in einem Text vor.

Grundwissen / Übung

Güter erfüllen Bedürfnisse

M1 *Paulina mit Freundin und neuem Fahrrad*

Paulina wünscht sich ein neues Fahrrad

Paulinas Fahrrad ist kaputt; sie wünscht sich ein neues. Mit ihrer Freundin Ann-Sophie geht sie in verschiedene Fahrradgeschäfte. Am besten gefällt ihr ein bestimmtes rotes Mountainbike; das möchte sie gern haben. In der nächsten Zeit spart sie eisern und wünscht sich auch zum Geburtstag Geld für das Rad. Schließlich hat sie das Geld zusammen.
Sie geht mit ihrem Vater in das Geschäft und kauft sich das Fahrrad. Zu Hause probiert sie es gleich aus und freut sich riesig. Das Rad ist rot-orange, es hat 21 Gänge und der Rahmen ist gefedert. Ganz wichtig sind ihr die „Hörnchen" am Lenker. Mit ihren Eltern plant sie für das nächste Wochenende eine Radtour an einen nahe gelegenen See.

INFO

Güter

In der Wirtschaft werden die Dinge, mit denen man seine Bedürfnisse erfüllt, Güter genannt.
Freie Güter stehen kostenlos zur Verfügung. Ein Gut ist frei, wenn es in so großer Menge vorhanden ist, dass jeder Mensch so viel davon verbrauchen kann, wie er will. Beispiele dafür sind die Luft zum Atmen oder der Sand in der Wüste. Da freie Güter ausreichend zur Verfügung stehen, haben sie keinen Preis.
Wirtschaftsgüter sind knappe Güter. Sie stehen nicht in ausreichendem Maße zur Verfügung. Sie müssen durch die wirtschaftliche Tätigkeit von Menschen erzeugt werden. Man muss sie bezahlen.

Paulinas Geschichte aus der Sicht der Wirtschaft

Paulina wünscht sich ein neues Fahrrad. Sie hat ein Bedürfnis. Ein Bedürfnis ist ein Wunsch.

Sie sucht sich aus dem **Angebot** ein Fahrrad aus, spart und hat schließlich genug Geld. Nun will sie das Mountainbike kaufen. Aus dem Bedürfnis entsteht Bedarf. Der Bedarf ist ein Wunsch, den man sich mit seinem Geld erfüllen kann.

Sie geht in das Geschäft und kauft das Mountainbike. Es entsteht eine **Nachfrage** nach einem Wirtschaftsgut, in diesem Fall nach einem Mountainbike. Die Nachfrage entsteht, wenn man das wirklich kauft, was man sich wünscht.

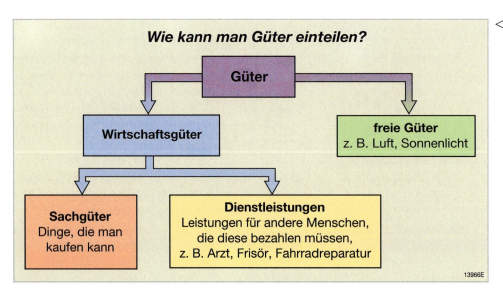

M2 *Die Arten von Gütern*

Grundwissen

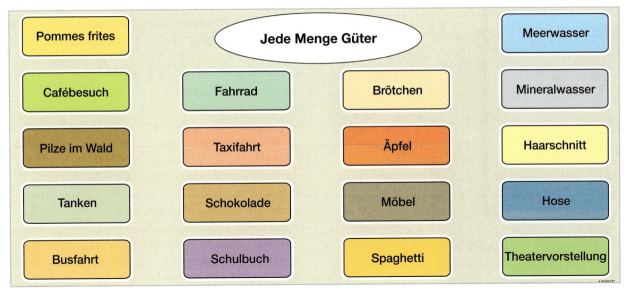

M3 *Beispiele für Güter*

M4 *Auch das sind Güter*

In Deutschland gibt es nicht viele „freie Güter". Zwar ist die Luft zum Atmen frei, aber Firmen müssen – zu Recht – viel Geld bezahlen, wenn sie die Luft verschmutzen. Wasser steht in Flüssen, Seen, im Meer und als Quellwasser frei zur Verfügung. Man kann es zum Baden umsonst benutzen. Trinken kann man es aber nur in wenigen Gegenden ohne Gefahr für die Gesundheit. Für das Wasser aus dem Wasserhahn muss man bezahlen, ebenfalls für das Abwasser. Am Strand und in manchen Seen muss man beim Baden Eintritt bezahlen. Schönheiten der Natur wie Bergwälder, Seen und Moore sind oft schon geschädigt. Viele Tiere sind ausgestorben. Jeder von uns sollte sich in der Natur deshalb so verhalten, dass es dieses freie Gut auch in Zukunft gibt.

M5 *Immer weniger Güter sind frei verfügbar*

❶ Vom Bedürfnis zur Nachfrage nach Gütern. Erläutere an zwei Beispielen.

❷ a) Nenne den Unterschied zwischen freien Gütern und Wirtschaftsgütern.
b) Es gibt Güter, die sowohl Wirtschaftsgüter als auch freie Güter sind. Erläutere.

❸ Freie Güter gibt es immer weniger. Begründe.

❹ Ordne die Güter in M3 den verschiedenen Güterarten in M2 zu. Überlegt bei den Gütern, die sich nicht so einfach zuordnen lassen, mit eurem Tischnachbarn, wie man sie zuordnen könnte.

❺ Auch Dienstleistungen sind Güter (M2). Notiere die Dienstleistungen, die mit dem Verkauf eines Brötchens zusammenhängen.

Grundwissen / Übung

Kinder als Konsumenten

Die Rolle des Geldes

M1 *Getauscht statt gekauft*

Geld – was ist das eigentlich?

Michaela und Jens haben getauscht: Konzertkarte gegen Fußballtrikot. Trotzdem spielt auch bei diesem Tausch der Preis eine wichtige Rolle. Geld ist hier eine Recheneinheit. Durch Geld können verschiedene Waren und Dienstleistungen miteinander verglichen werden. Das Trikot ist mehr wert als die Karte. Jede Ware hat ihren Preis und ist dadurch vergleichbar.

Geld ist gleichzeitig ein Tauschmittel. Michaela tauscht ihr Trikot gegen die Karte und außerdem Geld. In der Regel tauschen wir Güter gegen Geld. Früher wurden auf dem Markt Waren gegen andere Waren getauscht. Es war nicht immer einfach, den richtigen Gegenwert zu finden. Kaufen ist daher praktischer als Tauschen, Geld ist handlich und leicht zu teilen. In Deutschland gibt es Münzen von 1 Cent bis 2 Euro und Scheine von 5 Euro bis 500 Euro.

Geld ist auch ein Zahlungsmittel. Mit Banknoten und Münzen kann man fast überall auf der Welt bezahlen. Der US-Dollar wird in vielen Ländern der Erde gern angenommen. Der Euro gilt nicht nur in Deutschland, sondern in vielen Ländern Europas.

Geld ist auch ein Wertaufbewahrungsmittel. Geld kann man sparen, zum Beispiel, um später größere Anschaffungen zu machen. Man kann es in der Sparbüchse sammeln oder auf der Bank. Dort bekommt man sogar Zinsen.

Die Geschichte von Michaela und Jens

Michaela und Jens sind sich fast einig: Michaela besitzt genau das handsignierte Fußballtrikot, das Jens gern hätte. Jens hat eine Karte für das Konzert von der angesagten Rockband, das Michaela sehr gern besuchen möchte. Die beiden wollen miteinander tauschen. Sie sind sich aber noch nicht einig, ob das Trikot und die Karte in etwa gleich viel wert sind. Schließlich will keiner von beiden ein schlechtes Geschäft machen. Sie schauen ins Internet.

Dort erfahren die Freunde, dass man für das Fantrikot etwa 75 Euro bezahlen muss, für die Konzertkarte dagegen nur 50 Euro. Jens bietet an: „Du gibst mir das Trikot. Ich gebe dir meine Karte und – weil wir Freunde sind – 15 Euro dazu. Topp, der Handel gilt."

Geld – eine äußerst praktische Erfindung

Damit Geld nützlich ist, müssen folgende Voraussetzungen vorhanden sein:

- Das Geld muss allgemein anerkannt sein. Jeder muss es als Zahlungsmittel akzeptieren.
- Das Geld muss wertbeständig sein. Die Menschen müssen sich auf einen stabilen Geldwert verlassen können.
- Das Geld muss teilbar sein. Das heißt, es muss aus verschiedenen Scheinen und Münzen bestehen.
- Das Geld muss leicht aufzubewahren und zu transportieren sein, z.B. im Portemonnaie.
- Das Geld muss ein knappes Gut und schwer zu fälschen sein.

M2 *Münzen und Scheine*

M3 *Das Modell des Marktes*

M4 *Kleines Angebot und viele Käufer*

M5 *Großes Angebot und wenige Käufer*

Ein gutes Beispiel für einen Markt ist der Wochenmarkt. Dort treffen sich Händler, die Obst und Gemüse verkaufen und Käufer, die diese Dinge kaufen möchten. In der Wirtschaft wird jeder Treffpunkt von Verkäufern und Käufern als Markt bezeichnet, selbst wenn man sich gar nicht trifft, wie beim Einkaufen im Internet.

Auf einem Markt gibt es viele Händler, die ihre Produkte anbieten. Diese Waren bezeichnet man als Angebot. Demgegenüber stehen die Kunden, die diese Waren kaufen wollen. Sie alle zusammen bilden die Nachfrage. Die Anbieter möchten einen möglichst hohen Preis erzielen, die Nachfrager möglichst wenig für eine Ware bezahlen.

Im Zusammentreffen von Angebot und Nachfrage entscheidet sich die Höhe des Preises: Ist das Angebot höher als die Nachfrage, sinkt der Preis. Ist die Nachfrage größer als das Angebot, steigt der Preis.

M7 *Preise bilden sich auf dem Markt*

Stell dir vor, am Monatsanfang kommen deine Eltern von ihrer Arbeitsstelle mit einer Tüte voller Geld nach Hause und leeren sie auf dem Küchentisch aus. Dann wird der Geldhaufen eingeteilt: ein Häufchen für die Miete, eines für Strom und Wasser, eines für das Telefon usw. Dein Taschengeld bekommst du abgezählt in die Hand. Was übrig bleibt, kommt in eine Dose im Schrank; das ist das Haushaltsgeld für den Monat.

So ähnlich war es noch vor etwa 50 Jahren, als Berufstätige ihre Löhne genau abgezählt in Lohntüten nach Hause trugen und mit diesem Bargeld alles bezahlt wurde. Damals wurde nur ein geringer Teil zur Bank gebracht und zum Beispiel auf ein Sparkonto eingezahlt.

Heute ist ein Großteil des Geldes unsichtbar. Der Arbeitgeber überweist es auf das Girokonto des Arbeitnehmers. Dieser überweist per Dauerauftrag oder Einzugsermächtigung Miete, Strom, Wasser, Telefon, Versicherungen usw. Dieses „unsichtbare" Geld nennt man Buchgeld. Nur ein kleiner Teil des Geldes wird sichtbar, wenn man es vom Bankkonto abhebt, um im Supermarkt oder in der Eisdiele zu bezahlen.

Überall ist das „Plastikgeld" auf dem Vormarsch. Auch im Supermarkt und in anderen Geschäften zahlt man zunehmend mit der EC-Karte oder Kreditkarte. Manche Menschen haben mehrere Karten. Dabei kann es passieren, dass sie Geld ausgeben, das sie gar nicht haben, weil sie die Übersicht verlieren.

M6 *Früher Bargeld – heute Buchgeld*

❶ a) Erläutere die Bedeutung des Geldes für Michaela und Jens.
b) Stelle die weiteren Aufgaben des Geldes dar.

❷ a) Erkläre die Voraussetzungen dafür, dass Geld nützlich ist.
b) Beurteile, welche Folgen es haben kann, wenn eine Voraussetzung fehlt.

❸ Lange Zeit wurde vorwiegend bar bezahlt, inzwischen bezahlt man fast überall mit „Plastikgeld". Erörtere die Vor- und Nachteile beider Zahlungsarten.

❹ Informiere dich in einer Bank über die dort üblichen Begriffe („Girokonto", „Dauerauftrag" usw.). Erstelle eine Liste der üblichen Bankbegriffe und ihrer Bedeutung.

❺ Erläutere, was man in der Wirtschaft unter „Markt" versteht.

❻ Preise bilden sich auf dem Markt.
a) Erläutere, was „Angebot" und was „Nachfrage" heißt (M3).
b) Erkläre die Wirkung von Angebot und Nachfrage auf den Preis am Beispiel des Preises für Erdbeeren auf dem Wochenmarkt zu verschiedenen Jahreszeiten (M3–M5).

Grundwissen / Übung

Urlaub an der Küste und in den Bergen

Auf dem Weg zum Strand

In den Alpen

Wenn einer eine Reise tut …

Wer die Wahl hat, hat die Qual

Jedes Jahr verbringen Millionen Menschen ihren Urlaub an der Nord- und Ostsee, in den Alpen und am Mittelmeer. Sie wollen den Alltag vergessen, sich entspannen und erholen. Einige wollen auch interessante Sehenswürdigkeiten besuchen und andere Länder kennenlernen.

Viele Menschen haben das Bedürfnis, wenigstens einmal im Jahr zu verreisen. Dies hat mit steigendem Wohlstand, kürzeren Arbeitszeiten und damit längerem Urlaub zu tun.

Aber auch an den Wochenenden sind viele Menschen unterwegs. Sie besuchen die **Naherholungsgebiete** in der Nähe ihres Wohnortes. Um diese zu erreichen, fahren sie mit dem Auto, mit dem Fahrrad oder auch mit öffentlichen Verkehrsmitteln. Für längere Urlaubsreisen oder weiter entfernte Reiseziele werden andere Transportmittel, wie Zug, Flugzeug, Bus oder Schiff genutzt.

Auch das Auto ist bei längeren Fahrten beliebt. Deshalb kommt es insbesondere in der Hauptsaison sowie zu den Feiertagen zu Verkehrsstaus. Viele Familien können nur in den Schulferien verreisen. Sie müssen in der Regel Staus, Warteschlangen bei der Abfertigung auf den Flughäfen, Gedränge in den Urlaubsorten und höhere Preise in Kauf nehmen.

Die Freizeitangebote in den Erholungsgebieten sind vielfältig. Das Angebot reicht vom Badeurlaub bis zum Erlebnisurlaub. Durch die Nutzung dieser Angebote wirken die Menschen auf die Erholungsräume ein, sie verändern sie. Oft geschieht dies zum Schaden der Natur.

INFO

Hauptsaison und Nebensaison

Die Hauptsaison ist für einen Urlaubsort die Zeit des Jahres, in der die meisten Feriengäste kommen, z.B. in den Schulferien.
Die Nebensaison ist die Zeit des Jahres, in der in einem Urlaubsort nicht so viele Gäste sind.

❶ Notiere in einer Tabelle, an welchen Orten und auf welche Arten du deine Freizeit gestaltest.

❷ Erkläre, wie Urlaub und Freizeitaktivitäten die Landschaft verändern können (M1).

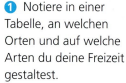

M1 *Urlaubsfreuden?*

Buchung einer Pauschalreise

Werner (35), Petra (33) und Tina (11) Frisch möchten in den Sommerferien drei Wochen Badeurlaub machen. Sie studieren einen Katalog und rechnen die Kosten der Reise aus. Sie vergleichen die Preise für die Unterkunft in einem Hotel und in einer Appartement-Anlage.

In Reisekatalogen findest du Beschreibungen von Orten und Hotels, die du genau lesen solltest. Nicht jeder versteht die Reisekatalog-Sprache und ist dann enttäuscht, wenn er am Urlaubsort ankommt.

Einige Beispiele:

„direkt am Meer liegend"	– sagt nichts darüber aus, ob ein Strand vorhanden ist;
„breite Uferpromenade"	– kann mehrspurige Straße bedeuten;
„Meerseite"	– heißt nicht Meeresblick;
„nur 250 m bis zum Meer"	– möglicherweise ist dort kein Strand;
„landestypische Bauweise"	– Zimmer können hellhörig sein und schlicht eingerichtet;
„landestypische Einrichtung"	– kann einfache Möblierung bedeuten.

❸ Berechne den Reisepreis (3 Wochen, Reisezeit C) für eine andere Familie (2 Erwachsene, 2 Kinder).

Sie benötigt zwei Zimmer im Hotel Riu Playa Park mit Vollpension (keine Kinderermäßigung).

Rechenbeispiel:

Appartement:
3 Personen für je 850 €
3 × 850 € = 2550 €

Hotel:
2 Personen für je 822 €
2 × 822 € = 1644 €

Tina Frisch kann im Hotel in einem Zustellbett im Zimmer der Eltern schlafen. Dadurch ermäßigt sich der Reisepreis. Für Tina braucht Familie Frisch nur die Hälfte des Erwachsenen-Preises zu zahlen:
822 € : 2 = 411 €
1644 € + 411 € = 2055 €

Hotel Riu Playa Park

Appartements Biarritz

Flugtage, Reisezeiten	Appartements Biarritz ☆☆☆			C			D			E	
	Aufenthalt in Wochen			1	2	3	1	2	3	2	3
	BD/WC/WO/BK/MB App.	3	ÜF	502	704	907	519	738	957	817	1075
Juli	BD/WC/WO/BK/MB App.	3	HP	558	817	1075	575	850	1126	924	1226
Köln 2 9 16 23 30	Hotel Riu Playa Park ☆☆☆										
C E D D D	BD/WC/BK Doppel	2	HP ❶	558	822	1087	519	822	1087	901	1205
	BD/WC/BK Doppel	2	VP ❶	586	879	1171	589	884	1179	957	1289
A20133_2	❶ Ermäßigung für 1 Kind 2–11 Jahre im Zustellbett bei 2 Vollzahlern			50 %			50 %			50 %	

Zeichenerklärung
BD Bad
WC Toilette
BK Balkon

WO Wohnzimmer mit Kochnische
MB Meeresblick
ÜF Übernachtung mit Frühstück

HP Halbpension (Frühstück und Mittag- oder Abendessen)
VP Vollpension (Frühstück, Mittag- und Abendessen)

App. Appartement
3 drei Personen
2 zwei Personen

M2 *Auszug aus dem Reisekatalog*

Grundwissen / Übung

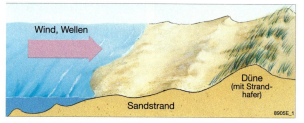
M1 *Flachküste*

M2 *Steilküste*

M3 *Steilküste (Kap Arkona, Rügen)*

Die Küsten – von vielen beansprucht

Die Küsten Deutschlands

Überall in Europa gibt es lohnende Ferienziele, aber besonders beliebt sind die Küsten der Meere. Deutschland hat Anteil an der Nordseeküste und an der Ostseeküste.

Die Nordsee wird durch den ständigen Wechsel von **Ebbe** und **Flut**, den **Gezeiten**, bestimmt. Der Meeresspiegel senkt und hebt sich. Zweimal täglich fallen bei Ebbe bis zu 30 km Meeresboden entlang der Küste trocken (M6). Dieser Bereich ist das Wattenmeer. Die Nordseeküste ist eine Wattenküste.

Die Ostsee ist ein **Binnenmeer**. Sie ist nur durch eine schmale Stelle mit dem Atlantischen Ozean verbunden. Hier treten die Gezeiten kaum auf.

Der Naturraum der Küsten ist unterschiedlich. An den Flachküsten, die aus Sand und Kies bestehen, fällt der Strand allmählich zum Meer hin ab.

Die Küste verändert sich ständig, weil die Wellen Sand abtragen und an anderer Stelle wieder ablagern. Trockener Sand wird häufig durch den Wind zu Dünen (M6) aufgehäuft.

Steilküsten entstehen dort, wo die Meeresbrandung Gesteins- und Sandmaterial abträgt. Der Steilabfall zum Meer wird als **Kliff** bezeichnet. Durch die Meeresbrandung wird die Steilküste immer weiter zerstört und landeinwärts verlagert.

M4 *Der deutsche Küstenraum*

M6 *Stranddüne an der Nordseeküste*

M7 *Seebrücke vom Ostseebad Sellin auf Rügen*

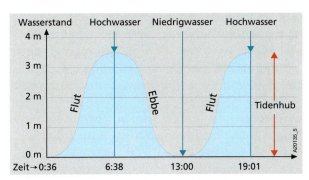

M5 *Gezeitenkurve an der Nordseeküste*

Tag	Uhrzeit			
	Hochwasser		Niedrigwasser	
5. Sa.	03:20	15:20	09:24	22:07
6. So.	04:05	16:08	10:08	22:53
7. Mo.	04:51	16:59	10:57	23:41
8. Di.	05:42	17:58	11:54	–
9. Mi.	06:38	19:01	00:36	13:00
10. Do.	07:39	20:09	01:39	14:12
11. Fr.	08:40	21:12	02:43	15:20
12. Sa.	09:35	22:07	03:41	16:19

M8 *Aus dem Gezeiten-Kalender*

Tag	Badezeit	Tag	Badezeit
5. Sa.	10:30 – 15:20 Uhr	9. Mi.	14:00 – 18:00 Uhr
6. So.	11:00 – 16:00 Uhr	10. Do.	15:00 – 18:00 Uhr
7. Mo.	12:00 – 17:00 Uhr	11. Fr.	–
8. Di.	13:00 – 18:00 Uhr	12. Sa.	–

M9 *Badezeiten (Aufsicht durch Bademeister)*

❶ a) Beschreibe die Küste am Kap Arkona (M3) und erkläre, wie sie entsteht (M2).
b) Die Nordseeküste ist eine Wattküste. Erkläre.

❷ a) Beschreibe den Ablauf der Gezeiten (M5).
b) Berechne den Zeitunterschied zwischen Hochwasser und Niedrigwasser (M5, M8).

❸ Orientiere dich: Löse die Übungskarte M4 (Atlas).

❹ Familie Orth verbringt ihren Urlaub an der Nordsee. Gleich am ersten Tag (5. Sa.) wollen Jens und Anna im Meer schwimmen. Es ist 16 Uhr. Doch sie werden von anderen Urlaubsgästen gewarnt, dass das Baden im Meer um diese Zeit gefährlich sei.
a) Finde heraus, ob das stimmt. Notiere, wann an diesem Tag Badezeit ist (M8, M9).
b) Erkläre Jens und Anna, wovon die Badezeiten abhängen (M8, M9).

❺ Die Ostsee ist kein Gezeitenmeer. Begründe.

Grundwissen/Übung

Ein Meer, viele Nutzer

Millionen Menschen verbringen jedes Jahr ihren Urlaub an den Meeresküsten. Feriensiedlungen und Hotels sind entstanden. Durch die große Zahl an Urlaubern gibt es immer mehr Müll und Abwässer, die beseitigt werden müssen.

In die Meere münden große Flüsse. Dörfer, Städte und Industriebetriebe leiten ihre Abwässer in die Flüsse. Diese transportieren die Schmutzfracht dann ins Meer. Zu den Abwässern gehören auch Schädlingsbekämpfungsmittel und Düngemittel aus der Landwirtschaft.

Das verschmutzte Meerwasser gefährdet die Pflanzen- und Tierwelt. Dadurch sind zum Beispiel auch die Menschen betroffen, die vom Fischfang leben.

Vor den Küsten herrscht reger Schiffsverkehr. Die Schiffe bringen Waren aus Übersee zu den deutschen Häfen oder von dort aus in andere Länder. Sie stören nicht nur die Tiere. Je dichter der Schiffsverkehr wird, desto größer wird die Gefahr von Schiffsunglücken. Wird etwa ein Öltanker beschädigt, läuft Öl aus und verschmutzt die Strände.

In den flachen Meeresgebieten wird häufig Erdöl gefördert. Dazu sind Bohrplattformen errichtet worden. Auch hier kommt es immer wieder zu Unfällen und Verschmutzungen durch ausgelaufenes Öl.

Menschen und Tiere beanspruchen denselben Raum. Es kommt zu einem **Nutzungskonflikt**.

M1 *Nutzungskonflikte an der Küste*

M2 *Im Watt*

Das Wattenmeer liegt in der Nordsee zwischen der Küste und den vorgelagerten Inseln. Es fällt bei Ebbe trocken. Die Tier- und Pflanzenwelt hier ist einzigartig. Tausende von Vögeln finden im Wattboden Nahrung. Für Fische ist das Wattenmeer das Laichgebiet. Seehunde wachsen auf Sandbänken im Watt auf.

M3 *Das Wattenmeer – einzigartig*

❶ Begründe, warum viele Menschen ihren Urlaub in den Küstenregionen verbringen.

❷ Das Wattenmeer ist ein Raum, in dem Nutzungskonflikte stattfinden. Erläutere (M1).

❸ Stelle Besonderheiten des Lebensraumes Wattenmeer zusammen und gib Tipps, wie man ihn schützen kann (M3, M4, Internet).

M5 *Das Wattenmeer an der Nordseeküste*

Die Miesmuschel filtert aus dem Wasser heraus, was sie zum Leben braucht. Alle Muscheln zusammen durchfiltern innerhalb von zwei Wochen einmal das Wattenmeer.

M6 *Die Miesmuschel – ein „Reiniger"*

1. Seeschwalbe
2. Austernfischer
3. Garnele
4. Strandkrabbe
5. Scholle
6. Miesmuscheln mit Seepocken
7. Herzmuschel
8. Tellmuschel
9. Sandklaffmuschel
10. Wellhornschnecke
11. Bäumchenröhrenwurm
12. Pierwurm
13. Wattringelwurm
14. Rochen-Ei

M4 *Tiere im Watt*

Grundwissen / Übung

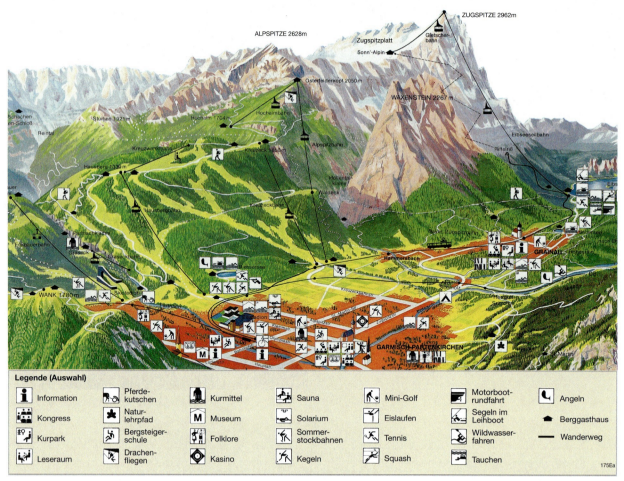

M1 *Sommerangebote ...*

Hochgebirge – attraktiv im Sommer und im Winter

Jährlich besuchen Millionen Menschen die europäischen Hochgebirge. Deshalb ist es keine Seltenheit, dass selbst kleine Orte weit über eine Million Übernachtungen pro Jahr zählen.

Die Besucher kommen im Sommer und im Winter. Sie gehören allen Altersgruppen an. Daher haben sie auch ganz verschiedene Interessen und Bedürfnisse: Die einen wollen Ski fahren und sich abends amüsieren, die anderen wollen wandern und die Ruhe der Berge genießen.

Um möglichst viele Urlauber anzulocken, haben die Touristenorte **Fremdenverkehrseinrichtungen** geschaffen. Dazu zählen beispielsweise Seilbahnen, Schwimmbäder, Tennisplätze und Diskotheken. Einige Orte organisieren auch attraktive Veranstaltungen zur Unterhaltung der Gäste: Folklore-Abende, Tennisturniere, Wettspiele für Kinder, Feste zum Almabtrieb der Kühe usw.

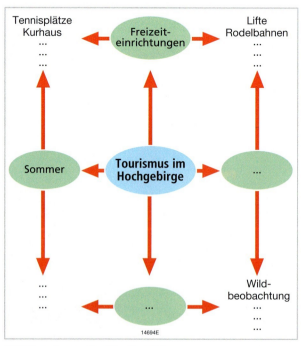

M2 *Tourismus im Hochgebirge*

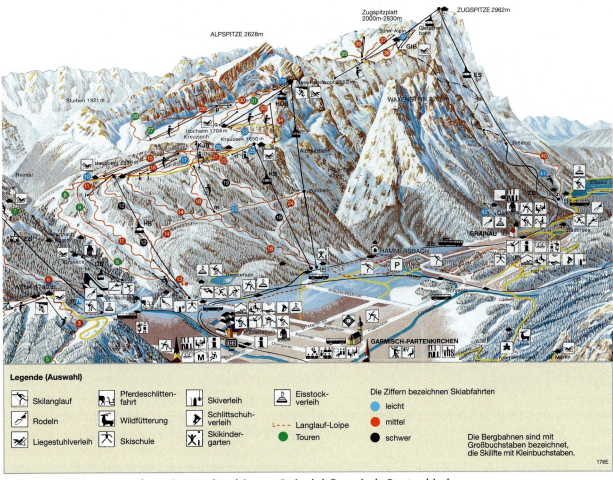

M3 ... und Winterangebote im Hochgebirge – Beispiel Garmisch-Partenkirchen

In Garmisch-Partenkirchen finden in jedem Jahr internationale Großveranstaltungen statt wie das Neujahrsspringen, das zur Vierschanzentournee gehört, und die Welt-Cup-Rennen im Skisport. Diese „Ereignisse" locken Gäste aus allen Kontinenten an.
So muss sich der Tourismusdirektor nicht über sinkende Übernachtungszahlen beklagen. Für die große Attraktivität von Garmisch-Partenkirchen sieht er neben den zahlreichen Veranstaltungen weitere Gründe:
„Wir haben außerdem den Vorteil, dass auf dem Zugspitzplateau, dem einzigen Gletschergebiet Deutschlands, Ski- oder Snowboardfahren möglich ist, wenn im Tal bereits die Bäume blühen. Selbst wenn einmal zu wenig Schnee liegt, überlisten wir die Natur mit Schneekanonen.
Für Gäste, die nicht Ski laufen, gibt es etwa 100 km geräumte Wanderwege. Durch unsere Urlaubsangebote begegnen wir der wachsenden Konkurrenz in den benachbarten Alpenländern."

M4 Urlaub in Garmisch-Partenkirchen

Jahr	Gäste	Übernachtungen
2003	270 874	1 150 609
2005	292 295	1 169 167
2010	349 457	1 197 251

M5 Tourismuszahlen Garmisch-Partenkirchen

❶ Arbeite mit dem Atlas:
a) Notiere die sieben Alpenländer und ihre Hauptstädte.
b) Verfolge im Atlas die Route von Hamburg nach Mailand über Garmisch-Partenkirchen. Notiere große Städte auf der Route und nenne die Alpenpässe, die überquert werden.

❷ Ergänze die offenen Begriffe in M2.

❸ a) Fertige eine Liste von je fünf Angeboten an, die insbesondere für Kinder deines Alters im Sommer und Winter attraktiv sind (M1, M3).
b) Begründe deine Auswahl.

Grundwissen/Übung

Arbeitsplätze oder Umweltschutz?

Förderung des Tourismus

Jedes Jahr fahren viele Urlauber in die Alpen. Sie wollen sich in der schönen Bergwelt erholen. Im Sommer kommen vor allem Wanderer, im Winter nutzen Skifahrer die Wintersportmöglichkeiten. Für die Touristen sind Hotels, Pensionen, Restaurants und viele Fremdenverkehrseinrichtungen errichtet worden.

Der Tourismus hat zahlreiche Dörfer reich gemacht. In den meisten Gegenden verdienen die Menschen, die im Tourismus beschäftigt sind, mehr als in der Industrie und der Landwirtschaft. Aber ist der Tourismus wirklich ein Motor für das wirtschaftliche Wachstum und garantiert er auf lange Zeit Wohlstand?

Gefahr für die Naturlandschaft

Die Zahl der Gäste in den Alpen nimmt ständig zu. Immer mehr Täler und Berghänge werden mit Straßen, Hotels und Ferienhäusern zugebaut. Autoabgase schädigen die Bäume. Breite Skipisten werden in den Wald geschlagen. Skilifte verschandeln die Natur. Der von Schneekanonen erzeugte Kunstschnee verbraucht nicht nur große Wassermengen, er lässt auch die Pflanzen absterben. Die Landschaft verliert ihren Reiz.

In einigen Orten ist die Zahl der Urlauber bereits zurückgegangen. Nun sind Arbeitsplätze gefährdet.

Es gibt jedoch eine Möglichkeit, die Naturlandschaft zu erhalten und den Tourismus zu fördern. Das ist der **sanfte Tourismus**.

M1 *In den Alpen (hier: Samnaun in der Schweiz, östlich von Davos)*

INFO

Sanfter Tourismus

Als sanften Tourismus bezeichnet man eine Form des Fremdenverkehrs, der die Umwelt wenig belastet und der auf das Leben und die Kultur der Einheimischen Rücksicht nimmt. Maßnahmen des sanften Tourismus sind z.B. Sperrungen für den Autoverkehr, Bauverbote für Hochhäuser und Begrenzung der Skipisten.

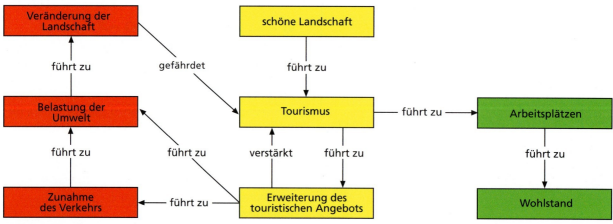

M2 *Der Tourismus und seine Auswirkungen*

M3 *Blick in das Villnösstal*

M5 *Die Lage des Villnösstals in Südtirol (Italien)*

INTERNET

www.villnoess.com

Das Villnösstal liegt in den Dolomiten in Südtirol. Es gibt sechs kleine Orte im Tal. Der Hauptort ist St. Peter. Am Ende des Tals befindet sich das Naturschutzgebiet Puez-Geisler. Der Talboden und die Hänge des Tals werden landwirtschaftlich genutzt. Für die Touristen wurde die Landschaft nur wenig verändert, sodass man die einzigartige Schönheit des Tales erhalten konnte. Ziel ist ein sanfter Tourismus. Die Umwelt soll geschont werden. Dazu gehört auch, dass für die Touristen ein Busdienst eingerichtet wurde.

M4 *Schutz für das Villnösstal*

❶ a) Erläutere, welche Auswirkungen der Tourismus auf die Wirtschaft hat (M2).
b) Erkläre, wodurch der Tourismus gefährdet wird (M2).

❷ Vergleiche die Alpenlandschaft in Samnaun und im Villnösstal (M1, M3).

❸ a) Nenne Freizeitmöglichkeiten, die das Villnösstal seinen Besuchern bietet (Internet).
b) Begründe, warum du dich für oder gegen einen Urlaub im Villnösstal entscheiden würdest.

❹ Zähle auf, für welche Tourismusformen und -gruppen das Villnösstal attraktiv ist und für welche nicht (M4).

❺ Wäge ab, ob der sanfte Tourismus eine Möglichkeit ist, die Naturlandschaft zu erhalten und den Tourismus zu fördern.

M6 *Hinweisschild im Villnösstal*

Grundwissen / Übung

Rollenspiel – sanfter Tourismus

Wie kann ein Ort den sanften Tourismus fördern?

Murmelnde Bäche, bunte Wiesen, saubere Luft und strahlend blauer Himmel – so wünschen sich die meisten Touristen einen Sommerurlaub in den Alpen. Umweltschützer und Naturschützer in den Alpenländern weisen seit einigen Jahren immer wieder darauf hin, dass die Schönheit der Landschaft nur dann erhalten werden kann, wenn man den sanften Tourismus fördert. Unter diesem Begriff versteht man vor allem, dass der Fremdenverkehr möglichst umweltfreundlich ist, das heißt, dass die Natur der Alpen wenig belastet wird.

Sie haben im Sommer schon wieder eine Schneise in unseren Wald geschlagen, um eine neue Gondelbahn zu errichten! Außerdem ärgere ich mich bereits jetzt darüber, dass die Snowboarder und Skifahrer im Winter wieder unerlaubterweise abseits der Pisten fahren und mit ihren scharfen Kanten den kleinen jungen Bäumen die Köpfe abschneiden.

Schneefall und Wind haben die Lawinengefahr erhöht. Ich hoffe, dass sie kein leichtsinniger Skifahrer lostritt und sie als Schneebrett bis auf die Pisten oder gar ins Dorf abgehen. Wie steht es um die Lawinenverbauung?

Ich kann mir vorstellen, dass wir den Tourismus umweltverträglich gestalten können. Man sollte versuchen, umweltfreundliche Freizeitangebote anzubieten, in Hotels auf wasser- und energiesparende Maßnahmen zu achten, Ausflüge mit umweltverträglichen Verkehrsmitteln durchzuführen usw.

Alles hat sich verändert! Große Hotelanlagen wurden errichtet, die Straßen verbreitert und sogar einen Tunnel hat man gebaut. Nächsten Sommer wird der neue Golfplatz eröffnet. Unser traditionelles Brauchtum wird verdrängt. Wozu brauchen wir ein „Mega-Mountain-Open-Air"?

Die Tiere haben auch keine Ruhe mehr und können ihren Winterschlaf nicht halten! Entweder brummen die Schneekanonen oder aus den Skihütten mit ihren Partys dröhnt laute Musik.

Ich habe mir den Boden auf den Pisten angesehen: Die oberste, ohnehin sehr dünne humusreiche Bodenschicht wurde durch den schweren Kunstschnee und die darüberfahrenden Wintersportler abgetragen. Im Sommer ragen dann die Steine heraus, das sieht gar nicht schön aus! Der Boden ist zum Teil so zusammengepresst, dass er kein Wasser mehr aufnehmen kann. Beim nächsten Starkregen rutscht womöglich wieder eine Mure ins Tal. Da es keine Vegetation gibt, werden die Rutschungen auch nicht verhindert.

M1 *Meinungen zum Massentourismus*

Begriff
Mure: Eine Mure ist ein schnell talwärts fließender Strom aus Schlamm und Geröll im Gebirge. Er kann, wie eine Lawine, große Schäden anrichten.

Grundwissen

Sechs Schritte für ein Rollenspiel

1. Abstimmung
- Entscheide dich für Pro oder Kontra: „Ist Tourismus positiv für die Region? Ja oder Nein?"

2. Rollenfestlegung
- Wählt Interessengruppen aus, die sich am Rollenspiel beteiligen sollen.
- Bildet entsprechende Gruppen und sammelt gemeinsam sinnvolle Argumente für die spätere Diskussion.

Die Befürworter
Hotelbesitzer/in, Bürgermeister/in, Campingplatzbesitzer/in, Supermarktleiter/in oder Urlauber, der gern in den Alpenort kommt.

Die Kritiker
Traditionsbewusste Bauern; umweltschützende Dorfbewohner; junge Familien, die Urlaub auf einem Bauernhof machen möchten.

Die Moderatoren
Sie haben die Aufgabe, die argumentierenden Gruppen ins Gespräch zu bringen und die Diskussion zu leiten. Sie beenden die Diskussion und fassen das Ergebnis zusammen.

3. Auswahl der Teilnehmer der Diskussion
- Ihr wählt zunächst die erste Runde der Teilnehmer der Diskussion aus. Alle anderen Schülerinnen und Schüler sind Zuschauer, die Arbeitsaufträge erhalten: „Schreibe die Argumente von Person X mit und beobachte das Geschehen sehr aufmerksam."

4. Ende des Rollenspiels
- Besprecht am Ende des Rollenspiels die Szene: Die Mitwirkenden beurteilen ihren Diskussionsbeitrag und das Ergebnis der Diskussion. Die Zuschauer berichten, was ihnen aufgefallen ist, wie gut die Argumente vorgetragen wurden und bewerten ebenfalls das Ergebnis.

5. Erneute Abstimmung
- Stimmt nochmals ab: „Pro oder Kontra?"
- Vergleicht die Abstimmungsergebnisse, die vor und nach dem Rollenspiel vorlagen.
- Hat sich eure Meinung seit der ersten Abstimmung durch die Diskussion geändert? Und wenn ja, warum?

6. Veröffentlichung der Meinungen
- Schreibt eine begründete Stellungnahme zum Thema: „Ist Tourismus positiv für die Region?" Begründet eure Meinung mit Argumenten.
- Veröffentlicht die besten Begründungen im Klassenzimmer.

	immer	meistens	manchmal	nie
1. sachliche Bezüge				
Ich konnte meine/Sie konnte ihre/Er konnte seine Argumente mit Sachwissen untermauern.				
Ich .../Sie .../Er konnte Begründungen und Beispiele einbringen.				
Ich .../Sie .../Er konnte Einwände und Nachfragen sachlich vorbringen.				
Ich .../Sie .../Er konnte Fragen der Zuhörer beantworten.				
2. eigene Kommunikations- und Argumentationsfähigkeit				
Ich konnte meine/Sie konnte ihre/Er konnte seine Argumente für andere verständlich formulieren.				
Ich konnte meine/Sie konnte ihre/Er konnte seine Rolle sprachlich ausdrücken.				

M2 *Überprüfungsbogen*

❶ Führt ein Rollenspiel zum Thema „sanfter Tourismus" durch.

❷ Übertrage den Überprüfungsbogen (M2) ins Heft. Fülle ihn nach dem Rollenspiel aus.
a) Wie schätzt du deine Argumentationsleistung und die der anderen Diskussionsteilnehmer ein? Kreuze deine Einschätzung im Überprüfungsbogen an.
b) Welche Argumentation setzte sich durch und warum?
c) Beurteile die Qualität der Argumentation, die sich durchgesetzt hat nach der Bedeutung für
- die Umwelt,
- die wirtschaftliche Entwicklung,
- das Leben der Einheimischen und
- das Erlebnis sowie den Spaß der Touristen.

Grundwissen / Übung

Naturkatastrophen bedrohen den Menschen

Vulkan Bromo auf Java/Indonesien. Vulkanausbrüche sind in Indonesien keine Seltenheit. Häufig liegen dann ganze Regionen unter einer meterdicken Aschedecke.

Von Naturkatastrophen betroffene Gebiete

Naturereignisse – Naturkatastrophen

Immer wieder lesen wir in Zeitungen über **Naturereignisse** wie **Erdbeben**, große Flutwellen, Ausbrüche von **Vulkanen** oder Wirbelstürme. Viele dieser Ereignisse häufen sich in bestimmten Gebieten der Erde. Oft sind sie nur schwer vorherzusagen. Sie werden dann zu **Naturkatastrophen**, wenn sie verheerende Auswirkungen auf die Menschen haben.

Erdbeben treffen die Menschen meist unvorbereitet und können in wenigen Sekunden ganze Städte zerstören. Auch Vulkanausbrüche sind gewaltige Naturereignisse, die furchtbare Folgen haben können. Flutwellen und Wirbelstürme können schlimme Zerstörungen an den Küsten und im Landesinneren bewirken.

Ein schweres Erdbeben auf der Insel Java hat mindestens 32 Menschen das Leben gekostet. Zwölf Familien werden darüber hinaus vermisst und viele Menschen erlitten Verletzungen. Die Bewohner der Insel gerieten in Panik. Hunderte Häuser stürzten ein oder wurden beschädigt. Das Beben ereignete sich in einer Tiefe von 50 km vor der Südküste Javas. Die Hälfte der rund 235 Mio. Indonesier lebt auf Java.

„Das Erdbeben hat alles in meinem Haus eine Minute lang sehr stark durchgeschüttelt", sagte ein Bewohner. „Ich habe meine Kinder gepackt und bin hinausgerannt. Ich habe verzweifelte Menschen gesehen, weinende Frauen und Kinder."

(Nach: dpa vom 02.09.2009)

M1 *Erdbeben auf der Insel Java*

M3 *Nach dem Erdbeben auf Java am 2.9.2009*

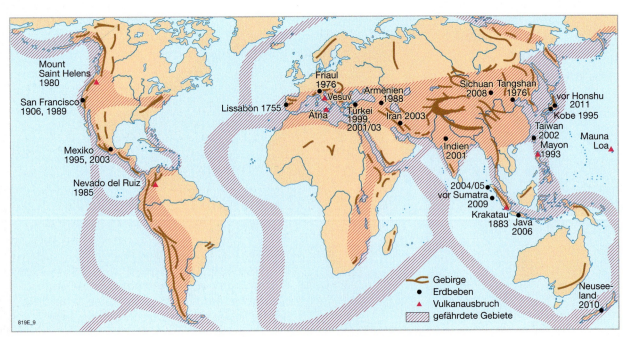

M2 *Durch Erdbeben und Vulkanausbrüche gefährdete Gebiete der Erde*

Naturkatastrophen bedrohen den Menschen

Am 20. 10 2004 gegen 6.59 Uhr ereignete sich im nördlichen Niedersachsen ein Erdbeben der Stärke 4,5 auf der Richter-Skala. Das Beben, das knapp eine Minute dauerte, war im Hamburger Stadtgebiet deutlich spürbar und verursachte leichte Gebäudeschäden. Aus dem Harburger Raum wurde gemeldet, dass sich zum Teil Risse in Wänden gebildet hätten, und Kacheln von den Wänden gesprungen seien. Das Erdbeben des Jahres 2004 ist das stärkste Beben im Norddeutschland seit Beginn der instrumentellen Aufzeichnung vor über 100 Jahren.
(Nach: www.hamburg.de/erdbeben-start/1333776/erdbeben-2004.html)

M4 *Erdbeben in Norddeutschland*

Zwei Menschen sind bei einem heftigen Erdbeben in Teilen Neuseelands schwer verletzt worden. Die am stärksten betroffene Stadt Christchurch rief am Samstagmorgen den Notstand aus. Das Beben der Stärke 7,1 auf der Richterskala demolierte Gebäude, Brücken, Straßen und Autos. Einige Fälle von Plünderungen wurden bekannt.
Auch der öffentliche Verkehr war gestört. Es wurden zehn spürbare Nachbeben der Stärken 3,9 bis 5,2 registriert. In Christchurch fielen großflächig die Strom- und die Wasserversorgung aus, wie örtliche Medien berichteten.
(Nach: Welt online vom 04.09.2010)

M5 *Schweres Erdbeben erschüttert Neuseeland*

M7 *Der Ausbruch des Vulkans Eyjafjallajökull in Island am 10. Mai 2010 hatte weiträumige Auswirkungen. Aufgrund der ausgetretenen Vulkanasche wurde im April 2010 der Flugverkehr in weiten Teilen Nord- und Mitteleuropas eingestellt. Dies führte zu einer bis dahin beispiellosen Beeinträchtigung des Luftverkehrs in Europa infolge eines Naturereignisses.*

Datum	Ort/Gebiet	Ursache	Opfer
24.08.79	Pompeji/Italien	Ausbruch des Vesuvs	ca. 10 000 Tote
01.11.1755	Lissabon/Portugal	Erdbeben	ca. 42 000 Tote
27.08.1883	Krakatau/Indonesien	Explosion des Krakataus	ca. 36 000 Tote
15.06.1896	Honshu/Japan	Seebeben mit Flutwelle	ca. 27 000 Tote
17.04.1906	San Francisco/USA	Erdbeben	ca. 1 000 Tote
27.07.1976	Tangshan/China	Erdbeben	ca. 240 000 Tote
13.11.1985	Nord-Anden/Kolumbien	Ausbruch des Nevado del Ruiz	ca. 23 000 Tote
07.12.1988	Armenien	Erdbeben	ca. 25 000 Tote
17.01.1995	Kobe, Osaka/Japan	Erdbeben	ca. 5 500 Tote
17.08.1999	Türkei	Erdbeben	ca. 20 000 Tote
26.01.2001	Indien	Erdbeben	ca. 100 000 Tote
26.12.2003	Iran	Erdbeben	ca. 36 000 Tote
26.12.2004	vor Sumatra	Erdbeben (Seebeben) mit Flutwelle	ca. 230 000 Tote
27.05.2006	Java/Indonesien	Erdbeben	ca. 5 000 Tote
12.05.2008	Sichuan/China	Erdbeben	ca. 80 000 Tote
30.09.2009	vor Sumatra	Erdbeben (Seebeben) mit Flutwelle	ca. 3 000 Tote

M6 *Erdbeben und Vulkanausbrüche aus zwei Jahrhunderten (Auswahl)*

❶ Naturereignisse – Naturkatastrophen: Erläutere den Unterschied.

❷ Bei einem Erdbeben entscheiden wenige Sekunden über Leben und Tod. Erläutere diese Aussage (M1, M5).

❸ Wähle aus M6 jeweils drei Erdbeben und Vulkanausbrüche aus. Lege eine Tabelle an und ordne den Orten/Gebieten die Kontinente zu.

❹ Sammle Zeitungsausschnitte über Erdbeben oder Vulkanausbrüche über einen längeren Zeitraum und lege eine Mappe oder eine Wandzeitung an.

❺ Informiere dich im Internet über ein Erdbeben in Deutschland. Ermittle die Erdbebenstärke, das Zentrum des Bebens, Uhrzeit und Datum (www.seismo.uni-koeln.de).

Grundwissen/Übung

Vulkanausbrüche – Signale aus dem Erdinneren

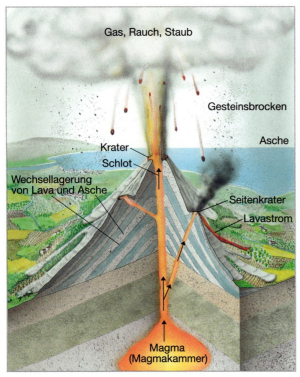

M1 *Aufbau eines Vulkans*

Wenn die Erde Feuer speit

Auf der Erde gibt es über 600 Vulkane, die in den letzten Jahren ausgebrochen sind. Sie sind nicht gleichmäßig über die Erde verteilt, sondern bündeln sich in bestimmten Regionen (Atlas, Karte: Erdbeben und Vulkanismus). Hier treten auch häufig Erdbeben auf. Gelegentlich gibt es ganze Vulkanketten, die wie auf einer Perlenschnur aufgereiht liegen, so wie im sogenannten „Pazifischen Feuergürtel" rings um den Pazifischen Ozean.

Wenn ein Vulkan ausbricht und eine Fontäne mehrere 100 m in den Himmel schießt, kann man auf die Verhältnisse im Erdinneren schließen. Das glutflüssige Magma im Erdmantel steht unter großem Druck und bahnt sich seinen Weg durch die Spalten und Klüfte der **Lithosphäre** nach oben. Durch den Schlot des Vulkans tritt es als **Lava** an die Erdoberfläche. Der Druck kann so gewaltig sein, dass die Lava in feinste Teilchen zerrissen und als Vulkanasche in die Luft geschleudert wird. Sie verteilt sich dann großflächig. Schließlich verwittert sie zu einem sehr fruchtbaren Boden.

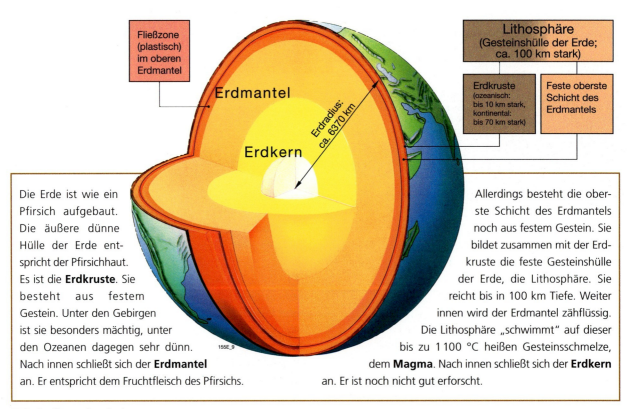

Die Erde ist wie ein Pfirsich aufgebaut. Die äußere dünne Hülle der Erde entspricht der Pfirsichhaut. Es ist die **Erdkruste**. Sie besteht aus festem Gestein. Unter den Gebirgen ist sie besonders mächtig, unter den Ozeanen dagegen sehr dünn. Nach innen schließt sich der **Erdmantel** an. Er entspricht dem Fruchtfleisch des Pfirsichs.

Allerdings besteht die oberste Schicht des Erdmantels noch aus festem Gestein. Sie bildet zusammen mit der Erdkruste die feste Gesteinshülle der Erde, die Lithosphäre. Sie reicht bis in 100 km Tiefe. Weiter innen wird der Erdmantel zähflüssig. Die Lithosphäre „schwimmt" auf dieser bis zu 1 100 °C heißen Gesteinsschmelze, dem **Magma**. Nach innen schließt sich der **Erdkern** an. Er ist noch nicht gut erforscht.

M2 *Aufbau der Erde*

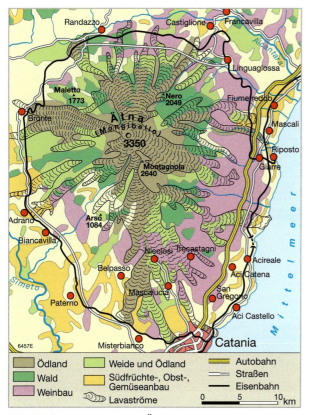

M3 *Bodennutzung am Ätna*

Der Ätna an der Ostküste von Sizilien ist mit rund 3 350 m der höchste Vulkan Europas. Trotz seiner Ausbrüche, verbunden mit Erdbeben, leben hier viele Menschen. Bauern haben Felder angelegt. Ackerbau wird bis auf etwa 900 m Höhe betrieben. Die Bauern ernten Wein, Apfelsinen, Oliven und Gemüse. Wegen der fruchtbaren Vulkanerde sind die Erträge so gut, dass die Menschen die ständige Bedrohung in Kauf nehmen. Oberhalb von 900 m folgt Wald bis etwa 1900 m; darüber liegt eine fast vegetationsfreie Zone. Die höchsten Lagen sind den größten Teil des Jahres über schneebedeckt.

M5 *Leben am Vulkan*

M7 *Vulkane in Süditalien*

Gesteinsbrocken schossen mit Überschallgeschwindigkeit Hunderte von Metern hoch. Über die Hänge des Ätna wälzten sich glühende Gesteinsmassen. Die Lavamassen knickten drei Stützpfeiler der Seilbahn wie Streichhölzer um. Zum Glück blieben die Orte verschont.

M8 *2006: Lavaströme bewegten sich ins Tal.*

M4 *Der Bauer Alfio Borzi gehört zu den Leidtragenden eines Ätna-Ausbruchs. Die Hälfte der Felder und Obstgärten hat die Lava begraben.*

Eine riesige Aschewolke lag über Catania. Die Schulen blieben geschlossen, für Mopeds und Motorräder galt wegen der Unfallgefahr ein komplettes Fahrverbot. Auch der Flughafen wurde gesperrt. Die Einwohner erhielten Atemschutzmasken.

M6 *2006: Asche breitete sich über Catania aus.*

① Popocatépetl, Fujisan, Ararat – Ermittle, welcher Vulkan nicht zum Pazifischen Feuergürtel gehört (Atlas).

② Erläutere den Aufbau eines Vulkans (M1).

③ Erkläre die Bedeutung des Schalenbaus der Erde für die Entstehung von Vulkanen (M2).

④ Beschreibe die Folgen eines Vulkanausbruchs (M4, M6, M8, Internet).

⑤ Beschreibe die landwirtschaftliche Nutzung am Ätna (M3).

⑥ Erkläre den Satz: Der Ätna nimmt und gibt.

Grundwissen / Übung

Naturkatastrophen bedrohen den Menschen

Wir bauen ein Vulkanmodell

Vier Schritte, um ein Vulkanmodell zu bauen

Arbeitsmittel:
1 Styroporplatte 50 x 100 cm (Stärke 2 cm) als Grundplatte, 3 Styroporplatten 50 x 100 cm (Stärke 5 cm) zum Bau des Vulkans, Styroporkleber, 1 Styroporschneider, 1 Federmesser, 1 Formsäge, 2 kg Gips, Filzstifte, Eimer, Wasser, Zollstock, Papier, dünne Holzspieße, Farben (z. B. Deckfarben oder Vollton- bzw. Abtönfarben), verschiedene Pinsel

1. Arbeitsschritt:
Bearbeiten des Styropors
Aus den 5 cm dicken Styroporplatten (50 x 100 cm) werden folgende Stücke geschnitten: 2 Platten 50 x 70 cm, 1 Platte 40 x 60 cm, 2 Platten 30 x 50 cm, 1 Platte 20 x 30 cm, 1 Platte 10 x 10 cm.
Diese Stücke werden Schicht auf Schicht treppenförmig zu einem „Berg" aufgebaut, aber noch nicht verklebt. Dabei liegen die beiden größten Stücke von 50 x 70 cm unten übereinander, darüber jeweils das nächstkleinere Stück. Ganz oben liegt die 10 x 10 cm große Platte. Dann wird jede Platte des Berges halbiert, damit wir später in den Vulkan hineinsehen können. Der Vulkan besteht also aus zwei Hälften. Jede Hälfte wird Schicht für Schicht verklebt. Eine Vulkanhälfte wird zum Schluss auf die Grundplatte geklebt, die andere Hälfte nicht. Sie wird neben die aufgeklebte Hälfte gestellt.

M1 *Aus Styropor entsteht die rohe Form.*

M2 *Mit Gips formen wir die Oberfläche.*

M3 *Mit Farben malen wir das Modell an.*

M4 *Das fertige Modell wird beschriftet.*

Grundwissen/Übung

2. Arbeitsschritt:
Die Oberfläche wird geformt
Beide Hälften sind zusammengeschoben. Mit einem Federmesser schneiden wir alle treppenförmigen Kanten etwas ab, damit wir beim Gipsen nicht so viel Material verbrauchen.
In einem Eimer rühren wir 2 kg Gips mit etwa 1,5 l Wasser an. Mit dem Gipsbrei formen wir die Oberfläche unseres Vulkanberges. Damit die beiden Hälften durch den Gips nicht zusammenkleben, stecken wir Papier dazwischen.

3. Arbeitsschritt:
Anmalen des Modells
Nach dem Trocknen der Gipsschicht (Fingerprobe) wird das Vulkanmodell außen und innen bemalt, zum Beispiel in roten Farben die Lava und in rotgelben das Magma. Grüne Farbtöne brauchen wir für Wald, Wiesen und Obstbäume bzw. Wein, braun für Ackerbau, grau für die Ascheschichten, schwarz für Konturen usw.

4. Arbeitsschritt:
Beschriften des Vulkanmodells
Aus Papier und Holzspießen stellen wir Fähnchen her. Sie werden anschließend beschriftet und an die richtigen Stellen gesteckt (wichtige Begriffe siehe M1 Seite 250). Im Inneren des Vulkans können die Begriffe auch aufgeklebt werden, damit der Vulkan wieder zusammengefügt werden kann.
Zusätzlich können wir aus Holzresten kleine Häuser bauen, Straßen zeichnen, Hochspannungsleitungen legen …
Eure Fantasie ist gefragt!

Alfred Wegener entdeckt die Kontinentalverschiebung

Die Kontinente wandern

Alfred Wegener

Wenn wir eine Weltkarte betrachten, fällt auf, dass die Ränder der Westküste Afrikas und der Ostküste Südamerikas wie zwei Puzzleteile aussehen, die man aneinanderschieben kann. Diese Beobachtung veranlasste den Forscher Alfred Wegener zu der Annahme, dass die Kontinente früher einmal zusammenhingen und im Laufe von Jahrmillionen auseinandergedriftet sind. Dafür fand er auch Beweise. Wegener entwickelte die Theorie, dass die Erde vor mehreren hundert Millionen Jahren aus einem einzigen Superkontinent bestand, der von einem gewaltigen Ozean umgeben war. Er nannte ihn Pangäa, das heißt „ganze Erde". Im Lauf der Erdgeschichte sei dieser dann auseinandergebrochen und die einzelnen Erdteile bewegten sich langsam bis in ihre heutige Position. Da Wegener jedoch nicht erklären konnte, welche Kräfte die **Kontinentalverschiebung** verursachten, wurde seine Theorie nicht anerkannt – zu Unrecht, wie sich später erweisen sollte.

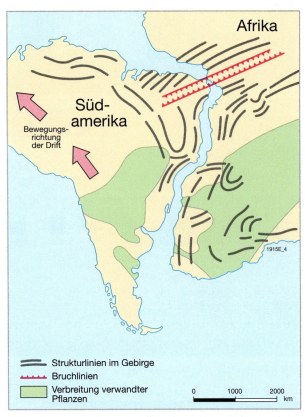

M2 *Wegeners Beweise für die Lage Südamerikas und Afrikas vor der Kontinentalverschiebung*

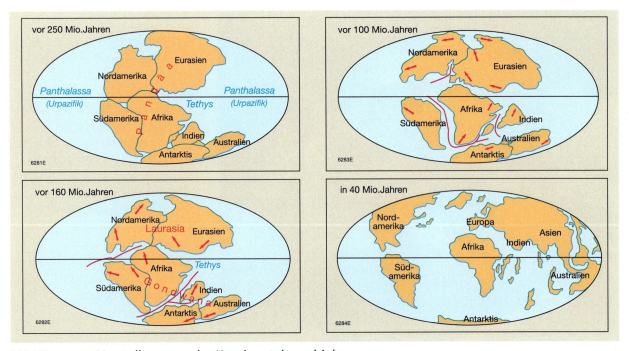

M1 *Wegeners Vorstellung von der Kontinentalverschiebung*

Im Januar 1912 trafen sich im Senckenbergmuseum in Frankfurt am Main die Geologen Deutschlands zu ihrer jährlichen Hauptversammlung.
Der Meteorologe Alfred Wegener hielt einen Vortrag mit dem Titel: Neue Ideen über die Herausbildung der Großformen der Erde: „Im Folgenden soll ein erster roher Versuch gemacht werden, die Großformen unserer Erdoberfläche, das heißt die Kontinente und die Ozeane durch ein einziges umfassendes Prinzip zu deuten, nämlich durch das Prinzip der Beweglichkeit der Kontinente."
Im Saal wurde es unruhig. Die Geologen trauten ihren Ohren nicht. Jeder von ihnen hatte im Stu-dium gelernt, dass Kontinente und Ozeane seit Urzeiten fest und unverrückbar ihren Platz einnehmen. Wie kommt dieser junge Meteorologe auf die Idee, zu behaupten, dass sich die Kontinente bewegen?
Kaum hatte Wegener geendet, brach sich der Unmut Bahn: „Fantasiegebilde, die wie eine Seifenblase zerplatzen! Bloße Gedankenspielerei! Fieberfantasien! Völliger Blödsinn!"
Erst viele Jahre später stellte sich heraus: Wegener hatte Recht (siehe nachfolgende Doppelseite).
(Nach: Peggy Fuhrmann in „Deutschlandradio" vom 09.11.2005)

M3 *Wegener wird „ausgebuht"*

Wegener war nicht Geologe, er war Meteorologe und damit Wissenschaftler auf einem etwas anderen Gebiet. Häufig ist es so, wenn ein Außenseiter kommt und einem Fachwissenschaftler sagt: „Das ist meine Interpretation, nun hör mal, du musst die Erde vielleicht mit ganz anderen Augen sehen, als du das bisher in deinen Theorien und Modellen tust" – dann denkt jeder erstmal, er versteht vielleicht sein Gebiet, aber er soll sich doch bitte raushalten aus dem, was wir über Generationen überbracht bekommen haben.
(Nach: Peggy Fuhrmann a.a.O.)

M5 *Vorbehalte gegen einen Außenseiter*

Allgemein anerkannte Lehrmeinung war damals, dass die Kontinente unverrückbar fest stehen, die Erdkugel insgesamt aber schrumpft, weil sich das glutheiße, flüssige Erdinnere stetig weiter abkühlt und verfestigt. Und wie bei einem schrumpelnden Apfel die Haut Runzeln wirft, würde die Erdkruste Falten bilden. Das seien die Gebirge.
In dem damaligen Standardwerk „Das Antlitz der Erde" wurde diese Theorie erläutert und das Fazit gezogen: Der Zusammenbruch des Erdballes ist es, dem wir beiwohnen.
(Nach: Peggy Fuhrmann a.a.O.)

M6 *Die Lehrmeinung war eine andere*

Einem angeborenen Zwang folgend, schwimmt die an der Küste Brasiliens lebende grüne Meeresschildkröte jährlich über den halben Atlantik, um ihre Eier an den Stränden der Insel Ascension abzulegen. Dieses Verhaltensmuster wurde wahrscheinlich vor 100 Mio. Jahren in das genetische Programm der Meeresschildkröten aufgenommen. Meeresschildkröten legen ihre Eier oft auf vorgelagerten Inseln ab, um sie vor räuberischen Bewohnern des Festlandes zu schützen, und es ist wahrscheinlich, dass die Vorfahren dieser Meeresschildkröten zur Eiablage eine vorgelagerte Insel aufsuchten. Im Verlaufe von Jahrmillionen mussten die Tiere immer weitere Strecken durchschwimmen, um ihre Brutgebiete zu erreichen, da sich ihre Heimat an der brasilianischen Küste langsam, aber stetig entfernte. Heute trennen sie mehr als 1500 km Ozean von ihren ehemaligen Zufluchtsorten.
(Nach Russell Miller (Hrsg.): Der Planet Erde. Driftende Kontinente. Amsterdam 1983, S. 159)

M4 *Das Geheimnis der grünen Meeresschildkröte*

❶ Übertrage die Umrisse von Afrika und Südamerika auf Transparentpapier (Atlas). Schneide sie aus. Erkläre damit Alfred Wegeners Theorie (M2, Text).

❷ Beschreibe die Kontinentalverschiebung (M1).

❸ Liste Gründe auf, warum die Geologen Wegener verspottet haben (M3, M5, M6).

❹ Stellt die Theorien der Kontinentalverschiebung Wegeners und die Theorie des schrumpfenden Apfels (M6) in einem Streitgespräch vor.

❺ Begründe den heute mehr als 1 500 km langen Weg der grünen Meeresschildkröte zur Eiablage (M4).

Grundwissen / Übung

Die Gesteinshülle der Erde – ein Puzzle in Bewegung

Plattentektonik – ein neues Bild der Erde

Seit den 1940er-Jahren erforschen Wissenschaftler verstärkt die Ozeanböden. Bei der Vermessung der Böden machten sie unglaubliche Entdeckungen: Auf dem Grund der Meere erstrecken sich zwischen den Kontinenten riesige Unterwassergebirge teilweise über mehrere Tausend Kilometer. In den Gebirgen verläuft eine tiefe Spalte, aus der immerzu glutflüssige Lava austritt und sich zu beiden Seiten der Spalte anlagert. So bildet sich ständig neuer Ozeanboden.

Durch die Erforschung des Meeresbodens wurde die Theorie der Kontinentalverschiebung von Wegener zur Theorie der **Plattentektonik** weiterentwickelt. Sie geht davon aus, dass die Gesteinshülle der Erde, die Lithosphäre, keine feste Schale aus einem Stück ist. Sie gliedert sich in mehrere große und kleine Platten.

Die Erdplatten driften auf einer zähflüssigen Schicht des Erdmantels aufeinander zu, voneinander weg oder aneinander vorbei. Dies bewirken **Konvektionsströme** im zähflüssigen Erdinneren.

Die hohen Gebirge und Vulkane in der Mitte der Ozeane sind die sogenannten **Mittelozeanischen Rücken**. Hier driften die Platten auseinander und fördern Magma an die Oberfläche. An anderer Stelle, in den sogenannten **Subduktionszonen**, versinken Teile der Lithosphäre im Erdmantel und werden dabei wieder aufgeschmolzen. Dort befinden sich die Tiefseegräben.

Außerdem werden Gesteinsschichten emporgehoben und als Gebirge gefaltet, und es entstehen Inselbögen.

Diese Vorgänge spielen sich an den Grenzen der Erdplatten ab. Verbunden sind sie mit Vulkanausbrüchen, Erd- und Seebeben.

INFO

Tektonik
Tektonik ist die Lehre vom Aufbau der Lithosphäre (Erdkruste und oberer fester Teil des Erdmantels). Die Plattentektonik beschäftigt sich mit den Bewegungen der Erdplatten.

Konvektionsströme
Wenn Wasser in einem Topf erhitzt wird, kommt es in Bewegung. Diese Bewegung geschieht durch Konvektionsströme (lateinisch „vehere": „bringen, transportieren"). Genauso verhält es sich im zähflüssigen Teil des Erdmantels. Vom Erdinneren her wird die Gesteinsschmelze (das Magma) erhitzt. Konvektionsströme bringen sie in Bewegung. Dadurch beginnen die auf der Gesteinsschmelze liegenden Erdplatten zu driften.

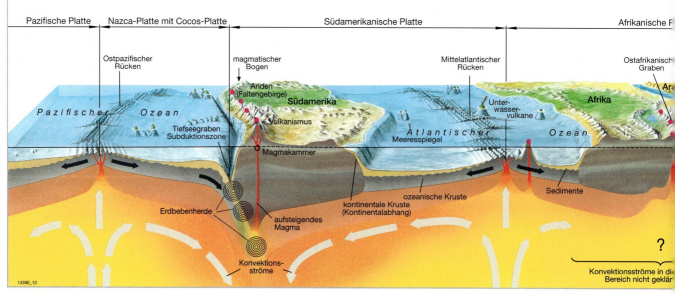

M1 *Modell der Plattentektonik*

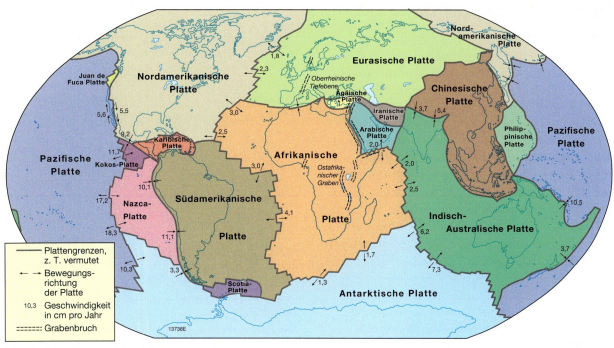

M2 *Erdplatten und ihre Bewegungen*

„Die Erkenntnis, dass Konvektionsströme die Antriebsmotoren für die Drift der Lithosphärenplatten sind, führte zur Theorie der Plattentektonik. Wir wissen jetzt, dass Alfred Wegener zu Unrecht verspottet wurde. Mithilfe der Plattentektonik können wir auch erklären, warum es zur Gebirgsbildung kommt."

M3 *Allan Henderson, Geophysiker aus den USA*

M4 *Auf Island (Mittelatlantischer Rücken)*

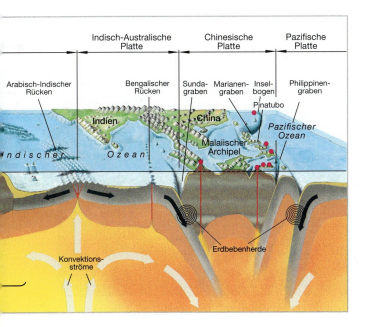

❶ Erläutere, wie die mittelozeanischen Rücken entstehen (M1, M2).

❷ a) Nenne jeweils zwei Beispiele, wo Platten auseinander driften und wo sie sich aufeinander zu bewegen.
b) Erläutere die Folgen der Plattenbewegungen.

❸ a) Ermittle, an welcher Plattengrenze M4 aufgenommen wurde (M2, Atlas).

b) Gib die Bewegungsrichtung und Geschwindigkeit der Plattendrift an dieser Stelle an (M2).

❹ In großer Höhe von Gebirgen findet man oft Abdrücke von Muscheln im Gestein. Begründe.

❺ Erkläre, warum im Raum Indonesien Vulkanausbrüche vorkommen.

Grundwissen / Übung

Erdbeben – ungeahnte Kräfte

Wenn die Erde bebt

Erdbeben gehören zu den gewaltigsten Naturkatastrophen, die den Menschen heimsuchen können. Sie kündigen sich meist nicht an, treffen die Bewohner daher unvorbereitet und können in wenigen Sekunden ganze Städte zerstören.

Mehr als hundert Mal pro Jahr kommen auf der Welt Erdbeben vor, die auf der **Richterskala** eine Stärke bis zu sieben oder mehr erreichen. Wann und wo die Erde beben wird, versuchen Wissenschaftler zu ermitteln. Jedoch sind die Vorgänge im Erdinneren zu kompliziert für eine genaue Vorhersage, zumindest zum gegenwärtigen Stand der Forschung.

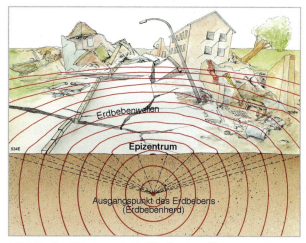

M2 *Ausbreitung von Erdbebenwellen (nicht maßstabsgetreu)*

INFO

Richterskala
Die Richterskala gibt die Stärke eines Erdbebens an. Benannt ist sie nach ihrem Erfinder Charles Francis Richter. Sie beginnt bei 0,1 (sehr schwaches Beben) und steigt dann sehr schnell an. Das heißt: Ein Beben der Stärke 7 ist zehn Mal stärker als ein Beben der Stärke 6 und tausend Mal stärker als ein Beben der Stärke 4. Die Skala ist nach oben hin offen. Allerdings kann aufgrund der Eigenschaften der Erdkruste kein stärkeres Beben als 9,5 auftreten, wie es sich 1960 in Chile ereignete.

Epizentrum
Das **Epizentrum** ist der Punkt auf der Erdoberfläche, der genau über dem Herd eines Erdbebens liegt. An diesem Punkt treten die größten Erdbebenwellen auf, und bei einem starken Erdbeben sind hier die Schäden am größten.

Seismograf
Ein **Seismograf** ist ein Gerät zur Messung der Stärke von Erdbebenwellen. So weiß man, wo genau ein Beben stattgefunden hat und welche Stärke es hatte.

M1 *Rund 90 000 Menschen sterben beim Erdbeben im Mai 2008 in Südchina. Die Helfer tragen Spezialanzüge, um sich vor Seuchen zu schützen.*

M3 *In San Francisco 1906 nach dem Erdbeben*

M7 *Lage von Kalifornien*

Im Jahr 1906 erschütterte ein gewaltiges Erdbeben San Francisco. Tausende Menschen starben, die Stadt wurde zu 80 Prozent zerstört. Das nächste große Beben könnte bald eintreten. Vor allem den Millionenstädten Los Angeles und San Diego drohen verheerende Verwüstungen. Entlang der Küste verläuft der San-Andreas-Graben. Zwei Lithosphärenplatten driften hier in entgegengesetzter Richtung aneinander vorbei. Immer wieder verhaken sich die Platten und bauen eine Spannung auf, die sich dann ruckartig und mit großer Gewalt entladen kann. Bei dem Erdbeben 1906 rückte die Pazifische Platte über eine Strecke von etwa 400 km in nur einer Minute sechs Meter vorwärts.

M4 *Kalifornien – Leben mit der Gefahr*

Der gefürchtete „Big One" kommt innerhalb der nächsten drei Jahrzehnte. Das ist das Ergebnis einer neuen Studie des Geologischen Dienstes der USA. Die Wahrscheinlichkeit für ein Erdbeben der Stärke 6,7 bis zum Jahr 2038 liegt bei 99,7 Prozent.

(Nach: Spiegel online, 15. 04. 2008)

M6 *Das große Beben*

Am 16. Oktober 1999 gegen drei Uhr morgens war es mit dem Schlaf in der Millionen-Metropole vorbei. Ein Erdbeben der Stärke 7,0 auf der Richterskala erschütterte den Süden des US-Bundesstaates Kalifornien. Das Epizentrum lag 170 km von Los Angeles entfernt in der dünn besiedelten Mojave-Wüste. Aus diesem Grund blieben die Auswirkungen geringer, als es in einem dichter besiedelten Gebiet der Fall gewesen wäre. Ein Zug, der in der Nähe des Epizentrums unterwegs war, entgleiste. Andere größere Schäden wurden nicht registriert. Auch über Verletzte wurde nichts bekannt.

(Nach: Spiegel online, 15. 04. 2008)

M8 *Erdbeben erschüttert Los Angele.*

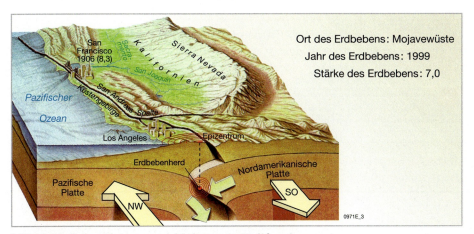

M5 *Modell der Plattenverschiebung in Kalifornien*

❶ Liste Auswirkungen von Erdbeben auf.

❷ Erkläre die Entstehung von Erdbeben (Text, M2).

❸ Ermittle auf Seite 257 M2, mit welcher Geschwindigkeit die Erdplatten in Kalifornien jedes Jahr aneinander vorbeigleiten.

❹ Informiere dich im Internet mithilfe einer Suchmaschine über das große Erdbeben in San Francisco im Jahr 1906 und berichte.

❺ Sammle Berichte über ein aktuelles Erdbeben und lege eine Tabelle an über das Ausmaß der Katastrophe und die Hilfsmaßnahmen.

Grundwissen / Übung

Tsunami – Riesenwelle nach einem Seebeben

Eine Wand aus Wasser

Ein **Tsunami** entsteht meist an den Subduktionszonen der Erde. Dort treten besonders häufig Vulkanausbrüche und Erdbeben auf, die den Tsunami auslösen. Das bei einem Seebeben über dem Epizentrum liegende Wasser wird innerhalb weniger Sekunden emporgehoben. Bis zu 30 km³ Wasser können das sein.

Von diesem Wasserberg breiten sich kreisförmig Wellen aus. Im offenen Meer sind diese Wellen zunächst nicht als gefährlich erkennbar. Sie sind kaum einen Meter hoch, können aber bis zu 1 000 km lang sein. Erst im flachen Wasser türmt sich der Tsunami zu einer hohen Flutwelle auf, die an Land schwappt. Das Wasser drängt mit einer Geschwindigkeit von rund 30 Stundenkilometern landeinwärts; riesige Flächen werden überschwemmt.

Einen direkten Schutz vor den Flutwellen gibt es nicht. Frühwarnsysteme sind die einzige Maßnahme, um die Tragweite einer solchen Katastrophe zu begrenzen und die Folgen für die Menschen zu lindern. Ein Tsunami-Warnsystem gibt es bislang nur im Pazifik. Für andere Ozeane und Meere, wie etwa in der besonders gefährdeten Region um den Sundagraben im Indischen Ozean, sind derartige Systeme im Aufbau. Deutsche Forscher haben hierfür einen Plan entwickelt, der jetzt umgesetzt wird und in Zukunft frühzeitig vor Tsunamis warnen soll.

INFO

Tsunami

Der Begriff Tsunami kommt aus dem Japanischen und bedeutet „große Welle im Hafen". Geprägt haben ihn japanische Fischer, die bei ihrer Rückkehr in den Heimathafen die Dörfer verwüstet vorfanden, obwohl sie während ihrer Zeit auf offener See keine größeren Wellen bemerkt hatten.

Ein Tsunami ist eine am Meeresboden durch ein Erdbeben (Seebeben) oder auch einen Vulkanausbruch ausgelöste Welle im Meer. An der Küste erreicht sie mit Höhen bis zu 30 m eine große Zerstörungskraft.

Datum	Region	Stärke Richterskala	Wellenhöhe	Opfer
2011	Japan	9,0	23,00 m	28 000
2006	Java	7,7	4,00 m	700
2004	Indonesien, Thailand, Sri Lanka, Indien u. a.	9,0	34,90 m	283 100
1998	Papua-Neu Guinea	7,0	15,00 m	2 182
1992	Südpazifik, Indonesien	7,5	26,20 m	1 000
1976	Philippinen	8,1	5,00 m	5 000
1964	Alaska (Hangabrutschungen)	9,2	70,00 m	123
1960	Chile	9,5	25,00 m	1 260
1958	Alaska (Berghänge rutschten ins Meer)	8,3	520,00 m	5

M2 *Tsunamis (Auswahl) im 21. und 20. Jahrhundert*

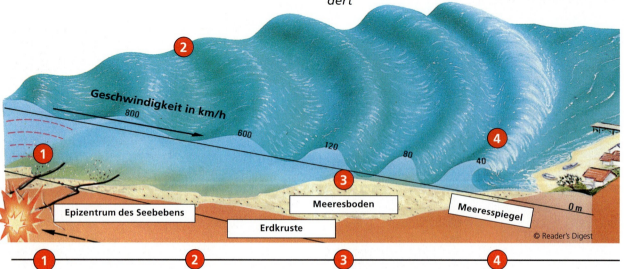

1. Seebeben oder Vulkanausbruch lösen den Tsunami aus.
2. Wellen sind sehr lang und flach.
3. Wellen bremsen zum Ufer hin ab und stauen sich zu einer riesigen Welle auf.
4. Welle erreicht bis zu 30 m Höhe; Wellenkamm bricht an der Küste

M1 *Die Entstehung eines Tsunamis*

M3 *Hilfsmaßnahmen*

M6 *Folgen des Tsunamis*

M9 *Japan*

Der 11. März 2011 ist zunächst ein ganz normaler Tag: Um 6:00 Uhr geht die Sonne auf, Menschen fahren zur Arbeit, Kinder gehen zur Schule. Er dauert bis 14:46 Uhr. Dann beginnt eine neue Zeitrechnung:
Vor der Küste ereignet sich das stärkste Erdbeben seit Beginn der Aufzeichnungen. Es löst einen Tsunami mit bis zu 20 m hohen Wellen aus. Riesige Wassermassen zerstören Bauernhöfe, Felder, Häuser und Fabriken. In den Atomkraftwerken von Fukushima kommt es zu Explosionen. Radioaktive Strahlung tritt aus. Gemüse aus der Umgebung darf nicht mehr gegessen werden. Das Erdbeben und die Tsunami-Katastrophe fordern 23 000 Menschenleben. 1,4 Mio. Haushalte haben keinen Zugang zu sauberem Trinkwasser und Hunderttausende Menschen leben in Notunterkünften.

M4 *Katastrophe in Japan*

„Es begann damit, dass die Retter in den Trümmern der zerstörten Städte fast nur noch Leichen bargen. Der Tsunami machte die Hoffnung auf das Überleben der vielen Vermissten zunichte. So mussten die Soldaten tote Fischer aus den Wipfeln der Fichten bergen. Und in den Geröllschichten, zu denen die Dörfer zermalmt waren, fanden die Helfer fast nur Tote. Die meisten der Vermissten wird der Tsunami ins Meer gespült haben."
(Nach: Spiegel vom 21.03.2011, S. 104)

M7 *Bericht einer Augenzeugin*

❶ Erläutere die Entstehung und Ausbreitung eines Tsunamis.

❷ Ermittle die Küstengebiete der Erde, die durch Tsunamis besonders gefährdet sind (Atlas, Karte: Erde – Plattentektonik).

❸ Vergleiche M5 und M8. Beschreibe die Einzelheiten.

M5 *Fujitsuka bei Sendai vor der Flut …*

M8 *… und nach der Flut*

Grundwissen / Übung

Wirbelstürme – geballte Energie

M1 *Der Hurrikan Katrina; Aufnahme vom 28.08.2005*

Wirbelstürme mit zerstörerischer Kraft

Im Bereich nördlich und südlich des Äquators ist das Meerwasser besonders warm, oft über 26 °C. Nach heftigen Gewittern können sich dort spiralförmige Luftwirbel bilden. Bei ihrem Zug über das tropische Meer nehmen sie ungeheure Mengen von Wärme und Feuchtigkeit aus dem Meerwasser auf. Dadurch werden sie immer stärker und erreichen Durchmesser von bis zu 1000 km. In der Mitte ist ein wolkenarmes, windstilles Zentrum: das Auge. Um es herum kreisen die Wirbel mit Windgeschwindigkeiten von bis zu 350 km/h.

Ziehen diese tropischen **Wirbelstürme** in Gebiete, in denen das Meer kälter ist, oder erreichen sie das Festland, schwächen sie sich ab. Dennoch richten sie oft Schneisen der Verwüstung an. Auf dem Meer können Wirbelstürme Wellenberge von bis zu 40 m Höhe erzeugen. Gewaltige Sturmfluten mit verheerenden Schäden und vielen Opfern sind die Folge. Auch kann es zu enormen Niederschlägen kommen, die Überschwemmungen und Erdrutsche auslösen.

Die Zugbahn und die Stärke von Wirbelstürmen kann vorhergesagt werden – wenn auch nicht immer genau. Oft werden daher die Menschen gewarnt. Gefährdete Bewohner können evakuiert werden.

INFO

Wirbelstürme

Tropische Wirbelstürme bilden sich über den warmen tropischen Gewässern um den Äquator.

Im Chinesischen Meer und im östlichen Pazifik nennt man die Wirbelstürme *Taifune*. Das Wort kommt von dem chinesischen „ty fung" und heißt „großer Wind".

Hurrikan werden die Wirbelstürme genannt, wenn sie im tropischen Teil des Atlantischen Ozeans, zum Beispiel in der Karibik, entstehen. Sie sind nach dem Sturmgott der Maya, einem mittelamerikanischen Indianervolk, benannt.

Tropische Wirbelstürme, die im Indischen Ozean ihren Ursprung haben, nennt man *Zyklon*.

In Australien werden sie Willy-willies genannt. Die Bezeichnung stammt aus der Sprache der Aborigines.

Jahr	Stadt oder Gebiet	Todesopfer
1737	Kalkutta (Indien)	300 000
1789	Andhra Pradesh (Indien)	20 000
1864	Kalkutta (Indien)	50 000
1876	Barisal (heute Bangladesch)	100 000
1900	Galveston (Texas/USA)	8 000
1906	Hongkong (heute China)	10 000
1928	Lake Okeechobee (Florida/USA)	2 500
1934	Osaka (Japan)	4 400
1942	Diamond Harbour (heute Bangladesch)	40 000
1970	Gangesdelta (heute: Bangladesch)	500 000
1974	Tegucigalpa (Honduras)	5 000
1979	Roseau (Dominica)	1 000
1991	Sandwip Island (heute Bangladesch)	140 000
1997	Acapulco (Mexiko)	400
2005	New Orleans (Louisiana/USA)	2 000
2008	Myanmar	100 000

M2 *Verheerende tropische Wirbelstürme (Auswahl)*

M3 *Rettungshubschrauber über New Orleans. Der Hurrikan Katrina richtete im August 2005 an der Küste des Golfs von Mexiko in den USA enorme Schäden an.*

M6 *Die Lage von New Orleans in den USA*

28.8.: Nach der Hurrikanwarnung verlassen rund 1,5 Mio. Menschen die Region New Orleans. Allerdings funktioniert die Evakuierung nicht wie geplant; die flüchtenden Menschen stehen in endlosen Autokolonnen.
29.8.: Mit verringerter Windgeschwindigkeit von noch 230 km/h, sintflutartigem Regen und einer Sturmflut trifft der Hurrikan auf die Region New Orleans.
30.8.: In New Orleans halten mehrere Dämme den Wassermassen nicht stand. Die Stadt, die zu großen Teilen unter dem Meeresspiegel liegt, wird weiträumig bis zu acht Meter hoch überflutet. Vor allem in den Armenvierteln können viele Menschen nicht rechtzeitig flüchten. Die Rettungskräfte können wegen der verheerenden Zustände zu vielen notwendigen Einsätzen nicht ausrücken. Heute wird die Zahl der Toten auf rund 1 800 geschätzt, 700 Menschen werden noch vermisst. Rund 1 Mio. Menschen wurden durch den Hurrikan obdachlos. Bis heute sind vor allem Stadtviertel der ärmeren Bevölkerung noch völlig zerstört.

M4 *Chronik des Hurrikans Katrina in New Orleans*

M5 *Zugbahn von Katrina*

❶ Ermittle, auf welchen Ozeanen und Meeresteilen sich die Wirbelstürme bildeten, die die in M2 genannten Gebiete betroffen haben (Atlas).

❷ a) Ermittle, welche Ausdehnung Katrina auf dem Satellitenbild M1 ungefähr hat (Atlas).
b) Beschreibe die Zugbahn (M5).

❸ Beschreibe M3 und erläutere die Folgen des Hurrikans für New Orleans (M4).

❹ Auch bei uns kommen starke Stürme vor, deren Auswirkungen aber kaum mit denen von tropischen Wirbelstürmen vergleichbar sind. Informiere dich über den Wirbelsturm Kyrill und berichte.

Grundwissen/Übung

Minilexikon

Ackerbau (Seite 172)
Beim Ackerbau wird der Boden zum Anbau von Kultur- und Nutzpflanzen (z. B. Getreide, Obst) genutzt. Die Landwirte legen Felder an, um Ernteerträge zu gewinnen. Neben der Viehwirtschaft ist der Ackerbau ein Teil der Landwirtschaft.

Altes Land (Seite 176)
In Hamburg und Niedersachsen südlich der Elbe gelegenes traditionelles Obstanbaugebiet.

Altmensch (Seite 46)
Die Altmenschen lebten vor rund 250 000 Jahren in Europa. Sie waren ungefähr so groß wie die Frühmenschen (bis zu 1,60 m) und hatten eine gedrungene, muskulöse Gestalt. Die Neandertaler, die bis vor 30 000 Jahren in Europa lebten, gehörten zu den Altmenschen.

Altsteinzeit (Seite 48)
Den frühesten und längsten Abschnitt der Steinzeit nennen wir Altsteinzeit. Sie begann vor ungefähr drei Millionen Jahren und dauerte bis ca. 8 000 v. Chr. Die Menschen lebten in der Altsteinzeit als Jäger und Sammler in Horden zusammen.

Angebot (Seite 228)
Die Menge von Gütern und Dienstleistungen, die auf dem Markt angeboten wird. Das Zusammenwirken von Angebot und Nachfrage bestimmt den Marktpreis für die angebotenen Produkte.

Aquädukt (Seite 120)
Aquädukte sind Wasserleitungen (meist aus Stein), die die römischen Städte mit Frischwasser versorgten.

Äquator (Seite 68)
Längster Breitenkreis der Erde (Länge: 40 076 km). Er trennt Nord- und Südhalbkugel.

Archäologe (Seite 56)
Ein Archäologe oder Altertumsforscher ist ein Wissenschaftler. Durch Bodenfunde und Ausgrabungen erforscht er, wie Menschen früher gelebt haben. Seine Untersuchungen umfassen einen Zeitabschnitt, der von den ersten Steinwerkzeugen vor etwa 2,5 Mio. Jahren bis in die junge Vergangenheit reicht.

artgerechte Tierhaltung (Seite 182)
Tierhaltung, die das natürliche Verhalten der Tiere berücksichtigt. Rinder erhalten z. B. Bewegungsfreiheit und können ihr Futter frei aufnehmen. Schweine dürfen im Dreck wühlen und ihre Umgebung erkunden.

Bedürfnisse (Seite 226)
Jeder Mensch hat Anliegen und Wünsche. Diese nennt man in der Wirtschaft Bedürfnisse.

Bezirk (Seite 152)
Einige Städte sind in Bezirke (Verwaltungseinheiten) gegliedert, z. B. Hamburg und Berlin. Zu jedem Bezirk gehören mehrere Stadtteile.

Binnenmeer (Seite 236)
Ein Binnenmeer ist ein Meer, das fast vollständig von Festland umgeben ist und nur einen schmalen Zugang zum offenen Ozean hat (z. B. Ostsee).

Blutrache (Seite 130)
Bei der Blutrache tötet ein Mitglied der Familie, in der jemand getötet, verletzt oder beleidigt wurde, eine oder mehrere Personen der Familie, die ihr das angetan haben. Die Rache kann dabei den Verursacher treffen oder einen Verwandten des eigentlich Schuldigen. Die Blutrache wurde bei den unter anderem bei Germanen angewandt.

Breitenkreis (Seite 72)
Breitenkreise (Breitengrade) werden vom Äquator aus nach Norden und Süden von 0° bis 90° gezählt. Sie verlaufen immer parallel zum Äquator und verbinden die Punkte auf der Erde, die die gleiche geographische Breite haben.

Bundesland (Seite 146)
Deutschland besteht aus 16 Bundesländern. Diese Verwaltungseinheiten verfügen über eigene Hauptstädte und Regierungen.

Bürgerliches Gesetzbuch (BGB) (Seite 212)
Das Bürgerliche Gesetzbuch ist eine der wichtigsten Gesetzessammlungen in Deutschland. Es regelt die Rechtsbeziehungen zwischen Privatpersonen. Es trat am 1. Januar 1900 in Kraft.

City (Seite 154)
Der Begriff City bezeichnet das Geschäfts- und Büroviertel in der Stadtmitte einer Großstadt. Hier gibt es viele Arbeitsplätze, aber wenige Wohnungen. Häufig ist ein Teil der City als Fußgängerzone ausgewiesen.

Container (Seite 164)
Großer geschlossener Metallkasten, dessen Maße (Länge, Breite, Höhe) genormt sind. Container werden zum Transport von Stückgut benutzt.

Demokratie (Seite 112)
Demokratie heißt Volksherrschaft. Es gibt nicht nur einen Herrscher, sondern das ganze Volk entscheidet mit, indem es in der Regel Vertreterinnen und Vertreter wählt, die dann z. B. die Gesetze ausarbeiten und die Regierung wählen.

Düne (Seite 96)
Eine Düne ist eine Sandablagerung. Sie wird durch Wind aufgeschüttet. Dünen gibt es vor allem an Küsten (z. B. auch auf den Nordsee-Inseln) und in Wüsten (z. B. in der Sahara in Nordafrika). Bei einer Düne ist die dem Wind zugewandte Seite flacher, die windabgewandte Seite steiler.

Ebbe (Seite 236)
Als Ebbe bezeichnet man das regelmäßige Zurückweichen des Meerwassers. Dieser Vorgang dauert etwas mehr als sechs Stunden (Gezeiten).

Eiszeit (Seite 50)
Abschnitt der Erdgeschichte, in dem es durch einen weltweiten Rückgang der Temperaturen zum Vorrücken von mächtigen Gletschern u.a. aus Nordeuropa bis nach Norddeutschland kam. Die letzte Eiszeit endete vor etwa 10 000 Jahren.

Epizentrum (Seite 258)
Das Epizentrum ist der Punkt auf der Erdoberfläche, der genau über dem Herd eines Erdbebens liegt. An diesem Ort treten die größten Erschütterungen auf.

Erdachse (Seite 70)
Die Erdachse ist eine gedachte Verbindungslinie zwischen Nord- und Südpol. Um sie herum erfolgt die Erdrotation.

Erdbeben (Seite 248)
Erschütterung der Erdoberfläche, die meistens durch ruckartiges Verschieben der Platten der Lithosphäre hervorgerufen wird.

Erdkern (Seite 250)
Das Erdinnere ist aus mehreren Schalen aufgebaut, wobei der Erdkern im Zentrum des Erdinneren liegt. Man unterscheidet einen äußeren und inneren Kern.

Erdkruste (Seite 250)
Äußere Schale der Erde. Sie ist zwischen 10 km (ozeanische Kruste) und 70 km (kontinentale Kruste) dick.

Erdmantel (Seite 250)
Zwischen Erdkruste und Erdkern gelegene Schale des Erdkörpers. Es wird zwischen einem oberen und einem unteren Erdmantel unterschieden. Die Grenze liegt bei 100 km Tiefe.

Faustkeil (Seite 48)
Wichtigstes Werkzeug der Menschen der Steinzeit. Es bestand aus Stein und diente dem Hacken, Schneiden, Schaben und Schlagen.

Flüssiggut (Seite 164)
Flüssiggüter sind Waren, die in flüssiger Form häufig auf Tankerschiffen transportiert werden (z. B. Erdöl).

Flussoase (Seite 100)
Eine Oase in der Wüste. Sie erhält Wasser durch einen Fluss, der die Wüste durchfließt.

Flut (Seite 236)
Das regelmäßige Ansteigen des Meerwassers wird als Flut bezeichnet. Dieser Vorgang dauert etwas mehr als sechs Stunden (Gezeiten).

freies Gut (Seite 228)
Ein Gut, das im Gegensatz zum Wirtschaftsgut nahezu unbegrenzt vorhanden und daher kostenlos ist, z. B. die Luft zum Atmen oder Sonnenstrahlen.

Fremdenverkehrseinrichtung (Seite 240)
Fremdenverkehrseinrichtungen sind Gebäude oder Anlagen, die in Tourismusorten und -gebieten der Erholung und Unterhaltung der Gäste dienen, z. B. Skiliftanlage, Hallenbad.

Fruchtbarer Halbmond (Seite 54)
Gebiete, die halbkreisförmig westlich, nördlich und nordöstlich um die Syrische Wüste liegen. Hier wurden das erste Mal in der Menschheitsgeschichte Ackerbau und Viehzucht betrieben. Außerdem entstanden hier die ersten Städte der Welt.

Frühmensch (Seite 46)
Ein zunächst 1,30 m, später 1,60 m großer Mensch, der sich vor rund 2,5 Mio. Jahren aus dem Vormenschen entwickelte. Frühmenschen hatten mächtige Wülste über den Augen und eine flache, fliehende Stirn. Sie fertigten erstmals Steinwerkzeuge an.

Fußgängerzone (Seite 154)
Die Fußgängerzone ist häufig Teil der City. Hier liegen die meisten Geschäfte und Kaufhäuser einer Stadt. Sie ist hauptsächlich den Fußgängern vorbehalten. Busse sind jedoch häufig erlaubt, ebenso die Anlieferung von Waren mit Pkw und Lkw zu bestimmten Zeiten.

Genossenschaft (Seite 194)
Zusammenschluss von Bauern, die gemeinsam das Land bearbeiten, die Ernte verkaufen sowie Dünger, Saatgut und Maschinen einkaufen. Der Gewinn wird unter den Genossenschaftsbauern geteilt.

Gezeiten (Seite 236)
Das regelmäßige Heben und Senken des Meeresspiegels an der Küste nennt man Gezeiten.

Gladiator (Seite 124)
Kämpfer, der in Rom zur Unterhaltung des Volkes auftrat. Bei den Gladiatorenkämpfen ging es um Leben und Tod. Sklaven, Kriegsgefangene und Verbrecher wurden in Gladiatorenschulen für den Kampf ausgebildet.

Gradnetz (Seite 72)
Das Gradnetz ist das „gedachte Netz" von Linien (Breitenkreise und Meridiane), mit dessen Hilfe die Position jedes Ortes bestimmbar ist.

Großfamilie (Seite 212)
Familie, bei der mehrere Generationen unter einem Dach zusammenwohnen und oft auch zusammenarbeiten. Großfamilien bieten soziale Sicherheit und sind typisch für Entwicklungsländer.

Grundbedürfnis (Seite 226)
Mindestbedarf an Gütern und Leistungen, den ein Mensch zum Leben braucht. Die wichtigsten Grundbedürfnisse sind Nahrung, Trinkwasser, Kleidung, Unterkunft sowie Bildung, Arbeit und ärztliche Versorgung.

Grundgesetz (Seite 212)
„Grundgesetz der Bundesrepublik Deutschland" heißt unsere Verfassung. Sie enthält z. B. die Grundrechte der Bürgerinnen und Bürger.

Grundwasser (Seite 162)
Wasser, das sich durch Niederschläge in den Hohlräumen der tieferen Erdschichten und Gesteine gesammelt hat. Es kann auf einer wasserundurchlässigen Gesteinsschicht viele Kilometer unterirdisch fließen.

Heerführer (Seite 129)
Ein Heerführer leitet ein Heer. Das ist ein Verband Tausender Soldaten.

Himmelsrichtung (Seite 20)
Wenn man sich auf der Erde in eine Richtung bewegt, bewegt man sich auch immer in eine bestimmte Himmelsrichtung. Die Haupthimmelsrichtungen sind Norden, Süden, Westen und Osten.

Hochkultur (Seite 82)
Eine besonders weit entwickelte Kultur nennt man Hochkultur. Kennzeichen einer Hochkultur ist z. B. die Entwicklung einer Schrift. Eine frühe Hochkultur gab es z. B. bereits um 3 000 v. Chr. in Ägypten.

Höhenlinie (Seite 26)
Eine Höhenlinie verbindet auf einer Karte alle Punkte in gleicher Höhe über dem Meeresspiegel. Mithilfe von Höhenlinien werden die Oberflächenformen (Berge und Täler) einer Landschaft dargestellt. Je enger die Höhenlinien nebeneinander liegen, umso steiler ist das Gelände.

Höhenstufe
Durch die Änderung des Klimas mit der Höhe (besonders die Abnahme der Temperatur) verändern sich auch die Böden, die Vegetation und die landwirtschaftliche Nutzung. Daher unterscheidet man verschiedene Höhenstufen.

Höhlenmalerei (Seite 48)
Höhlenmalereien sind wichtige Zeugnisse der Kunst in der Steinzeit. Die Menschen haben vor allem Tiere auf die Wände von Höhlen gemalt. Warum sie diese Tiere gemalt haben, darüber haben Wissenschaftlerinnen und Wissenschaftler verschiedene Ansichten. Manche meinen, sie baten um viel Wild und Erfolg bei der Jagd. Andere meinen, dass es sich um einen religiösen Brauch handelte.

Ideologie (Seite 216)
Ideenlehre, die den Aufbau eines Staates bzw. einer Gesellschaft beschreibt.

Jäger und Sammler (Seite 50)
So bezeichnet man Völker, die nur von der Jagd, dem Sammeln von essbaren Pflanzen und der Fischerei leben.

Jetztmensch (Seite 46)
Mensch, der sich vor etwa 150 000 Jahren in Afrika entwickelte und vor etwa 40 000 Jahren Europa erreichte. Sein Körperbau entspricht dem der heutigen Menschen.

Jungsteinzeit (Seite 52)
Den zweiten Abschnitt der Steinzeit nennt man Jungsteinzeit. Sie dauerte von ca. 8000 – 2000 v. Chr. In dieser Zeit wurden die Menschen sesshafte Bauern.

Kaiser (Seite 129)
Kaiser ist der höchste Titel für einen weltlichen Herrscher.

Karte (Seite 30)
Eine Karte zeigt verkleinert die Erde oder einen Teil von ihr. Das Gebiet ist hierbei senkrecht von oben abgebildet. Die Inhalte sind stark vereinfacht und mit verschiedenen Farben und Signaturen (Kartenzeichen) dargestellt. Man unterscheidet physische Karten und thematische Karten.

Kastell (Seite 122)
Ein Kastell ist eine römische Befestigungsanlage. Dort lebten Soldaten. Sie schützten die Grenzen des römischen Reiches. Im Lauf der Zeit entwickelten sich einige Kastelle zu Städten.

Klassendienste (Seite 36)
Die Aufgaben, die in einer Klasse erledigt werden müssen wie z. B. der Tafeldienst, heißen Klassendienste.

Klassenordnung (Seite 36)
Eine Klassenordnung enthält die wichtigsten Regeln, an die sich jeder in der Klasse halten soll. Die Regeln werden gemeinsam erarbeitet und im Klassenzimmer ausgehängt.

Kleinfamilie (Seite 212)
Eine Kleinfamilie ist die Gemeinschaft der Eltern oder eines Elternteils mit ihrem Kind oder ihren Kindern. Zu einer Großfamilie gehören außerdem die Großeltern und weitere Verwandte.

Kliff (Seite 236)
Als Kliff bezeichnet man einen steilen Küstenabschnitt, der durch die Brandung des Meeres geformt wird. An seinem Fuß bildet sich eine Brandungshohlkehle. Das feine Material wird vom Meer verfrachtet, sodass ein mit Steinen und grobem Kies übersäter Strand entsteht.

Kompass (Seite 20)
Ein Kompass ist ein Gerät zur Bestimmung der Himmelsrichtungen. Er enthält eine längliche Nadel, die nach Norden in Richtung Nordpol zeigt. Unter der Kompassnadel ist eine Windrose. Mit ihrer Hilfe kann man die übrigen Himmelsrichtungen bestimmen.

Konsum (Seite 224)
Den Verbrauch von Dienstleistungen und Gütern nennt man Konsum.

Kontinent (Seite 70)
(auch Erdteil genannt). Ein Kontinent ist eine Festlandsmasse, die von anderen Kontinenten in der Regel durch eine natürliche Abgrenzung (z. B. ein Meer, ein Gebirge oder eine Landenge) getrennt ist. Die Kontinente heißen Europa, Asien, Afrika, Amerika, (Nordamerika, Südamerika), Australien, Antarktis.

Kontinentalverschiebung (Seite 254)
(auch Kontinentaldrift) Das von Alfred Wegener angenommene langsame Verschieben der Kontinente. Später stellte sich heraus, dass sich nicht die Kontinente, sondern die Erdplatten bewegen.

Konvektionsstrom (Seite 256)
Auf- und absteigende Magmaströmung im oberen Erdmantel, die zu Bewegungen der Platten der Lithosphäre und damit zum Beispiel zu Naturkatastrophen oder zur Gebirgsbildung führt.

Kultur (Seite 82, 158)
Alle typischen Lebens- und Wirtschaftsformen, die die Menschen einer bestimmten Region im Laufe der Geschichte hervorgebracht haben. Man unterscheidet zwischen geistiger (z. B. Sprache, Religion, Sitten) sowie materieller Kultur (z. B. Siedlungs- und Hausformen).

Kulturbedürfnis (Seite 226)
Bedürfnisse nach Unterhaltung und Bildung nennt man Kulturbedürfnisse. Dazu gehören z. B. die Bedürfnisse, Musik zu hören, einen Film anzusehen oder ein bestimmtes Buch zu lesen.

Landwirtschaft (Seite 172)
Oberbegriff für die Herstellung aller pflanzlichen und tierischen Produkte durch den Menschen. Die Erzeugnisse erstrecken sich von Gemüse über Wein bis zu Eiern.

Längenkreis (Seite 72)
Längenkreise sind Teile des Gradnetzes der Erde. Sie verlaufen einmal um die gesamte Erdkugel z.B. vom Nordpol zum Südpol und wieder zum Nordpol. Halbe Längenkreise werden Meridiane, Längenhalbkreise oder Längengrade genannt.

Lava (Seite 250)
Bezeichnung für den aus einem Vulkan ausströmenden, glutflüssigen, meist über 1000 °C heißen Gesteinsbrei. Solange sich der Gesteinsbrei im Erdinneren befindet, nennt man ihn Magma.

Legende (Seite 26)
Die Legende ist die Zeichenerklärung in einer Karte. Hier sind die verschiedenen Zeichen und Farben, z. B. für Städte, Flüsse und Landhöhen, erklärt. Städte werden oft durch kleine rote Punkte dargestellt, Flüsse durch blaue Linien und Gebirge durch Flächenfarben in Brauntönen.

Limes (Seite 122)
Der Limes war die Grenzbefestigung der Römer gegen die Germanen. Er war 550 km lang und etwa 3m hoch. Er bestand teils aus Holz, teils aus Stein und wurde durch Wachtürme gesichert.

Lithosphäre (Seite 250)
Gesteinshülle der Erde. Zur Lithosphäre gehören die Erdkruste und die obere, feste Schicht des Erdmantels. Die Lithosphäre besteht aus Platten, die sich auf der zähflüssigen Schicht des Erdmantels bewegen.

Luxusbedürfnis (Seite 226)
Über die Grundbedürfnisse hinaus haben Menschen sogenannte Luxusbedürfnisse. Diese sind nicht lebensnotwendig, machen aber vieles schöner oder bequemer, wie z.B. das Bedürfnis nach Fernreisen, Schmuck oder teuren Textilien.

Magma (Seite 250)
Gashaltiger, glutflüssige Gesteinsschmelze im Erdinneren. Sobald sie an die Erdoberfläche tritt, nennt man sie Lava.

Massengut (Seite 164)
Güter, die ohne besondere Verpackung befördert werden (Erz, Kohle, Getreide, Öl usw.).

Maßstab (Seite 24)
Auf Karten ist eine Landschaft kleiner als in Wirklichkeit dargestellt. Der Maßstab gibt an, wie stark die Inhalte einer Karte gegenüber der Wirklichkeit verkleinert wurden. Er ist ein Maß für die Verkleinerung. Kleinmaßstäbige Karten (z.B. 1 : 1 000 000) zeigen weniger Einzelheiten als ein großmaßstäbige (z.B. 1 : 100).

Mechanisierung (Seite 174)
Mechanisierung bezeichnet den Ersatz der menschlichen Arbeitskraft durch Maschinen, z.B. Traktoren oder Mähdrescher, in der Landwirtschaft oder Roboter in der Industrie.

Meridian (Seite 72)
Ein Meridian ist ein halber Längenkreis, der jeweils vom Nordpol zum Südpol verläuft. Meridiane werden jeweils von 0° bis 180° in östlicher bzw. westlicher Richtung gezählt.

Metallzeit (Seite 60)
Am Ende der Steinzeit lernten die Menschen, Metall zu verarbeiten und Geräte daraus herzustellen. Dies geschah um 3000 v. Chr. Zuerst stellte man Geräte aus Bronze her, später aus Eisen.

Milchstraße (Seite 64)
Als Milchstraße wird unsere Galaxie bezeichnet. Sie ist eine Anhäufung von Sternen im Weltall. Einer davon ist unsere Erde. Es gibt etwa 100 Mrd. Galaxien. Ein anderer Name für unsere Milchstraße ist Galaxis.

Mittelozeanischer Rücken (Seite 256)
Lang gestreckte untermeerische Erhebung, die in den Ozeanen an den Plattengrenzen der Lithosphäre vorkommt. Driften zwei Platten auseinander, steigt Magma aus dem Erdinneren auf und erstarrt zu untermeerischen Gebirgen, den Mittelozeanischen Rücken.

Mobilität (Seite 160)
Räumliche Mobilität nennt man die Bewegung im Raum, beispielsweise die tägliche Fahrt zur Schule und zur Arbeitsstätte, die Urlaubsreise oder den Umzug von einer Stadt in die andere.

Monarchie (Seite 128)
Die Monarchie ist eine Staatsform, in der ein König oder Kaiser Staatsoberhaupt ist.

Mumie (Seite 88)
Nach dem ägyptischen Glauben mussten die Körper der Toten erhalten bleiben, damit die Seelen im Jenseits einen Wohnort hatten. Mit einer besonderen Methode wurden die Körper der Verstorbenen in Binden gewickelt und haltbar gemacht. Viele solcher Mumien sind bis heute erhalten.

Nachfrage (Seite 228)
Die Nachfrage bezeichnet auf dem Markt den Bedarf nach einer Ware oder einer Dienstleistung. In der touristischen Hauptsaison z.B. ist die Nachfrage nach Pauschalreisen sehr groß und somit der Preis vergleichsweise hoch.

Naherholungsgebiet (Seite 234)
Naherholungsgebiet nennt man ein Gebiet in der Nähe von Städten, das für Kurzerholung (beispielsweise an den Wochenenden) wegen seiner landschaftlichen Schönheit (z.B. Berge, Seen, Wälder) genutzt wird.

Nationalsozialismus (Seite 216)
Weltanschauung, die den Nationalstaat in den Mittelpunkt stellt und sich einer völkisch-rassischen Ideologie bedient. Die Diktatur Hitlers in Deutschland von 1933 – 1945 wird Nationalsozialismus genannt.

Naturereignis (Seite 248)
Naturereignisse sind z.B. Vulkanausbrüche, Erdbeben, Wirbelstürme und Überschwemmungen. Wenn ihre Auswirkungen für die Menschen und die Wirtschaft eines Landes verheerend sind, werden sie zu einer Naturkatastrophe.

Naturkatastrophe (Seite 248)
Ein Naturereignis wird zur Naturkatastrophe, wenn große Zerstörungen und Menschenleben zu beklagen sind. Dies kann bei Erdbeben, Tsunamis, Vulkanausbrüchen, Wirbelstürmen oder Dürren der Fall sein.

Neandertaler (Seite 46)
Die Neandertaler (Altmenschen) lebten vor etwa 250 000 Jahren in Europa, Afrika und Asien. Sie waren etwa so groß wie die Frühmenschen, ihre Kopfform war jedoch deutlich weiter entwickelt (flachere Augenwülste, steilere Stirn, größeres Gehirn).

Nordhalbkugel (Seite 66)
Die Nordhalbkugel ist der Teil der Erde, der nördlich des Äquators liegt.

Nordpol (Seite 14)
Der Nordpol ist der nördlichste Punkt auf der Erde. Er ist der am weitesten entfernte Punkt vom Äquator auf der nördlichen Halbkugel. Am Nordpol gibt es nur eine Himmelsrichtung: Alle Wege führen nach Süden.

Nullmeridian (Seite 72)
Der Nullmeridian ist der international gültige Ortsmeridian von Greenwich (London). Er ist der Basislängenhalbkreis, bei dem die Zählung der Meridiane beginnt.

Nutzungskonflikt (Seite 238)
Unterschiedliche Nutzungen in einem Gebiet können zu Problemen und Auseinandersetzungen zwischen den Beteiligten führen. Dann spricht man von einem Nutzungskonflikt.

Oasen (Seite 98)
Nutzbare Fläche in der Wüste, wo Grund- oder Flusswasser Landwirtschaft ermöglichen.

öffentliches Verkehrsmittel (Seite 160)
Ein Verkehrsmittel, das gegen Bezahlung Leute befördert – beispielsweise Eisenbahn, Flugzeug, U- und S-Bahn, Bus oder Taxi.

ökologische Landwirtschaft (Seite 182)
Bauern, die ökologische Landwirtschaft betreiben benutzen keine chemischen Spritzmittel und verwenden nur natürlichen Dünger, wie z. B. Stallmist. Sie bemühen sich außerdem, den Boden möglichst schonend zu bearbeiten und ihre Tiere artgerecht zu halten. Ihre Produkte sind wegen des größeren Aufwandes in der Regel teurer als Produkte herkömmlich geführter Betriebe.

Ozean (Seite 70)
Die einzelnen, durch Kontinente voneinander getrennten Teile des Weltmeeres werden Ozeane genannt. Dies sind der Atlantische, der Indische und der Pazifische Ozean.

Pendler (Seite 160)
Pendler sind Menschen, die regelmäßig ihren Wohnort verlassen, um in einem anderen Ort zu arbeiten, zur Schule zu gehen oder einzukaufen. Sie „pendeln" also (zumeist täglich) zwischen zwei Orten hin und her.

physische Karte (Seite 26)
Die physische Karte ist ein wichtiges Hilfsmittel, um sich zu orientieren. Sie enthält u. a. Landhöhen (Farbgebung in Grün, Gelb und Braun), Oberflächenformen (Schummerung), Höhenangaben, Gewässer, Orte, Verkehrslinien, Grenzen sowie Einzelzeichen (Berg, Stausee, Kirche usw.).

Planet (Seite 64)
Ein Planet ist ein Himmelskörper, der die Sonne auf einer Umlaufbahn umkreist. Er leuchtet nicht selbst, sondern wird von der Sonne angestrahlt. Acht Planeten umkreisen die Sonne. Einer davon ist die Erde.

Planquadrat (Seite 14)
Ein Planquadrat ist ein Feld im Gitternetz einer Karte, das mit einer Kombination aus einem Buchstaben und einer Zahl bezeichnet wird, beispielsweise A 5.

Plattentektonik (Seite 256)
Lehre über den Aufbau der Lithosphäre, der Gesteinshülle der Erde, die aus der Erdkruste und dem festen oberen Teil des Erdmantels besteht. Die feste Hülle der Erde ist in einzelne Platten zerbrochen, die sich auf dem zähflüssigen Teil des Erdmantels bewegen. An den Plattenrändern kommt es häufig zu Erdbeben und Vulkanausbrüchen.

Polis (Seite 108)
Stadtstaat in der griechischen Antike. Er bestand aus einem städtischen Zentrum und dem umliegenden Gebiet. Die größte Polis war Athen.

Provinz (Seite 122)
Eine Provinz ist ein Gebiet, das häufig unter der Verwaltung eines anderen Staates steht. Die ersten fremden entstanden in der römischen Antike, als fremde Völker besiegt worden waren.

Pyramide (Seite 82)
Grabstätte einiger ägyptischen Herrscherinnen und Herrscher. Die Pyramiden gehören zu den größten Steinbauten der Welt. Die Cheops-Pyramide wurde etwa um 2500 v. Chr. gebaut. Sie ist 146 m hoch.

Republik (Seite 128)
Staatsform, in der das Volk die Möglichkeit hat, politischen Einfluss zu nehmen, z. B. durch Wahlen. Es gibt keinen alleinherrschenden König.

Richterskala (Seite 258)
Messskala, die bei einem Erdbeben die Stärke der Erschütterungen misst. Sie ist nach ihrem Erfinder benannt, dem Amerikaner Charles Francis Richter. Die Richterskala ist „nach oben hin offen", da man keine Höchstgrenze für die Stärke eines Erdbebens voraussagen kann.

Rolle (Seite 214)
In seinem Leben nimmt jeder Mensch viele verschiedene Rollen ein (z. B. Tochter, Schülerin, Mitglied im Sportverein, Freundin …). An diese Rollen gibt es von den anderen Menschen viele Verhaltenserwartungen, denen der Rolleninhaber mehr oder weniger stark nachkommt. Dieses Verhalten erlernen die Menschen im Laufe ihres Lebens.

römischer Bürger (Seite 129)
Römischer Bürger war man in der Antike durch die Abstammung von römischen Eltern. Die Bürger Roms galten als frei, waren durch Gesetze geschützt und besaßen politische Mitbestimmungsrechte.

sanfter Tourismus (Seite 242)
Der sogenannte sanfte Tourismus ist eine Form des Tourismus, der Natur und Landschaft nur gering belastet und auf die Traditionen und Interessen der einheimischen Bevölkerung Rücksicht nimmt.

Schaduf (Seite 100)
Ein Schaduf ist ein Bewässerungsgerät im alten Ägypten. Er besteht aus einer Stange, die auf einer Stütze ruht. An einem Ende hängt an einem Seil ein Wasserbehälter. Der Arbeiter hebt das andere Ende, an dem ein Gegengewicht befestigt ist, und lässt den Eimer ins Wasser nieder. Dann drückt er auf das Gewicht, und der gefüllte Eimer geht wieder hoch, um sich in das Wasserbecken zu ergießen, von dem aus die Felder bewässert werden.

Scherbengericht (Seite 112)
In der Antike wurde in Athen auf der Volksversammlung auch das Scherbengericht abgehalten. Die Athener konnten jemanden verbannen, indem sie seinen Namen in eine Tonscherbe ritzten.

Schrägluftbilder (Seite 30)
Ein Schrägluftbild zeigt die Landschaft von schräg oben.

Seismograf (Seite 258)
Messinstrument, das in Erdbebenwarten selbsttätig Erschütterungen aufzeichnet. Der Vergleich und die Auswertung der Aufzeichnungen

geben unter anderem Aufschluss über die Stärke des Erdbebens.

Senat (Seite 152)
Als Senat wird die Regierung der Stadtstaaten Hamburg, Berlin und Bremen bezeichnet. Die Bezeichnung geht zurück auf den Senat im antiken Rom.

Senator (Seite 129)
Ein Senator war in der römischen Antike ein Mitglied des Senats. Dem Senat gehörten bis zu 900 Senatoren an. Es waren angesehene, meist reiche Römer. Im Senat wurden wichtige Entscheidungen für das römische Reich getroffen. Mit dem Beginn der Kaiserzeit verloren die Senatoren an Macht. Sie fiel dem Kaiser zu.

Senkrechtluftbild (Seite 30)
Ein Senkrechtluftbild zeigt die Landschaft senkrecht von oben.

Shopping Mall (Seite 200)
Eine Shopping Mall in den USA ist ein großes Einkaufszentrum mit vielen Einzelgeschäften, teilweise Kaufhäusern, Restaurants, Cafés und Freizeiteinrichtungen. Sie liegt meist verkehrsgünstig an einer großen Straße, hat viele Parkplätze und ist zumeist voll klimatisiert.

Signatur (Seite 30)
Auf Karten gibt es verschiedene Signaturen (Kartenzeichen). Punktsignaturen zeigen z.B. Industrien und Siedlungen. Liniensignaturen kennzeichnen Straßen oder Flüsse. Flächensignaturen zeigen z.B. geschlossen bebaute Gebiete

Sippe (Seite 130)
Bei den Germanen bildeten die Blutsverwandten eine Sippe. Das Oberhaupt war der Vater. Alle Mitglieder der Sippe mussten sich gegenseitig helfen und unterstützen. Wurde ein Mitglied einer Sippe angegriffen, stand die ganze Sippe zusammen und verteidigte es. Eine Sippe lebte auf einem Bauernhof oder auf mehreren Höfen in einem Dorf.

Sklave (Seite 129)
Ein Sklave ist ein entrechteter Mensch, der gegen seinen Willen festgehalten, verschleppt, misshandelt und wirtschaftlich ausgebeutet wird. Die Sklaverei existiert bereits seit der Antike. Im 16. und 17. Jahrhundert erreichte der Menschenhandel seinen Höhepunkt. Als erste Kolonialmacht verbot Großbritannien 1807 den Sklavenhandel. Andere europäische Mächte ächteten die Sklaverei 1815. Im Jahr 1948 wurde die Sklaverei von den Vereinten Nationen (UN, UNO) als „Verbrechen gegen die Menschlichkeit" unter Strafe gestellt.

Sonne (Seite 64)
Die Sonne ist der zentrale Stern unseres Sonnensystems, um den sich die Planeten auf Umlaufbahnen bewegen.

Sowjetunion (Seite 218)
Die Sowjetunion war sozialistischer Staat in Osteuropa und Nordasien (1922 – 1991), der aus 15 Sowjetrepubliken bestand. Die größte und bedeutendste war die Russische Sowjetrepublik. .

soziales Bedürfnis (Seite 226)
Ein Bedürfnis, das im allgemeinen nicht käuflich ist, sondern auf zwischenmenschlichen Beziehungen beruht, wie z.B. das Bedürfnis nach Zuneigung, Freundschaft, Liebe, Erfolg, Glück und Anerkennung.

Sozialismus (Seite 218)
Der Sozialismus ist eine politische Ideologie. Im Sozialismus wird die Wirtschaft staatlich gelenkt. Industrie und landwirtschaftliche Produktion sind verstaatlicht.

Spezialisierung (Seite 174)
Unter Spezialisierung versteht man den Anbau einer oder weniger Feldfrüchte statt vieler unterschiedlicher Früchte bzw. Züchtung nur einer Tierart, z.B. in der Massentierhaltung.

Stadtplan (Seite 14)
Ein Stadtplan ist eine Karte. Er enthält z.B. alle Straßen der Stadt mit Namen, die öffentlichen Gebäude, Parkplätze, Grünanlagen. Oft sind auch die Bus- oder Bahnlinien eingezeichnet. Meistens enthält er auch ein Gitternetz und ein Straßenverzeichnis (das entspricht einem Register), um eine gesuchte Straße oder einen gesuchten Platz schnell finden zu können.

Stadtteil (Seite 152)
Eine Stadt besteht aus verschiedenen Teilen oder Gebieten. Sie unterscheiden sich durch ihre Nutzung, das Aussehen der Gebäude, den Verlauf der Straßen. Man unterscheidet z.B. die City, Wohngebiete, Erholungsgebiete, Industrie- und Gewerbegebiete.

Stamm (Seite 130)
Bei den Germanen bildeten die entfernt verwandten Sippen einen gemeinsamen Stamm. Dessen Oberhaupt war ein Fürst. Kam es zu Streitigkeiten, besaßen die Sippen das Recht, ihre Angelegenheiten selbst zu regeln. Die germanischen Stämme lebten im Gebiet zwischen Rhein, Donau und Weichsel.

Steinzeit (Seite 48)
Steinzeit nennt man einen Abschnitt der frühen Menschheitsgeschichte. In dieser Zeit wurde hauptsächlich Stein als Material für Werkzeuge und Waffen benutzt. Die Steinzeit begann vor ca. 2,6 Mio. Jahren und dauerte bis ungefähr 3000 v. Chr. Man unterteilt die Steinzeit in Alt- und Jungsteinzeit.

Stückgut (Seite 164)
Güter, die vor dem Transport in Fässer, Ballen, Container, Säcke oder Kisten verpackt werden.

Subduktionszone (Seite 256)
(„Verschluckungszone") Absteigende Magmaströmung an einer Plattengrenze. Hier sinken Teile der Lithosphäre in den zähflüssigen Erdmantel ab. Dabei entstehen Tiefseegräben, Vulkane und Erdbeben.

Südhalbkugel (Seite 66)
Die Südhalbkugel ist der Teil der Erde, der südlich des Äquators liegt.

Südpol (Seite 70)
Der Südpol ist der südlichste Punkt auf der Erde. Er ist der am weitesten entfernte Punkt vom Äquator auf der südlichen Halbkugel. Am Südpol gibt es nur eine Himmelsrichtung: Alle Wege führen nach Norden.

Taifun (Seite 262)
Tropischer Wirbelsturm im Pazifischen Ozean; er bildet sich über den warmen Meeresgebieten der tropischen Zone und wandert als rotierender Luftwirbel polwärts.

Terminal (Seite 164)
Ein Terminal im Hafen ist eine Anlage, an der Container abgefertigt werden. Zum Beispiel werden die Container von Schiffen auf Güterzüge oder Lkws verladen.

thematische Karte (Seite 26)
Dieser Kartentyp behandelt immer ein spezielles Thema. Nahezu alles, was räumlich verbreitet ist, lässt sich hier darstellen. So gibt es z. B. thematische Karten zur Bevölkerungsdichte, zur Wirtschaft oder zum Luftverkehr.

Therme (Seite 124)
Thermen waren in der römischen Antike öffentliche Bäder. Sie waren beliebte Treffpunkte der Römer. In eine große Therme kamen an einem Tag bis zu 5000 Besucher.

Thing (Seite 130)
Die Germanen trafen sich zu Volks- und Gerichtsversammlungen auf dem Thing. Thing nannte man auch die Versammlung selbst. Der Thing lag häufig erhöht oder unter einem Baum, jedoch immer unter freiem Himmel. Hier trafen sich die freien Männer der Germanen von Zeit zu Zeit mit allen Waffen. Sie berieten und entschieden z. B. über die Bestrafung von Verbrechern oder über den Beginn eines Krieges.

Totengericht (Seite 88)
Die alten Ägypterinnen und Ägypter glaubten an die Möglichkeit, nach dem Tod im Jenseits weiterleben zu können. Dies entschied ein Totengericht, das prüfte, ob sie frei von Sünden waren.

Tourismus (Seite 82)
Erlebnis-, Erholungs- oder Bildungsurlaub in fremde Länder und Gebiete. Die Reiseziele sollten landschaftlich und kulturell für Touristen geeignet sein. Fremdenverkehrseinrichtungen spielen dabei eine wichtige Rolle.

Tsunami (Seite 260)
Hohe Welle von großer Energie und Zerstörungskraft an den Küsten. Sie wird am Meeresboden durch einen Vulkanausbruch, ein Erdbeben oder große Abrutschungen von Gestein an Küsten ausgelöst.

Viehwirtschaft (Seite 172)
Wichtiger Zweig der Landwirtschaft, zu dem Haltung, Nutzung und Züchtung von Vieh gehört.

Villa (Seite 126)
Während der Römerzeit bauten Adelige und Reiche innerhalb der Stadtmauer luxuriöse Gebäude. Diese nannte man Villen. Hier gab es zum Teil fließendes Wasser und Fußboden- oder Wandheizung. Mittelpunkt des Hauses war ein offener Innenhof. Die Villa war mit wertvollen Möbeln ausgestattet und mit kunstvollen Wandmalereien und Mosaiken geschmückt.

Volksversammlung (Seite 112)
In der griechischen Antike gab es eine Volksversammlung, die alle politischen Entscheidungen traf. An ihr konnte jeder freie Bürger Athens, der über 18 Jahre oder älter war, teilnehmen. Durch Abstimmung wurden hier viele Ämter im Staat vergeben. Die Volksversammlung gilt als Ursprung der Demokratie.

Vorgeschichte (Seite 46)
Die Zeit bis zur Überlieferung von schriftlichen Aufzeichnungen nennt man Vorgeschichte. In Ägypten wurde die Schrift um 3000 v. Chr. erfunden. Dort endet zu dieser Zeit die Vorgeschichte. In Europa kam die Schrift erst nach Christi Geburt auf. Hier dauerte die Vorgeschichte also viel länger.

Vormensch (Seite 46)
Ein menschenähnliches, etwa 1,10 bis 1,40 m großes Wesen, das vor ungefähr fünf Mio. Jahren in den Grassteppen Ostafrikas lebte. Der Vormensch ging bereits aufrecht.

Vulkan (Seite 258)
Ein Vulkan ist eine kegel- oder schildförmige Erhebung, die durch den Austritt von Magma, Asche, Gesteinsbrocken und Gasen aus dem Erdinneren entsteht.

Wadi (Seite 96)
Ausgetrocknetes Flusstal in der Wüste. Bei den seltenen, aber heftigen Regenfällen füllt es sich mit Wasser und wird zu einem reißenden Strom.

Wagenrennen (Seite 124)
Wagenrennen waren im alten Rom eine sehr beliebte Sportart. Sie wurden mit Streitwagen durchgeführt, die mit zwei oder vier Pferden bespannt wurden. In Rom wurde für die Wagenrennen der Circus Maximus erbaut. Die römischen Wagenlenker schlangen sich die Zügel um den Arm. Dadurch hatten sie einen besseren Halt, liefen aber Gefahr, mitgeschleift zu werden, sollte es zu einem Zusammenstoß kommen. Daher hatten sie ein Messer bei sich, um die Zügel notfalls abschneiden zu können.

Wasserwerk (Seite 162)
Ein Wasserwerk ist eine technische Anlage, in der Wasser aufbereitet wird. Dieses Wasser kann dann als Trinkwasser in das Leitungsnetz abgegeben werden.

Windrose (Seite 14)
Die Windrose ist eine zeichnerische Darstellung der Himmelsrichtungen. Die Haupthimmelsrichtungen (Norden, Süden, Osten, Westen) sind mit ihren Unterteilungen eingetragen.

Wirbelsturm (Seite 262)
(hier tropischer Wirbelsturm). Das ist ein sich kreisförmig bewegender, wandernder Luftwirbel, der in tropisch-warmen Gewässern der drei Weltmeere entsteht. Kennzeichen tropischer Wirbelstürme sind eine windstille Zone im Kern (Auge) und orkanartige Windgeschwindigkeiten im äußeren Ring. Je nach Entstehungsgebiet werden tropische Wirbelstürme als Hurrikan (Atlantischer Ozean), Taifun (Pazifischer Ozean) oder als Zyklon (Indischer Ozean) bezeichnet. Tropische Wirbelwinde können durch ihre hohe Sturmstärke Sturmfluten erzeugen und an den Küsten verheerende Zerstörungen anrichten.

Wirtschaftsgüter (Seite 228)
Ein Gut, das im Gegensatz zum freien Gut nicht unbegrenzt vorhanden ist, also knapp ist und daher käuflich erworben werden muss.

Wüste (Seite 96)
Gebiet das sich durch Vegetationsarmut oder Vegetationslosigkeit auszeichnet, die durch Wärme, Trockenheit und/oder Kälte bedingt wird.

Zeitzone (Seite 74)
Eine von insgesamt 24 international festgelegten Zonen, die die Erde von Norden nach Süden umspannen und jeweils etwa 15 Meridiane umfassen. In einer Zeitzone gilt dieselbe Uhrzeit. Von Zone zu Zone ist die Uhrzeit jeweils um eine Stunde verschieden.

Zyklon (Seite 262)
Ein riesiger, oft mehrere tausend Kilometer großer Wirbelsturm im Indischen Ozean, der sich durch das Aufeinandertreffen von kalter Polarluft und warmer Tropenluft bildet.

Weitere an diesem Buch beteiligte Autoren sind: Franz Bösl, Jutta Brenneke, Klaus Claaßen, Margit Colditz, Myrle Dziak-Mahler, Thomas Eck; Renate Frommelt-Beyer, Peter Gaffga, Martina Gelhar, Wilhelm Gödde, Silke Jennings, Wolfgang Latz, Martin Lücke, Friedrich Pauly, Frank Peterhoff, Hans-Joachim Pröchtel, Dieter Sajak, Claudia Schaal, Birgit Schreier, Olaf Sukrow, Rita Tekülve, Ralf Tieke, Klaus Wohlt und Karin Zumpfort.

Bildnachweis

A1PIX - Your Photo Today, Taufkirchen: 160 M2; adpic Bildagentur, Bonn: 79 M2 Igel (R. Haid); Ägyptisches Museum der Universität Leipzig: 90 M2; Agentur-Zenit, Berlin: 219 M5 (P. Langrock); akg-images, Berlin: 53 M7 Axt, 53 M7 Beil, 53 M7 Mahlstein, 53 M7 Mahlstein klein, 109 M3, 111 M7 u. (P. Connolly), 116 M3, 118 M1, 119 M6 (Erich Lessing), 121 M4, 206 M1, 207 M4, 208 M2 (Lessing), 209 M5, 218 M1 (Udo Hesse), 254 o.li.; Anzenberger Agentur für Fotografen, Wien: 86 M1 (Sioen); Arbeitsgemeinschaft für artgerechte Nutztierhaltung e.V., Stelle: 180 M1; Archiv der sozialen Demokratie der Friedrich-Ebert-Stiftung, Bonn: 210/211 (J.H. Darchinger), 212 M1 (J.H. Darchinger), 213 M3 (J.H. Darchinger); ARD-Magazin Monitor, Köln: 192 M2, 192 M3, 192 M4; Arena Verlag GmbH, Würzburg: 134 M2; argus Fotoagentur, Hamburg: 119 M3 o.re. (Schroeder), 178 M1 (Raupach); Artbox Grafik & Satz GmbH, Bremen: 14 M1, 126 M1; Askani, Bernhard, Schwetzingen: 115 M7; Astrofoto, Sörth: 65 M1, 148 M1; Axel Springer AG, Hamburg: 239 M4; Baaske Cartoons, Müllheim: 227 M7 (Kai Felmy); Bayerisches Landesamt für Denkmalpflege, München: 56 M1, 58 M3; Behnsen, Frank, Frankfurt/M.: 129 M4; Beratungsstelle Gewaltprävention/Landesinstitut für Lehrerbildung und Schulentwicklung, Hamburg: 38 u.; Big Shots Contact, Potsdam: 3 Bild 1 und 6/7 (Reinhardt), 14 M3; Bildarchiv Foto Marburg, Marburg: 127 M2; Bildarchiv Preußischer Kulturbesitz, Berlin: 68 M3, 93 M3 (Vorderasiatisches Museum, SMB), 93 M5, 112 M2, 116 M1, 125 M3, 189 M4; bildarchiv-hamburg.de, Tangstedt/Hamburg: 59 M6, 153 M3 m.li., 153 M3 o.li.; Blickwinkel, Witten: 144 M3 (Christof Wermter); Brameier, Ulrich, Hamburg: 146 M2, 154 M1, 154 M2, 154 M3, 154 M4, 155 M5, 155 M7, 156/157 M4, 156/157 M5, 156/157 M6, 160 M1, 164 M2; Breinl, Lothar, Reisbach: 56 M3; Bridgeman Art Library, Berlin: 206 M2 (Kunsthistorisches Museum, Wien); Bundesarchiv Koblenz: 217 M2; Carl Hanser Verlag, München: 217 M4; CLAAS KGaA mbh, Harsewinkel: 174 M1 re.; Corbis, Düsseldorf: 97 M7 (Yann Arthus-Bertrand), 201 M5 (Owen Franken), 206 M3 (Brecelj), 259 M3; Das Luftbild-Archiv, Wennigsen: 30 M1, 138 M3; ddp images, Hamburg: 248 M3 (AP/Alangkara); Demmrich, André, Berlin: 79 M2 Koala; Deutsche Bahn AG, Berlin: 161 M5 (Günter Jazbec); Deutsches Historisches Museum, Berlin: 216 M1, 217 M5 (P 62/1720); DLR Deutsches Zentrum für Luft- und Raumfahrt, Köln: 3 Bild 5 und 62/63; Dreamstime.com, Brentwood: 73 M4 (Pat Olson), 94/95 (Digbyross), 150/151 (Interlighttv), 158 M3 li. (Ashwin Kharidehal Abhirama), 196 M1 (Lastdays1), 196 M2 (Angela Ostafichuk), 200 M1 (Michael Shake), 205 M4 (Nadezda Soboleva); Druwe & Polastri, Cremlingen/Weddel: 226 M2 li., 226 M2 re., 231 M5; Eckert-Schweins, Werner, Ingolstadt: 8 M1; Ellinghaus, Marc, Lohheide: 90 o.re.; Eurich, G., Wiesbaden: 214 M1 li., 214 M1 re.; f1 online, Frankfurt/M.: Titelbild; Falk Verlag, Ostfildern: 157 M7; Fiskeri- og Sjofartsmuseet. Saltvannsakvariet, Esbjerg V: 239 M2; Fotoatelier Federau, Hamburg: 236 M3; Fotoflug.de, Ennepetal: 165 M5; fotolia.com, New York: 9 (Fotolyse), 46 M2 re. (Voyant), 65 M4 (kameraauge), 79 M2 Grizzli (ReSeandra), 79 M2 Känguru, 79 M2 Orang Utan (Eric Gevaert), 79 M2 Pinguine (Bernard Breton), 79 M2 Tiger (K-U Häßler), 79 M2 Wombat (redleg), 79 M2 Zebra (stefanie van der vin), 80/81 (Gina Sanders), 121 M3 I (juli_bel), 121 M3 L (steffenw), 121 M3 P (Marco Bonan), 137 Foto u. (Michael Urmann), 153 M3 u.li. (Santje), 193 M7 (Darrin Henry); Gaffga, Peter, Eggenstein-Leopoldshafen: 173 M3; Geißler, Ch., Maintal/Bischofsheim: 41 M4; Gemeinnützige Stiftung Leonard von Matt, Buochs: 209 M6; Germanisches Nationalmuseum, Nürnberg: 71 M4; Gesamtverband des deutschen Steinkohlenbergbaus, Essen: 61 M6; Getty Images, München: 46 M2 li. (Jupiterimages), 46 M2 m. (Jupiterimages), 192 M1 (Sia Kambou/AFP), 204 M1 (Diaf), 261 M6 (AFP/Shimbun), 263 M3 (AFP); Hafen Hamburg Marketing e.V.: 166 M1, 169 M3 u.1 (Hasenpusch), 169 M3 u.2 (Hettchen), 169 M3 u.3 (Hettchen), 169 o.li. (Hettchen), 169 o.re. (Sperber); Hamburg Port Authority AöR, Hamburg: 164 u.re.; HAMBURG WASSER: 162 o.li., 163 M3; Hamburger Verkehrsverbund GmbH: 161 M4; Hannover Marketing und Tourismus GmbH, Hannover: 235 m.; Hartmann, O., Münster: 167 M4; Helms-Museum, Hamburg: 59 M7, 59 M8; Hirmer Verlag, München: 114 M3; Hoffmann-Burchardi, Helmut, Düsseldorf: 96 M2 li.; Holitzki, Claudia, Frankfurt/M.: 40 M1; imago sportfotodienst GmbH, Berlin: 149 M3 o.li. (Reinhard Kurzendörfer); iStockphoto, Calgary: 3 Bild 2 und 18/19 (Jan Kranendonk), 5 m.li. und 232 (Squaredpixels), 5 m.re. und 233 (amriphoto), 5 u. und 246/247 (Sze Fei Wong), 9 M4 Band (theprint), 9 M4 a (Jennifer Photography Imaging), 9 M4 b (deanm1974), 9 M4 c (dageldog), 9 M4 d (monkey business images), 79 M2 Lamas (Kirill Trifonov), 121 M3 J (Oleg Babich), 128 M1 (mmac72), 128 M2 (ROMAOSLO), 133 M3 (archives), 137 Foto li. (Michael Fernahl), 137 Foto o. (RelaxFoto.de), 137 Foto re. (Nikada), 158 M3 2.v.li. (Don Bayley), 158 M3 2.v.re. (Don Bayley), 158 M3 re. (Jonny Kristoffersson), 187 u.re. (Mienny), 188 M1 (lenzap), 197 M4 (jcarillet), 197 M5 (yellowsarah); Jilg, Wilfried, Auetal: 252 M1, 252 M2, 253 M3, 253 M4; Jürgens Ost + Europa Photo, Berlin: 219 M6; Kesper, Ingrid, Salzkotten: 50 M1, 52 M1, 61 M4; Keystone Pressedienst, Hamburg: 231 M4; Kirch, Peter, Koblenz: 12 M1 Mädchen; Kluyver, Urs, Hamburg: 161 M3; Kohn, Klaus G., Braunschweig: 3 Bild 3 und 32/33; Kreuzberger, Norma, Lohmar: 234 M1, 237 M6, 242 M1; Kruger, C, Köln: 98 M1; Kurverwaltung Garmisch-Partenkirchen: 144 M2, 240 M1, 241 M3; laif, Köln: 124 M1 (Klammer), 187 o.re. (D. Rosenthal), 193 M5 (Pierre Bessard/REA), 201 M3 o.re. (Ebert), 204 M2 (Daniel Rosenthal); Landesamt für Vermessung und Geoinformation Bayern, München: 30 M2; Landesmuseum Württemberg, Stuttgart: 135 M5 (Frankenstein/Zwietasch); Latz, Wolfgang, Linz: 168 M1; Leditznig, Karin, Bad Endorf: 73 M5; Lotos Film, Kaufbeuren: 89 M4; LWL-Museum für Archäologie, Herne: 130 M1; MairDumont, Ostfildern: 236/237 M4; Marcks, Marie, Heidelberg: 214 M2; Mathis, I., Merzhausen: 170/171; Matzen, H., Selk: 70 M1; mauritius images, Mittenwald: 11 M4 (Fritz Mader), 67 M4 (age fotostock), 96 M2 m. und re. (Thonig); Mizzi, A., Buxtehude: 55 M5, 55 M6; Museum Herxheim: 55 M3; Musée du Louvre, Paris: 93 M2; Musées royaux d'Art et d'Histoire, Bruxelles: 119 M5; Müller, Bodo, Bartensleben: 112 M1; NASA, Houston/Texas: 65 M2, 196/197 Erde, 262 M1; Nebel, Jürgen, Muggensturm: 24 M1, 47 M5, 49 M4, 58 M2, 70 M2, 71 M5, 71 M6, 71 M4, 99 M4, 99 M7, 105 M3, 158 M1, 159 M6, 197 M3; Neuhof, N., Braunschweig: 125 M2; Nowak, R., Ottersweier: 57 M5; Nußbaum, Dennis, Koblenz: 12 M1 Illus, 13 M2, 13 M3, 13 M5; Nägele, E., Cheltenham: 243 M3; Österreichische Nationalbibliothek, Wien: 131 M6; Otto, Werner, Reisefotografie, Oberhausen: 91 M7; Panther Media GmbH, München: 47 re. (Philip L.); Pauly, Friedrich, Wiesbaden: 16 M2, 16 M3, 38 M1, 38 M2, 156 M1, 156 M2, 156 M3, 199 re.; Pflüger, Holger, Springe: 177 M5; Picture Press, Hamburg: 102 M1; Picture-Alliance, Frankfurt/M.: 72 M2 (Hildenbrand, K.-J.), 72 M3 (Torsten Schmidt, Zentralbild), 83 M4 (Försterling), 90 M1 (akg-images/E.Lessing), 93 M6 (akg-images/E. Lessing), 144 M1 (Elmar Hartmann), 149 M3 u.re. (Härtrich), 162 M1 (dpa/Stefan Hesse), 167 M3 (dpa/Maurizio Gambarini), 186/187 (MAXPPP/Costa), 189 M5 (akg-images/Cameraphoto), 202 M2 (Lissac, Godong), 205 M8 (dpa/Jens Kalaene), 212 M2 (akg-images), 226 M3 re., 249 M7 (Abaca/E. De Malglaive), 258 M1 (Azubel), 261 M5 (Google GeoEye), 261 M8 (Google GeoEye); pixelio media GmbH, München: 181 M2 (josupewo); PlanetObserver, F-Clermont-Ferrand: 136; Post-Lange, E., Prien: 36 M2; Premium Stock Photography, Düsseldorf: 104 M1 (Heeb); Pucciarelli: 117 M4; Rathaus der Stadt Trier: 121 M3 T; Reader's Digest Deutschland, Verlag Das Beste GmbH, Stuttgart: 260 M1; Regionalverband Ruhr - RVR, Essen: 138 M1; Reuters, Berlin: 261 M3 (Toru Hanai); Rheinisches Landesmuseum, Trier: 209 M3; Rijksmuseum van Oudheden, Leiden: 111 M7 o.; Roemer- und Pelizaeus-Museum Hildesheim: 90 M3; RUGMARK/TRANSFAIR e.V., Köln: 203 M7; Römisch-Germanisches Museum, Köln: 53 M7 Gefäß (S Siegers), Römisch-Germanisches Zentralmuseum, Mainz: 123 M6; Sagnlandet Lejre, Lejre: 131 M3; Scala Archives, Bagno a Ripoli/Firenze: 116 M2; Schnaubelt, W. & Kieser, N., WILDLIFE ART, Breitenau: 57 M6 li., 57 M6 re.; Schokoladenmuseum Köln GmbH: 190 M1, 191 M3, 191 M5, 191 M6; Scholz, Henning, Hamburg: 153 M3 o.re.; Schule VS 50 Linz: 34 M3; Schäfer, J., Euskirchen: 5 o. und 220/221, 222 o.li., 223 M2, 225 M2 re., 225 M2 li., 228 M1, 230 M1, 230 M2; Schönauer-Kornek, Sabine, Wolfenbüttel: 9 M4, 10 M1, 20 M1, 20 m.li., 20 u., 21 m., 21 o., 21 u., 22 M1, 28 M1, 28 o., 35 M4, 37 M4, 39, 40 M2, 43 M3 Tafel, 43 M4, 43 M6, 64 m., 68 M1, 76/77 Illus, 82 M2, 85 M4, 110 M2, 120 M2, 123 M4, 137 Illus, 138 Illus m., 139 Illus m., 140/141, 142 u.re., 143 M3, 147 M5, 194 M2, 195 M4, 198/199 Illu, 203 M3 Schriftrolle, 226 M1, 229 M4, 231 M3; schülerInnenkammer hamburg, Hamburg: 35 M6; Siegemund, Sabine, Bad Nibell: 198 li., 198 m., 199 m.; Six, R., Karlsruhe: 257 M4; Stephan, Thomas, Munderkingen: 251 M4; Stiftung Schleswig-Holsteinische Landesmuseen, Schleswig: 60 M1, 60 M3; Stiftung Stadtmuseum Berlin: 42 M1 (Bartsch); StockFood GmbH, München: 172 M1 li. (Stock); Szymkowiak, A., Dortmund: 169 M3 u.4; Tanck, Birgit, Hamburg: 238 M1; Tekülve, R., Essen: 172 M1 re., 175 M5, 182 M1, 182 M3, 183 M4, 183 M5; Thaler, Ulrich, Leipzig: 139 M4; The British Museum, London: 88 M1, 91 M6, 115 M4; Tierbildarchiv Angermayer, Holzkirchen: 181 M3 (Reinhard); Time Machine, Prêles: 106/107 (Gerry Embleton), 132 M1 (Gerry Embleton), 133 M2 (Gerry Embleton); Tourismusverein Altes Land e.V., Jork: 176 M2 (Diana Asbeck); TransFair, Köln: 194 M1 (Didier Gentilhomme), 195 M4 o.re., 195 M5; Tönnies, Uwe , Laatzen: 141 M1 li.; ullstein bild, Berlin: 66 M3, 69 M5 (Granger Collection), 149 M3 u.li. (Auto BILD Syndication), 189 M6 (TopFoto), 219 M4 (Boom), 237 M7 (imagebroker.net); Uni-Dia-Verlag, Grosshesselohe: 101 M7; Universität Tübingen, Institut für Ur- und Frühgeschichte: 3 Bild 4 und 44/45 (Lingnau); vario images, Bonn: 158 M3 m. (First Light), 244 M1 (Culture); Visum Foto GmbH, Hamburg: 153 M3 u.re. (M. Steinmetz); Westermann, Diercke online, Braunschweig: 11 M3; Wilhelm Busch Museum, Hannover: 43 M5; Witters Sport-Presse-Fotos GmbH, Hamburg: 153 M3 m.re. (Valeria Witters); World Sunlight Map/www.die.net/earth: 74 M1; Zwick, M., Brachttal: 134 M1.